인생 처음
시리즈

OO1

KB089339

PHILOSOPHY 101

Copyright ⓒ2013 by Paul Kleinman
Published by arrangement with Adams Media, an imprint of Simon & Schuster, Inc.,1230 Avenue of
the Americas, New York, NY 10020, USA.
All rights reserved.

Korean Translation Copyright ⓒ2024 by Hyundae Jisung
Korean edition is published by arrangement with Simon & Schuster, Inc.
through Imprima Korea Agency

이 책의 한국어판 저작권은 Imprima Korea Agency를 통해
Simon & Schuster, Inc.와의 독점계약으로 ㈜현대지성에 있습니다.
저작권법에 의해 한국 내에서 보호를 받는 저작물이므로 무단전재와 무단복제를 금합니다.

인생 처음 철학 수업

소크라테스부터 니체까지 지적 어른을 위한 최소한의 철학 지식

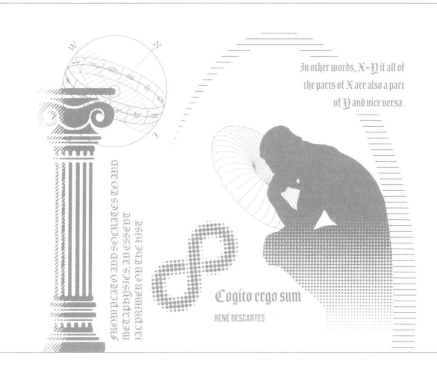

폴 클라인먼 지음 | 이세진 옮김

현대
지성

우리는 지금까지 방대한 동서양 철학 사상이 담긴 두꺼운 철학책을 읽어

보려고 나름대로 노력해왔다. 하지만 수많은 철학자가 주장했던 사상과

원리가 너무나 난해하고 지루했기에, 철학이라는 거대한 숲에서 길을 잃

고 갈피를 잡지 못하던 기억만 남았다.

다행스럽게도 이 책은 두꺼운 철학책과 난해한 이론에 둘러싸인 거대한

철학의 숲에서 길을 잃은 초심자에게 확실한 이정표가 되어준다. 철학사

의 대표적인 철학자와 그의 사상에 대한 기본적인 내용을 아주 쉽고 간결

하고 집약적으로 설명하고 있으며, 복잡한 철학 개념과 원리를 직관적으

로 이해할 수 있도록 그림과 도표도 제시한다.

철학사를 공부하는 방법에는 크게 두 가지가 있다. 하나는 철학사에서 한

획을 그은 철학자별로 그가 어떤 사상을 말했고 또 누구에게 영향을 받았

는지를 시대의 흐름에 따라 거시적으로 조감하는 방법이다. 또 다른 하나

는 철학자들이 제기한 공통된 철학적 물음과 그 답을 찾기 위한 과정을 논

점과 이론별로 살펴보는 방법이다. 『인생 처음 철학 수업』은 철학사를 공

부하는 두 가지 방법을 모두 담아내고 있다. 이제 막 철학의 세계로 여행

을 떠나려는 당신에게 든든한 길잡이가 되어줄 만하다.

칸트가 말했듯이, 우리가 철학을 공부해야 하는 이유는 '남의 철학이 아닌

나의 철학을 하는 법'을 배우기 위해서다. 이 책으로 내 삶을 위한, 나만의 철학을 세울 수 있길 바란다.

■ **장재형** | 『마흔에 읽는 니체』 저자, 세렌디피티 인문학연구소 대표

"세상의 모든 철학 지식"이라고 부를 수 있을 만한 책이다. 먼저, 탈레스에서 사르트르에 이르는 철학의 역사를 간명하게 정리한다. 미학, 과학철학, 현상학 등 철학의 주요 분야도 다룬다. 유머의 철학, 문화철학 등 일반 독자에게 낯선 분야들도 명확하게 설명해준다. 게다가 영화나 드라마 등의 콘텐츠에서 종종 등장하는 거짓말쟁이 역설, 트롤리 문제 같은 철학적 문제들도 흥미진진하게 풀어낸다.

지적 교양을 넓히고 마음의 근력을 탄탄하게 만들고 싶다면 꼭 읽어야 할 책이다. 철학 공부야말로 우리의 잃어버린 집중력과 논리력을 되찾을 방법이다. 책에 담긴 철학적 생각들을 차근차근 따라가다 보면 정신에 근육이 붙어 집중력과 논리력은 더욱 단단해질 것이다. 간결하고 명확한 해설로 철학을 버거워하는 이들에게도 좋은 입문서가 될 만하다. 철학 공부를 해보고 싶은데 어떻게 시작해야 할지 모르겠다면 이제 이 책을 펼쳐보라.

■ **안광복** | 중동고 철학교사, 철학박사, 『처음 읽는 서양 철학사』 저자

들어가는 글

철학이란 무엇일까?

철학이란 무엇일까요? 아주 철학적으로 들리는 질문이죠? 그런데 이 질문은 정확히 무엇을 의미할까요? 철학이란 도대체 뭘까요?

'철학philosophy'이라는 단어를 풀이하면 '지혜에 대한 사랑'을 뜻합니다. 실제로 우리는 누구인가, 우리가 왜 여기 존재하는가 같은 근본적인 물음에 철학자들이 매달리고 탐구했던 이유는 지혜에 대한 사랑 때문이었지요. 겉으로 보기에 철학은 사회과학에 속하는 것처럼 보입니다. 하지만 여러분도 이 책을 읽으면서 알게 될 거예요. 철학은 그 이상이라는 것을요.

철학은 우리가 생각할 수 있는 모든 주제와 맞닿아 있습니다. 고대 그리스인들만 서로 끝없이 질문을 주고받았던 게 아니에요(물론 철학의 발전에 그들이 이바지한 부분이 있긴 합니다). 정부 정책에서 불거지는 윤리적 문제들부터 컴퓨터 프로그래밍이 요구하는 논리적 형식들까지, 철학은 실제로 우리 삶에 유용한 매우 쓸모 있는 학문입니다.

우리는 철학을 통해 삶의 의미를 비롯한 지식, 도덕성, 실재,

신의 존재, 의식, 정치, 종교, 경제, 예술, 언어학 같은 개념들을 탐구할 수 있습니다. 철학에는 경계가 없거든요!

넓은 의미에서 철학이 다루는 주제는 크게 여섯 가지로 나뉩니다.

1. **형이상학**: 우주와 실재에 대한 탐구
2. **논리학**: 타당한 논증을 수립하는 법
3. **인식론**: 지식에 대한 탐구, 우리는 어떻게 앎을 얻는가
4. **미학**: 아름다움과 예술에 대한 탐구
5. **정치철학**: 정치적 권리, 정부, 시민의 역할에 대한 탐구
6. **윤리학**: 도덕성에 대한 탐구. 우리는 어떻게 살아야 하는가

'아, 철학 말이지. 난 그런 건 영 안 맞더라'라고 생각한 적이 있다면 그런 걱정은 이제 내려놓아도 됩니다. 이 책은 여러분이 항상 바라왔던 철학 입문 수업이니까요. 여러분은 마침내 머리를 싸매지 않고도 철학에 마음을 활짝 열게 될 거예요.

이 책을 펼친 여러분을 진심으로 환영합니다.

차례

❶ 철학의 풍경을 바꾼 거인들

❷ 세상을 이해하는 위대한 생각들

❸ 철학사를 빛낸 난제들

①

철학의 풍경을 바꾼
거인들

〈아테네학당〉(1509)

PRE-SOCRATIC, 기원전 6~5세기

소크라테스 이전 철학자들
세상은 왜 변하는 걸까?

#자연철학　#아르케　#변화

서양 철학의 뿌리는 기원전 5, 6세기에 살았던 고대 그리스 철학자들의 저작에서 찾을 수 있습니다. 훗날 '소크라테스 이전 철학자들'이라 불리게 되는 이들은 최초로 자기를 둘러싼 세상에 철학적인 의문을 품기 시작했어요. 이 철학자들은 세상에 일어나는 모든 일의 원인을 그리스 신들에게 돌리기보다는 그들의 세계와 우주, 삶을 이성적으로 설명해보려 했지요.

　요컨대, 소크라테스 이전 철학자들은 자연철학에서 출발했습니다. 만물이 어디서 왔고, 무엇으로부터 만들어졌으며, 자연이 어떻게 수학적으로 표현되는지, 자연에 존재하는 다원성plurality을 어떻게 설명할 수 있는지 알고자 했어요. 그들은 '아르케archê'라고 하는 가장 근본적인 원리를 찾으려 했습니다. 아르케는 우주를 이루는 기본 질료를 말해요. 우주의 모든 것이 똑같아 보이지 않고 언제나 같은 상태에 머물지도 않는다는 사실에 따라서 소크라테스 이전 철학자들은 아르케에 변화의 원리가 반드시 있을 거라 봤어요.

소크라테스 이전 철학자들이란?

'pre-Socratic'이라는 영어 단어는 '이전, 앞'을 뜻하는 'pre'와 '소크라테스의Socratic'가 합쳐진 것으로, 독일 학자 헤르만 딜스가 1903년에 널리 퍼뜨린 말입니다. 그런데 사실 소크라테스 이전 철학자들 가운데 여럿은 소크라테스와 같은 시대에 살았어요. 따라서 이 단어는 소크라테스 철학보다 먼저 나왔던 철학을 가리키는 것이 아닙니다. 오히려 이데올로기나 원리가 소크라테스 철학과 다르다는 점을 나타내는 말이에요. 소크라테스 이전 철학자들은 저작을 남기긴 했지만 그중 어떤 것도 전체 원문이 남아 있지 않아서 우리는 일부 전해지는 단편과 (한쪽으로

소크라테스 이전 철학자들의 주요 활동 지역 ◆ 기원전 6세기경 밀레토스는 항해와 상공업이 발달한 그리스 식민지의 중심 도시로 밀레토스학파의 근거지였다. 엘레아학파는 당시 그리스 식민지였던 이탈리아 남부 도시 엘레아에서 발흥했고, 콜로폰 또한 주요 근거지였다.

치우치기 쉬운) 후대 역사가나 철학자가 인용한 문장을 통해서
만 그들의 사상을 엿볼 수 있답니다.

소크라테스 이전 철학의 주요 유파

밀레토스학파

최초의 소크라테스 이전 철학자들은 아나톨리아반도(현재 튀
르키예) 서해안의 도시 밀레토스에서 활동했습니다. 이곳에서
탈레스, 아낙시만드로스, 아낙시메네스 같은 중요한 철학자들
이 나왔답니다.

탈레스

소크라테스 이전 철학자들 가운데
가장 중요한 인물로 손꼽히는 탈레스
Thales(기원전 624~기원전 546년)는 아르
케 혹은 세상을 이루는 단 하나의 원소
가 '물'이라고 생각했습니다. 그는 물이
증발이나 응결 같은 변화의 원리를 거침
으로써 기체 상태가 되거나 고체 상태가
되기도 한다고 생각했어요. 또, 물이 (열
을 발생시키는) 습도와 영양에 영향을 미

탈레스 ✦ 고대 그리스의 철
학자. 만물의 근원을 '물'이
라고 보았다.

친다는 사실도 알고 있었죠. 탈레스는 심지어 지구가 물 위에
떠 있다고 상상하기도 했답니다.

아낙시만드로스

탈레스의 뒤를 이어 밀레토스학파가 낳은 중요한 철학자는 아낙시만드로스^{Anaximandros}(기원전 610~기원전 546년)입니다. 그는 탈레스와는 달리 세상을 이루는 단 하나의 원소는 정의되지도 않고 한정되지도 않으며 규정되지도 않는 실체라고 생각했고 그 실체를 '아페이론^{apeiron}'이라고 불렀어요. 아페이론으로부터 습기와 건조함, 추위와 더위처럼 서로 반대되는 것들이 분리된다고 봤죠. 아낙시만드로스는 저자가 확인되는 최초의 철학 단편을 남긴 인물이기도 합니다.

아낙시메네스

밀레토스학파가 낳은 중요한 철학자들 가운데 마지막으로 소개할 인물은 '공기'가 이 세상을 이루는 단 하나의 원소라고 믿었던 아낙시메네스^{Anaximenes}(기원전 585~기원전 528년)입니다. 그는 공기가 어디에나 있으며 여러 과정을 거쳐 물, 구름, 바람, 불, 심지어 흙 같은 것으로 변할 수 있다고 생각했습니다.

피타고라스학파

'피타고라스 정리'로 유명한 수학자이자 철학자인 피타고라스^{Pythagoras}(기원전 570~기원전 497년)는 모든 실재의 기반에 수학적 관계가 있고 수학이 모든 것을 지배한다고 생각했습니다. 그에게 수는 신성한 것이었고 수학을 활용하면 모든 것을 측정하고 예측할 수 있다고 생각했어요. 당시 피타고라스의 영향력은 엄청났어요. 피타고라스학파는 그의 말을 문자 그대로 따르는

피타고라스 ✦ 고대 그리스의 철학자. 만물의 근원을 '수'라고 보았다.

추종자들이 모인 종교집단에 가까웠습니다. 무엇을 먹으면 안 된다든가, 옷을 어떻게 입어야 한다든가, 심지어 어떻게 소변을 봐야 한다든가 등등의 기이한 규칙들까지 따랐다고 해요. 피타고라스는 다양한 분야에서 철학을 펼쳤고 제자들은 그의 가르침을 신들의 예언이라고 믿었답니다.

에페소스학파

에페소스학파는 단 한 명의 철학자의 저작에 기반을 둔 학파입니다. 그 철학자는 바로 에페소스 출신의 헤라클레이토스Heraclitus(기원전 535~기원전 475년)입니다. 그는 만물의 본성이 끊임없는 변화 상태에 있다고 봤어요. "같은 강물에 두 번 몸을 담글 수 없다"라는 말로 가장 잘 알려져 있죠. 또한 헤라클레이토스는 세상을 이루는 단 하나의 원소가

헤라클레이토스 ✦ 고대 그리스의 철학자. 만물의 근원을 '불'로 보았다.

'불'이고 세상 모든 것이 불의 현현이라고 믿었답니다.

엘레아학파

엘레아학파는 밀레토스에서 그리 멀지 않은 고대 도시 콜로폰을 근거지로 삼았습니다. 이 지역에서 네 명의 중요한 소크라테스 이전 철학자가 나왔는데 그들이 바로 크세노파네스, 파르메니데스, 제논, 멜리소스입니다.

콜로폰의 크세노파네스

크세노파네스^{Xenophanes}(기원전 570~기원전 475년)는 종교와 신화에 대한 기존 생각을 비판한 것으로 잘 알려져 있습니다. 그는 특히 신들이 인간 형상을 하고 있다는 생각을 강하게 비판했어요. 크세노파네스는 신은 오직 하나이고 그 신은 물리적으로 움직이지 않으면서도 보고 듣고 생각할 수 있으며 생각하는 것만으로도 세상을 다스릴 수 있다고 믿었답니다.

엘레아의 파르메니데스

파르메니데스^{Parmenides}(기원전 510~기원전 440년)는 실재가 우리가 경험하는 세계와 무관하고, 감각이 아니라 오직 이성으로만 진리에 다다를 수 있다고 생각했습니다. 파르메니데스는 초기 밀레토스학파의 작업이 이해할 수 없을 뿐 아니라 잘못된 질문들로 시작했다고 비판했어요. 그는 무엇이 존재하고 존재하지 않는지를 논한다는 것 자체가 말이 안 된다고 주장했어요. 우리가 유일하게 논할 수 있는 가지적인^{intelligible}(지성으로 알 수 있는) 것, 유일하게 참된 것은 존재하는 것이라고 생각했기 때문이죠.

파르메니데스는 플라톤과 서양 철학 전체에 엄청난 영향을 미쳤어요. 그의 작업으로 엘레아학파는 순수 이성을 진리를 찾는 유일한 기준으로 삼은 최초의 철학 유파가 되었습니다.

파르메니데스 ◆ 고대 그리스의 철학자. 이성으로 사고할 수 없는 것은 존재하지 않는다고 보았다.

엘레아의 제논

엘레아의 제논^Zenon(기원전 490~기원전 430년)은 파르메니데스의 가장 이름난 제자로서 (그리고 아마도 그의 애인으로서) 평생 헌신적으로 스승의 사상을 옹호하는 논증(특히 역설 논증)들을 만들었습니다. 제논의 가장 유명한 역설은 운동에 대한 역설이에요. 그는 하나(일자)에 대립해 여럿(다수)이 존재한다는 존재론적 다원주의^ontological pluralism가 실제로 부조리한 결론으로 이어진다는 것을 보여주려 애썼습니다. 파르메니데스와 제논은 실재는 오직 하나로 존재하며 다원성이나 운동은 환영에 불과하다고 믿었어요. 제논의 작업은 나중에 논리적으로 반박되었으나 그의 역설은 지금도 철학자와 물리학자, 수학자 들에게 중대한 질문과 도전, 영감을 주고 있습니다.

사모스의 멜리소스

기원전 440년경에 살았던 사모스의 멜리소스^Melissus는 엘레아학파의 마지막 철학자입니다. 그는 엘레아의 파르메니데스와 제논의 사유를 물려받아 '실재'와 '가상'을 구분했어요. 멜리소스에 따르면, 어떤 것이 X라면 그것은 항상 X여야만 합니다(결코 X가 아닐 수 없습니다). 즉 어떤 것이 차갑다면 그것은 결코 차갑지 않을 수 없지요. 그런데 차가운 것이 그렇지 않게 되기도 합니다. 즉 속성들은 무한히 유지되지 않고, 그러므로 사실은 모든 게 '실재'가 아니라(파르메니데스가 생각한 단 하나의 변하지 않는 일자를 제외하면) '가상'에 불과한 것입니다.

원자론

기원전 5세기에 레우키포스Leucippus가 처음으로 주창한 원자론은 그의 제자 데모크리토스Democritus(기원전 460~기원전 370년)가 이어받았습니다. 데모크리토스는 모든 물리적 대상은 여러 방식으로 배열된 원자와 진공(원자가 움직이는 공간)으로 이루어져 있다고 봤어요. 이러한 생각은 오늘날 우리가 아는 원자 개념과도 닮아 있지요. 원자론자들은 원자가 (더 이상 쪼갤 수 없을 만큼) 작은 입자이지만 크기와 모양, 운동, 배열, 위치가 다양하고 그것들이 서로 결합해 가시적visible(눈에 보이는) 세상의 모습을 만들어낸다고 봤습니다.

Socrates, 기원전 469~기원전 399년

소크라테스

진리에 이르려면 끝임없이 질문하라

#인간경험　#성찰　#질문법

소크라테스 ✦ 고대 그리스의 철학자. 플라톤의 스승으로, 질문과 답을 통한 깨달음, 무지에 대한 자각 등을 중시했다.

소크라테스는 그리스 아테네에서 기원전 469년에 태어나 기원전 399년에 죽었습니다. 소크라테스 이전 학파들이 자연 세계를 탐구한 반면에 소크라테스는 인간 경험에 주목했어요. 그는 개인의 도덕성에 초점을 맞추고, 인생을 의미 있게 만드는 것이 무엇인지 묻고, 사회·정치적 문제들을 토론했습니다. 그의 사상은 서양 철학의 토대가 되었죠.

　소크라테스는 역사상 위대한 현자 가운데 한 사람으로 꼽히지만 단 한 권의 저작도 남기지 않았습니다. 우리가 소크라테스에 대해 아는 바는 주로 그의 제자나 그와 같은 시대에 살았던 사람들(특히 플라톤, 크세노폰, 아리스토파네스)의 저작을 통해서 전해진 것입니다. 하지만 전부 다른 사람들이 기록한 것이고

(심지어 그중 대부분은 소설화된 것입니다), 이 기록들도 서로 엇갈리기 때문에 사실 우리는 소크라테스와 그의 가르침에 관해 잘 알지 못합니다. 이것이 이른바 '소크라테스의 문제'이지요. 여러 텍스트의 정보를 취합해보면, 그의 아버지는 석공이었고 어머니는 산파였으며 소크라테스 본인은 그리스인으로서 기본교육을 받은 듯합니다. 그는 잘생긴 편이 아니었고(당시에는 외모를 매우 따졌다고 해요), 펠로폰네소스전쟁에 참전해 용감하게 싸웠습니다. 그는 자기보다 훨씬 어린 여자를 아내로 맞아 아들 셋을 두었고 평생 가난하게 살았어요. 철학자가 되기 전까지는 자기 아버지처럼 석공 일을 했던 것 같습니다.

그런데 소크라테스의 죽음을 둘러싼 정황을 알 수 있는 자료는 매우 상세하게 남아 있습니다. 소크라테스가 살아 있던 당시

〈소크라테스의 죽음〉(1787) ◆ 사형을 선고받은 소크라테스는 기회가 있었음에도 도망치지 않고 자신의 죽음을 받아들였다.

도시국가 아테네는 쇠퇴하고 있었습니다. 펠로폰네소스전쟁에서 스파르타에게 어이없이 패배한 아테네인들은 일종의 정체성 위기를 겪었고, 아름다운 신체와 부에 대한 생각, 과거의 영광에 집착하기 시작했어요. 소크라테스는 이러한 삶의 방식을 대놓고 비판했기 때문에 적을 많이 만들었습니다. 결국 기원전 399년에 소크라테스는 신성모독을 하고 젊은이들을 선동한 죄로 체포되어 재판을 받게 됩니다. 그는 유죄를 선고받아 독배를 마시는 사형을 받았지요. 다른 나라로 도망가 사형을 피할 기회가 있었음에도 소크라테스는 주저 없이 독배를 들이켰습니다.

철학을 영원히 바꿔놓은 소크라테스

소크라테스가 했다고 전해지는 유명한 말이 있습니다. "성찰하지 않는 삶은 살 가치가 없다." 소크라테스는 인간이 지혜로워지기 위해서는 반드시 자기 자신을 알아야 한다고 생각했어요. 소크라테스에게 개인의 행동은 그의 지성과 무지에 직접 관련된 것입니다. 그는 사람들이 물질적인 것에 집중하기보다는 자아를 발달시키는 데 힘써야 한다고 믿었고, 선하게 행동하는 것과 선하게 존재하는 것의 차이를 이해하고자 했지요. 앎, 의식, 도덕성에 다가가는 이 새롭고 유일한 방식을 통해 그는 철학을 영원히 바꿔놓았답니다.

소크라테스의 철학하는 방법

소크라테스는 특히 그의 독특한 철학하는 방법으로 잘 알려져 있습니다. 플라톤이 남긴 소크라테스의 대화편에 처음 쓰인 바로는, 소크라테스는 제자와 특정 주제에 관해 토론을 나눌 때 일련의 질문을 통해 제자가 자신의 신념과 감정을 형성하는 원동력을 스스로 발견하고 이로써 진리에 다가갈 수 있도록 이끌었다고 합니다. 그는 끊임없이 질문을 던지면서 개인의 사유 방식에 담긴 모순들을 끌어낼 수 있었고, 덕분에 확고한 결론에 다다를 수 있었죠.

소크라테스는 논박, 즉 다른 사람의 주장을 반박하는 방법을 주로 사용했습니다. 그 논박의 단계들을 알아볼까요.

1. 어떤 사람이 진술하면 소크라테스는 그 진술에 대한 반론을 폅니다. 혹은 그 사람에게 "그렇다면 용기란 무엇인가?"라고 도로 질문을 던집니다.

2. 상대가 대답하면 소크라테스는 그의 대답이 들어맞지 않는 경우의 시나리오를 내세우면서 그의 원래 진술이 거짓임을 인정하게 합니다. 예를 들어, 상대가 용기를 "영혼의 인내"라고 대답했다면 소크라테스는 "용기는 좋은 것"인데 "무지한 인내는 좋은 것이 아니라네"라고 하면서 그 주장이 틀렸음을 지적합니다.

3. 상대가 이 말에 동의하면 소크라테스는 원래의 진술을 이러한 예외까지 포함할 수 있는 방향으로 수정합니다.

4. 소크라테스는 상대의 진술은 거짓이고 그 진술의 부정이 오히려 참임을 증명합니다. 상대가 계속 자기 진술을 수정하면 소크

라테스도 계속 반박하면서 상대가 차츰 진리에 가까이 다가가도록 이끕니다.

오늘날에도 쓰이는 소크라테스 질문법

소크라테스 질문법은 지금도 널리 쓰이고 있으며 특히 미국의 로스쿨에서 유용하게 활용하고 있습니다. 일단, 학생은 판사의 논증을 요약하라는 요구를 받습니다. 그다음에는 그 논증에 동의하는지를 말해야 하죠. 교수는 일부러 반대편에서 일련의 질문을 던지고 학생은 그때마다 자기 의견을 옹호합니다.

학생들은 이렇게 소크라테스 질문법을 통해 비판적으로 사고하고 논리와 추론을 사용해 자기만의 논증을 세우면서 자기 입장의 구멍을 발견하고 그때그때 보완할 수 있습니다.

Platon, 기원전 429~347년

플라톤

철학은 지속적인 질문과 대화의 과정

#형상이론 #영혼삼분설 #교육

플라톤 ✦ 고대 그리스의 철학자. 소크라테스의 제자이자 아리스토텔레스의 스승으로, 형상 이론과 영혼삼분설 등을 제시했다.

플라톤은 기원전 429년 그리스 아테네에서 귀족 집안의 자제로 태어났습니다. 그는 신분이 높았기 때문에 여러 훌륭한 교사들에게 가르침을 받았어요. 그렇지만 소크라테스가 논쟁을 펼치고 대화를 이끄는 기술만큼 플라톤에게 충격을 준 것은 없었습니다. 실제로 플라톤의 저작에는 우리가 소크라테스에 대해서 아는 바의 거의 전부가 나와요.

집안에서는 그가 정치인으로서 이력을 쌓길 바랐지만 두 가지 사건이 그를 정치인의 길에서 완전히 벗어나게 했습니다. 그 중 하나는 펠로폰네소스전쟁이었고(스파르타가 이 전쟁에서 승리하면서 전제군주를 떠받들던 그의 친척 여러 명이 부패 혐의로 몰락했습니다), 다른 하나는 기원전 399년 아테네의 새로운 정부가 소크라테스를 사형에 처한 일이었어요.

플라톤은 그 후 철학에 몰두하며 열심히 책을 쓰고 여러 곳을 돌아다녔습니다. 그는 시칠리아에서 피타고라스에게 가르침을 받고 아테네로 돌아와 아카데메이아라는 학당을 설립했어요. 플라톤은 자신과 마음이 맞는 사람들과 이곳에서 철학과 수학을 논했습니다. 아리스토텔레스도 이곳에서 플라톤을 스승으로 모셨지요.

대화편에 나타나는 플라톤의 철학

플라톤은 소크라테스처럼 철학이 지속적인 질문과 대화의 과정이라고 생각했습니다. 플라톤의 저작도 이러한 형식을 따르지요.

대화편에서 나타나는 가장 흥미로운 특징 두 가지는 다루는 주제에 대한 플라톤 자신의 견해가 결코 뚜렷하게 드러나지 않는다는 점(깊이 있는 연구를 통해 플라톤의 입장을 유추할 수 있긴 합니다), 그리고 그 자신은 결코 작품 속에 등장하지 않는다는 점입니다. 플라톤은 독자들이 주제들에 대해 자기 견해를 만드는 능력을 키우기 바랄 뿐, 사고하는 법을 가르치지 않습니다(그가 얼마나 글쓰기 기술이 뛰어난지 알 수 있죠). 따라서 그의 대화편은 확실한 결론을 내놓지 않아요.

플라톤의 대화편은 예술, 연극, 윤리학, 불멸, 마음, 형이상학 등 매우 다양한 주제를 다룹니다.

그는 적어도 36편의 대화편과 13편의 서간문을 남긴 것으로 추정됩니다(일부 저작은 역사가들 사이에서 진위 논란이 있어요).

현실은 두 수준에 존재한다

플라톤이 펼친 가장 중요한 개념 가운데 하나가 형상 이론입니다. 플라톤은 현실이 두 수준에 존재한다고 말해요.

1. 가시적 세계는 눈에 보이는 모습과 소리로 이루어져 있습니다.
2. 가지적intelligible 세계(형상의 세계)가 가시적 세계를 존재하게 합니다.

예를 들어, 아름다운 그림을 보는 사람은 아름다움이 어떤 것이라는 추상적 개념을 지니고 있기 때문에 그 그림이 아름답다는 것을 알 수 있습니다. 따라서 아름다운 것들은 아름다움의 형상의 일부이기에 아름답게 보이는 것이지요. 가시적 세계의 것들은 변화하므로 아름다움을 잃을 수 있으나 아름다움의 형상은 영원불변하고 우리 눈에 보이지 않아요.

플라톤은 아름다움, 용기, 선, 절제, 정의 같은 개념이 형상들의 완전한 세계에 존재한다고 믿었어요. 형상계는 시공간에서 벗어나 있으므로 가시적 세계의 일에 영향을 받지 않습니다.

형상에 대한 생각은 그가 쓴 여러 대화편에 나타나지만 텍스트에 따라 그 내용이 조금씩 다르고 때로는 완전히 해명할 수 없을 만큼 그 차이가 두드러지기도 합니다. 플라톤은 형상 이론을 통해 추상적 사유를 더 큰 앎으로 나아가는 수단으로 삼았습니다.

영혼은 세 가지 부분으로 나뉜다

『국가』와 또 다른 유명한 대화편 『파이드로스』에서 플라톤은 합리성과 영혼에 대한 자신의 이해를 풀어냅니다. 그에 따르면 인간의 영혼은 이성, 기개, 욕망이라는 세 부분으로 이루어져 있어요.

1. **이성:** 사유와 이해를 맡는 부분으로, 어떤 것의 참과 거짓을 가려내거나 의사결정을 내릴 때 관여합니다.
2. **기개:** 승리와 영광을 바라는 마음을 맡는 부분입니다. 정의로운 영혼을 지닌 사람은 그 영혼의 기개가 이성을 강하게 만들어 이성이 영혼을 이끌게 합니다. 기개가 꺾이면 분노와 억울한 감정을 느끼게 됩니다.
3. **욕망:** 영혼에서 가장 원초적인 욕구와 갈망이 솟아나는 부분입니다. 가령, 갈증이나 허기도 욕망에서 찾을 수 있습니다. 다만 욕망은 과식이나 지나친 성욕 같은 불필요하고 불법적인 충동으로 나타나기도 합니다.

플라톤은 영혼의 세 부분을 정의로운 사회를 구성하는 세 계급(지도자, 보조자, 노동자)에 빗대어 설명했습니다. 그는 이성이 개인의 결정을 지배해야 하고, 기개는 이성을 보조해야 하며, 욕망은 복종해야 한다고 봤어요. 이 세 부분의 관계를 올바른 방향으로 유지한다면 개인은 자신의 정의를 실현할 것입니다.

같은 맥락에서 플라톤은 완벽한 사회에서 지도자 계급은 이성을 대표한다고 봤습니다. 통치는 철학을 바탕으로 이뤄져야 하며 사회는 온 마음으로 이에 복종해야 하죠. 기개는 보조자 계급, 즉 통치자 계급에 대한 복종이 이루어지게끔 무력을 행사하는 군인 계급으로 대표됩니다. 욕망은 노동자 계급, 즉 사회에서 재화의 생산과 거래를 담당하는 이들로 나타납니다.

〈플라톤 아카데미 모자이크〉(기원전 100~기원후 79) ◆ 플라톤은 '아카데메이아'라는 학교를 건립하고, 제자 양성에 힘을 쏟았다. 아카데메이아는 이후 고등 연구·교육 기관을 이르는 '아카데미'의 유래가 되었다.

교육이 정의로운 사회를 만든다

플라톤은 교육의 역할을 특히 강조했습니다. 교육이야말로 건전한 국가를 설립하는 데 가장 중요한 부분 중 하나라고 봤지요. 그는 어린아이의 마음은 연약하기 때문에 어떤 틀에 집어넣기만 하면 쉽게 모양을 잡을 수 있다는 것을 알았습니다. 그래서 아이들에게 늘 지혜를 구하고 덕 있는 삶을 살고자 하는 자세를 일찍부터 가르쳐야 한다고 생각했죠. 플라톤은 심지어 임신부가 건강한 아이를 낳으려면 어떻게 태교를 해야 하는지, 아이들이 아주 어릴 때부터 어떤 유형의 예술과 훈련에 힘써야 하는지에 관해 구체적이고 상세한 지침을 작성하기까지 했어요. 아테네인들이 유혹에 잘 넘어가고 타락하기 쉬우며 수사학에 잘 속아 넘어간다고 비판했던 플라톤에게 교육은 정의로운 사회를 만들기 위해 꼭 필요한 덕목이었습니다.

아리스토텔레스

앎과 행복에 이르는 방법

#논리학 #형이상학 #덕

아리스토텔레스 ◆ 고대 그리스의 철학자. 플라톤의 제자로, 논리학과 형이상학, 윤리학 등에 큰 업적을 남겼다.

아리스토텔레스는 기원전 384년경에 태어났어요. 그의 어머니에 대해서는 알려진 바가 거의 없지만 아버지는 마케도니아왕 아민타스 2세의 궁정에서 의사로 일했다고 하죠(마케도니아 궁정과의 인연은 아리스토텔레스에게 평생 크나큰 영향을 미칩니다). 하지만 부모님은 모두 그가 어릴 때 세상을 떠납니다. 아리스토텔레스의 후견인은 열일곱 살이 된 그를 아테네로 보내 수준 높은 교육을 받게 하는데요. 아리스토텔레스는 아테네에서 아카데메이아에 들어가서 플라톤의 가르침을 받았습니다. 그리고 플라톤의 제자이자 동료로서 20년을 그곳에 머물러요.

기원전 347년 플라톤이 사망하자 다들 아리스토텔레스가 그

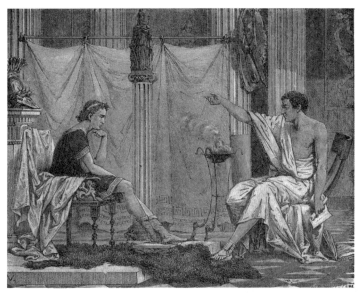

〈알렉산드로스대왕을 가르치는 아리스토텔레스〉(1866) ✦ 아리스토텔레스는 알렉산드로스에게 정치, 수사학, 수학 등 다양한 분야를 가르쳤다. 알렉산드로스는 그중에서도 아리스토텔레스가 주석을 단 호메로스의 서사시 『일리아스』에 큰 영감을 받아 늘 그 책을 지니고 다녔다.

의 후임으로 아카데메이아를 이끌게 될 거라 예상했습니다. 하지만 당시 아리스토텔레스는 플라톤의 모든 철학적 견해에 동의하는 입장도 아니었고(예를 하나 들자면, 그는 형상 이론에 동의하지 않았습니다) 그 직위를 제안받지도 못했어요.

결국 기원전 338년에 아리스토텔레스는 마케도니아로 돌아가 필리포스 왕의 열세 살짜리 아들 알렉산드로스(훗날 알렉산드로스대왕이 됩니다)의 개인 교사를 맡습니다. 기원전 335년에 알렉산드로스가 왕위에 올라 아테네를 정복하자 아리스토텔레스도 아테네로 돌아갔죠. (당시 크세노크라테스가 이끌고 있었던) 아카데메이아는 여전히 아테네의 대표 학당이었으므로 아리스토텔레스는 독자적으로 리케이온이라는 학당을 설립합니다.

기원전 323년 알렉산드로스대왕이 사망하자 정권이 뒤집히고 반마케도니아 정서가 거세졌어요. 마케도니아 출신인 아리스토텔레스는 불경죄로 고발당했고 아테네인들의 박해를 피해 에우보이아섬으로 거처를 옮길 수밖에 없었죠. 그는 이 섬에서 기원전 322년에 세상을 떠납니다.

논리학, 앎에 다다르기 위한 도구

아리스토텔레스는 다양한 주제에 관심을 뒀지만 그가 철학계와 서양 사상에 가장 이바지한 부분은 바로 논리학입니다. 아리스토텔레스는 배움의 과정이 이론적인 것, 실천적인 것, 제작에 관한 것이라는 세 개의 범주로 나뉜다고 봤어요. 하지만 논리학은 이 범주들 가운데 어느 것에도 속하지 않죠.

논리학은 앎에 다다르기 위해 사용하는 도구이므로 배움의 첫걸음에 해당한다고 할 수 있습니다. 논리학은 우리가 오류를 발견하고 진리를 바로 세우게 해주지요.

아리스토텔레스는 『분석론 전서』라는 책에서 삼단논법 개념을 제시했는데, 이것은 논리학 분야에서 가장 중요한 공헌 가운데 하나입니다. 삼단논법은 특정한 전제와 추정을 통해 결론을 끌어내는 추론의 한 방식이에요.

예를 들어보죠.

- 모든 그리스인은 인간이다.
- 모든 인간은 죽는다.
- 그러므로 모든 그리스인은 죽는다.

삼단논법이 어떤 것인지 분석하기 위해 다음과 같이 한 문장으로 요약할 수도 있어요.

- 모든 X가 Y이고, 모든 Y가 Z라면, 모든 X는 Z다.

삼단논법은 세 개의 명제로 이루어져 있습니다. 처음의 두 명제는 전제입니다. 마지막 명제는 결론이고요. 전제는 '모든'의 의미가 적용되는 보편명제일 수도 있고 특정한 경우를 진술하는 특수명제일 수도 있어요. 또한 긍정명제일 수도 있고 부정명제일 수도 있지요.

아리스토텔레스는 타당한 추론을 이끌어내는 규칙들을 정리했습니다. 전형적인 예를 하나 들어볼게요.

- 적어도 하나의 전제는 보편명제여야 한다.
- 적어도 하나의 전제는 긍정명제여야 한다.
- 두 전제 중 하나가 부정명제라면 결론도 부정명제로 나온다.

실제로 규칙이 적용된 삼단논법은 다음과 같습니다.

- 어떤 개도 새는 아니다.

- 앵무새는 새다.
- 그러므로 어떤 개도 앵무새는 아니다.

아리스토텔레스는 다음의 세 가지 법칙을 모든 타당한 생각에 적용할 수 있다고 봤어요.

1. **동일률:** 이 법칙은 X는 X라는 형식으로 표현되고, X는 모종의 특성들을 지니고 있기 때문에 유효합니다. 나무는 나무입니다. 나뭇잎, 몸통, 나뭇가지 등의 특성을 우리가 확인할 수 있기 때문입니다. 나무는 나무가 아닌 다른 것일 수 없습니다. 따라서 존재하는 모든 것은 그 자체에 고유한 성질을 지니고 있습니다.

2. **모순율:** X는 X인 동시에 X가 아닐 수 없습니다. 어떤 진술이 참인 동시에 거짓일 수는 없습니다. 만약 그렇다고 하면 모순이 발생합니다. 만약 당신이 어제 개에게 먹이를 줬다고 말해놓고 다시 어제 개에게 먹이를 주지 않았다고 한다면 당신의 진술에는 모순이 있는 것입니다.

3. **배중률:** 어떤 진술은 참일 수도 있고 거짓일 수도 있지만 참과 거짓의 중간 입장은 없습니다. 그러니까 이 법칙에 따르면 어떤 것은 참이든가 거짓이든가 둘 중 하나입니다. 당신의 머리칼이 금발이라고 한다면 이 진술은 참이든가 거짓이든가 둘 중 하나입니다. 하지만 후대의 철학자와 수학자들은 배중률을 반박하기도 했습니다.

형이상학, 존재는 왜 존재하는가

아리스토텔레스는 플라톤의 형상 이론을 거부했어요. 대신에 존재의 본성을 이해하는 방법으로 형이상학을 제안했습니다(아리스토텔레스 본인은 이 단어를 쓴 적이 없고 그저 '최초의 철학'이라고만 불렀어요).

플라톤이 (사유와 관념으로 이뤄진) 가지적 세계와 (눈으로 볼 수 있는) 가시적 세계를 구별하고 가지적 세계가 유일하게 참다운 실재라고 믿었던 반면, 아리스토텔레스는 두 세계의 구별이 전혀 의미가 없다고 봤어요. 그는 세계를 구성하는 실체가 형상과 질료로 이루어져 있고 모든 사물과 존재에 가지성^{intelligibility}이 깃들어 있다고 생각했죠.

아리스토텔레스의 『형이상학』은 후대 편집자들이 한데 엮은 열네 권의 책으로 이루어져 있습니다. 이 책은 철학사에서 이 주제에 관한 가장 위대한 저서 가운데 하나로 꼽히지요. 아리스토텔레스는 지식이 인간이 경험에서 얻을 수 있는 특정한 진리들, 과학과 예술에서 나타나는 진리들로 구성된다고 생각했어요. 반면, 지식과 대립하는 의미에서 지혜는 만물을 지배하는 근본 원리(가장 일반적인 진리)를 깨닫는 것이고 그러한 정보가 과학적 전문성으로 바뀌는 것은 나중 일이라고 봤죠.

아리스토텔레스는 만물의 원인을 네 가지로 분석했습니다.

1. **질료인**: 어떤 것이 무엇으로 구성되었는지 설명하는 원인
2. **형상인**: 어떤 것이 어떤 모양새를 취하는지 설명하는 원인

3. **작용인:** 어떤 것이 존재하게 된 과정을 설명하는 원인

4. **목적인:** 어떤 것의 쓰임새를 설명하는 원인

다른 학문은 존재의 특정한 현현에 대해 그 이유를 탐구하지만(예를 들어 생물학자는 인간을 유기체로 탐구하지만 심리학자는 의식을 지닌 존재로 탐구하지요) 형이상학은 일단 존재가 왜 존재하는가를 사유합니다. 이 때문에 형이상학은 '존재로서의 존재'에 대한 학문으로 불리곤 하죠.

덕, 행복에 이르는 방법

아리스토텔레스가 커다란 발자취를 남긴 또 다른 철학적 작업은 윤리학입니다. 그는 윤리학의 목적이 곧 삶의 목적을 발견하는 것이라고 봤어요. 아리스토텔레스는 행복이야말로 궁극적 선이고, 인간은 선한 것을 추구함으로써 행복에 다다를 수 있음을 깨달았습니다. 그래서 덕을 통해서만 행복이라는 삶의 궁극적 목적에 이를 수 있다고 주장했죠.

덕은 선택과 습관으로 쌓는 것입니다. 덕은 행복에 다다르는 다른 방법들, 가령 쾌락이나 명예와는 달라요. 개인이 내리는 결정은 그 사람의 성향에서 비롯되는데 이 성향은 결국 그가 과거에 했던 선택들로 정해집니다.

도덕적 선택은 극단적으로 갈리는 두 선택의 중용을 말해요. 어떤 사람에게 차갑게 구는 태도와 지나치게 굽신대거나 온 신

경을 집중하는 태도의 중간쯤 되는 친절은 덕스러운 태도라고 할 수 있을 것입니다.

아리스토텔레스는 지적인 관조의 삶이야말로 행복의 궁극적 모습이고, (인간을 다른 동물들과 구별되게 하는) 이성을 사용하는 것이 지고의 덕이라고 생각했어요. 그렇지만 개인이 이러한 수준의 덕에 도달하려면 적절한 사회적 환경이 필요하고, 그러한 사회적 환경은 적절한 정부를 통해서만 만들어질 수 있습니다.

이븐시나

이슬람 황금시대의 철학자

#본질과실존 #10개의지성 #떠있는인간

이븐시나 ✦ 중세 이슬람 황금시대의 철학자이자 의학자. 형이상학과 논리학 등에 큰 업적을 남겼고, 물리학과 수학 등 자연과학 분야에도 공헌했다.

(아비센나^Avicenna라는 라틴어 이름으로도 알려진) 이븐시나는 오늘날 우즈베키스탄에 해당하는 지역에서 980년부터 1037년까지 살았습니다. 그는 페르시아의 철학자이자 의사였고 이슬람 황금시대의 가장 중요한 인물로 손꼽힙니다.

이븐시나는 빼어난 의학자로 이슬람 세계뿐만 아니라 유럽의 의학 사상에까지 영향을 미칠 만큼 중요한 의학서를 썼어요. 게다가 형이상학, 윤리학, 논리학에 관한 책도 썼으며 영혼과 실존의 본질을 다룬 저서로 서양 철학에까지 영향을 미쳤습니다.

이븐시나와 이슬람 황금시대

이슬람 황금시대는 서양이 종교적 교조주의에 빠져 철학적으로 그리 발전하지 못했던 중세에 해당합니다. 유럽 철학이 정체된 동안 이슬람 세계에서는 철학이 번창했는데, 특히 이븐시나의 공이 컸습니다. 이븐시나는 이 시대 가장 중요한 인물로 꼽힐 뿐 아니라 아리스토텔레스의 사상과 신플라톤주의를 이슬람 세계에 전파하는 역할도 했어요.

이븐시나의 형이상학: 본질과 실존

이븐시나는 본질Mahiat이 실존Wujud에 독립적이고 영원하며 불변한다고 생각했어요. 그는 본질이 실존에 선행하고 실존은 단지 우연적이라고 봤습니다. 그러므로 실제로 존재하게 된 모든 것은 그것을 가능하게 한 본질의 결과인 것이죠.

이븐시나의 본질과 실존 개념은 플라톤의 형상 이론과 비슷해요(존재하는 모든 것에는 원형이 있고 어떤 것이 더 이상 존재하지 않게 되더라도 원형은 그대로 남습니다). 다만 이븐시나는 알라(제1실재)가 본질이 앞서지 않는 유일한 존재라고 봤어요. 알라는 정의할 수 없는 필연적 존재입니다. 알라를 정의하려고 하는 자는 그러한 행위 자체로 모순을 빚어내요. 예를 들어 '알라는 아름답다'고 하면 '알라는 추하지 않다'는 의미가 되는데, 모든 것은 알라에게서 나오므로 그렇게 말할 수 없습니다.

논리학

독실한 이슬람교도였던 이븐시나는 논리학과 이성이 신의 존재를 증명하는 데 쓰일 수 있다고 믿었고 실제로 쿠란을 해석하면서 논리학을 즐겨 활용했습니다. 이븐시나는 논리학이 이성의 네 가지 능력(평가, 기억, 감각 지각, 상상)을 통해 습득하는 개념들을 판단하는 데 쓸모가 있다고 주장했어요. 그중에서도 상상은 개인이 새로운 현상을 기존의 개념과 비교할 수 있게 해 주기 때문에 결정적이라고 봅니다.

이븐시나는 또한 논리학이 새로운 지식을 습득하고, 추론하며, 논증의 타당성을 판단하고, 지식을 공유하는 데 쓰일 수 있다고 봤어요. 그리고 인간이 구원을 얻으려면 지식을 습득하고 지성을 개선해야 한다고 생각했습니다.

인식론과 10개의 지성

이븐시나의 창조론은 또 다른 유명한 무슬림 철학자 알 파라비^Al-Farabi의 이론에서 시작되었다고 할 수 있습니다. 이 이론에 따르면 세계의 창조는 제1지성에서 비롯되었습니다. 제1지성은 자신의 존재를 관조하기 시작했고, 그렇게 함으로써 제2지성이 만들어졌습니

알파라비 ✦ 고대 무슬림 철학자. 이슬람 세계에서 처음으로 일관성 있는 철학 체계를 제시했다.

다. 제2지성이 자신이 신에게서 비롯되었음을 관조하니 제1정신이 만들어졌고 그로써 '구¹들의 구'라고 하는 우주가 탄생했지요. 구들의 구가 존재의 잠재성을 지닌 어떤 것을 관조하니 물질이 만들어졌습니다. 그 물질이 우주를 채우고 행성들의 구를 만들었어요.

이 세 가지 관조에서 존재의 초기 단계들이 나타납니다. 이 과정에서 나타난 지성이 지속된 결과, 두 가지 천상 위계가 만들어집니다. 이븐시나가 '장엄의 천사들'이라고 불렀던 하위 위계, 그리고 케루빔의 상위 위계가 그것이지요. 이븐시나에 따르면, 인간들에게 예언을 전하는 천사들은 감각을 지각하지 못합니다. 하지만 천사들은 상상력을 지니고 있기 때문에 그들의 기원이 된 지성을 바랄 수 있어요. 천사들은 저마다 자신의 지성과 다시 만나기 위해 여행을 하기 때문에 천국에는 영원한 움직임이 일어납니다.

다른 일곱 개 지성과 그 지성에서 창조된 천사들은 행성들의 구 안에서 각기 다른 천체와 어울립니다. 그 천체들이 바로 목성, 화성, 토성, 금성, 수성, 태양, 달(달은 천사의 대명사 가브리엘과 이어지지요)입니다. 그리고 아홉 번째 지성에서 (천사에게는 없는 감각 기능을 가진) 인간이 나타납니다.

이븐시나는 마지막 열 번째 지성이 인간 지성이라고 말합니다. 인간 정신은 원래 추상적 사고에 적합하게 만들어지지 않았고, 인간은 단지 지성의 잠재성만 지니고 있다고 주장해요. 그리고 이 잠재성은 천사에 의한 깨우침으로만 발현될 수 있습니다. 깨우침은 그 정도가 다르게 나타날 수 있는데, 가령, 예언자들은 매우 강한 깨우침을 얻었기에 합리적 지성, 상상력, 자신만 아는 것을 다른 사람들에게 전할 수 있는 능력을 지닙니다. 하지만 대부분은 그저 가르치고, 글로 쓰고, 법칙과 정보를 전하는 정도의 깨우침에 그치고, 혹은 그만도 못한 깨우침에 그치는 사람도 있지요. 우리는 여기서 이븐시나가 인간을 집단의식을 지닌 존재로 생각했음을 알 수 있습니다.

떠 있는 인간

영혼의 자기 인식과 비물질성을 보여주기 위해서 이븐시나는 '떠 있는 인간'이라는 유명한 사고실험을 만들어냅니다. 공중에 떠 있는 어떤 사람을 상상해봅시다. 그 사람은 공중에 떠 있으면서 감각과 완전히 고립된 경험을 하게 될 거예요(다시 말해, 그는 자기 신체와도 감각적으로 접촉해 있지 않습니다).

이븐시나는 인간이 감각에서 고립되어도 자기의식이 있다고 봤어요. 감각 경험과 분리된 인간도 자신의 실존을 결정할 수 있고, 이것은 영혼이 신체와 독립적으로 존재하는 비물질적 실체임을 보여줍니다. 이븐시나는 또한 이 설정이 이치에 맞기 때문에 영혼은 지성으로 파악할 수 있다는 결론을 끌어내지요.

그뿐만 아니라 이븐시나는 뇌가 이성과 감각이 상호작용하는 지점이라고 믿었습니다. 떠 있는 인간 사고실험에서 개인이 깨달을 수 있는 최초의 앎은 개인의 본질을 긍정하는 '나는 있다'입니다. 개인이 감각 경험으로부터 고립되어 있기 때문에 본질은 신체에서 오는 것이 아니에요. 그러므로 개인의 가장 핵심은 '나는 있다'라는 지식이고, 이것은 영혼이 존재할 뿐만 아니라 자기를 인식한다는 의미이기도 하죠. 그래서 이븐시나는 영혼이 비물질적이면서도 완전하다고 결론 내렸습니다.

성 토마스 아퀴나스

신에게 이르는 다섯 가지 길

#신존재증명　#윤리학　#추덕

토마스 아퀴나스 ✦ 중세 이탈리아의 철학자. 기독교 신앙에 바탕을 둔 스콜라철학을 집대성했다.

성 토마스 아퀴나스는 1225년 이탈리아 북부 롬바르디아 지역에서 태어났습니다. 그의 어머니는 테아노 백작의 딸이었어요. 그는 다섯 살 때 몬테카시노 수도원에 들어가 베네딕토회 수사들에게 교육을 받기 시작했습니다. 열세 살이 될 때까지 그곳에서 지냈지만 불안정한 정세 때문에 몬테카시노 수도원이 전쟁에 휘말리면서 어쩔 수 없이 떠나게 되죠.

아퀴나스는 나폴리로 떠나 나폴리대학과 제휴한 베네딕토회 수도원에서 학업을 계속했습니다. 여기서 5년간 아리스토텔레스의 저작을 공부하고, 당대의 다양한 수도회들에 관심을 두기 시작하죠. 특히 그는 어릴 적 몬테카시노 수도원에서 봤던 전통적이고 폐쇄적인 수도 생활과는 상반되는 영적 예배의 삶에 강하게 끌렸어요.

토마스 아퀴나스는 1239년경에 나폴리대학에 입학했습니다. 1243년에는 비밀리에 도미니코회에 들어갔고, 1244년에는 법복을 받았어요. 그의 가족은 이 사실을 알고 노발대발하며 그를 강제로 끌고 가 일 년간 가둬놓으면서 도미니코회에서 나오라고 강요했습니다. 하지만 그러한 시도는 실패로 돌아갔고, 아퀴나스는 1245년에 가족들에게서 풀려난 후 도미니코회로 다시 돌아갑니다.

1245년부터 1252년까지 그는 도미니코회 수사로 나폴리, 파리, 쾰른에서 학문을 갈고닦았어요. 1250년에는 쾰른에서 성직자로 임명받았고, 이후 파리대학교에서 신학을 가르치기 위해 파리로 돌아왔습니다.

가톨릭교회가 위세를 떨치고 사람들이 철학과 신학의 공존을 위해 애쓰던 시대에 토마스 아퀴나스는 신앙과 추론을 종합했습니다. 그는 지식이 자연에서 얻은 것이든 종교적 연구를 통해서 얻은 것이든 신에게서 오는 것은 마찬가지이며, 쉽게 힘을 합할 수 있다고 믿었어요.

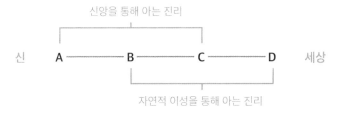

〈폭풍 속에서 하느님에 대한 믿음을 설교하는 성 토마스 아퀴나스〉(1823)
♦ 파리로 가는 뱃길에 폭풍을 만나 두려워하는 선원들 사이에서도 침착함을 잃지 않았다는 아퀴나스의 실화를 바탕으로 한 그림이다.

신 존재 증명

토마스 아퀴나스는 평생에 걸쳐 믿을 수 없을 만큼 방대한 양의 철학적 저술을 남겼습니다. 저술한 주제를 보더라도 자연철학과 아리스토텔레스, 성경과 신학까지 정말로 다양하기 이를 데 없죠. 그의 가장 유명한 저작 『신학대전』에는 아퀴나스의 철학적 관점이 매우 상세하게 담겨 있습니다. 그는 이 책을 1265년에 집필하기 시작해서 1274년에 사망할 때까지 계속 써 나갔어요.

『신학대전』은 총 3부로 나뉘고 각 부는 다시 각 절로 나뉩니다. '다섯 가지의 길'은 이 저작의 1부에 나와요. 그는 여기에서 신의 존재를 증명하려 합니다.

아퀴나스는 일단 철학이 신에 대한 앎을 드높이기 위한 필요조건은 아니지만 도움이 될 수 있음을 인정하는 데서 출발해요. 그리고 다음과 같은 질문들에 답하고자 하죠.

> **1.** '신의 존재'는 '자명'한가?
> **2.** '신의 존재'는 증명될 수 있는가?
> **3.** 신은 존재하는가?

아퀴나스는 신이 존재한다는 걸 보여주는 다섯 가지 증거를 제시합니다. 이 '다섯 가지의 길'은 신의 존재를 증명하기 위해 신학적 관념과 자연 세계에 대한 관찰, 이성적 사유를 조화시킵니다.

첫째 증명: 부동의 원동자 논증

이 세상의 모든 사물은 변하고 움직입니다. 변동하는 모든 것은 다른 것의 작용으로 변동하죠. 어떤 사물이 움직인다면 그 사물을 움직이게 한 다른 것이 반드시 있고, 그것 또한 다른 것에 의해 움직여졌고… 이렇게 거슬러 올라갈 수 있어요. 그렇지만 그 끝에 최초의 원동자原動者가 존재해야만 하므로 끝없이 거슬러 올라갈 순 없습니다. 요컨대, 가장 처음에는 자신은 움직이지 않으면서 다른 것을 움직이는 존재, 즉 부동不動의 원동자가 있을 것이고 그 원동자를 신이라고 이해할 수 있습니다.

둘째 증명: 제1원인 논증

모든 것에는 원인이 있고, 어떤 것도 스스로 존재하지 않습니다. 모든 원인은 그보다 앞선 다른 원인의 결과이고, 그런 식으로 인과관계는 계속 거슬러 올라가죠. 그렇지만 가장 처음이 되는 원인이 없다면, 그 원인이 다른 원인을 낳지 않았을 테니 끝없이 거슬러 올라갈 수 없어요. 그러므로 다른 원인에서 비롯되지 않은 최초의 원인이 존재할 것이며, 그 제1원인을 신으로 이해할 수 있습니다.

셋째 증명: 우연성에 근거한 논증

우리는 자연에서 존재하게 되었다가 더 이상 존재하지 않게 되는 것들을 관찰할 수 있습니다. 그렇지만 존재하는 모든 것은 이미 존재하는 어떤 것에서 비롯되어야 합니다. 만약 어떤 것이 존재하지 않을 수 있다면, 그것은 이전에 존재하지 않았을 것이고 지금도 존재하지 않는 것일 테죠. 따라서 다른 것들의 존재 여부에 의존하지 않는 존재가 있어야만 하고, 그것을 신으로 이해할 수 있습니다.

넷째 증명: 단계에 근거한 논증

우리는 존재하는 것들이 그 특성의 정도가 다양하다는 것을 알아요(더 좋다, 덜 좋다, 더 귀하다, 덜 귀하다 등). 이 다양한 정도는 최대치(가장 귀한 것, 가장 좋은 것)를 기준으로 비교되지요. 아리스토텔레스에 따르면, 지고의 존재는 진리의 최고 상태에 있어요. 그러므로 우리가 존재들에서 찾을 수 있는 완벽함에는 원인이 있을 것이고, 이 완벽함 혹은 지고함을 신으로 이해할 수 있습니다.

다섯째 증명. 신학적 논증

우리는 자연 속의 무생물이나 지성이 없는 존재도 비록 자각은 하지 않지만 목적에 맞게 행동 혹은 작용하는 것을 볼 수 있어요(자연계의 먹이사슬이나 감각기관의 작용을 생각해보세요). 이것들이 특정한 설계에 따라 목적에 맞게 작용하는 것을 보면 이들을 이끄는 존재가 있고 그 존재는 사물들을 목적에 맞게 이끌 만한 지식이 있겠죠. 우리는 그 존재를 신으로 이해할 수 있습니다.

윤리학과 추덕

아퀴나스는『신학대전』2부에서 아리스토텔레스의 저작에 기반한 윤리학 체계를 마련했습니다. 아퀴나스는 아리스토텔레스와 마찬가지로 좋은 삶이란 지고의 목적에 이르고자 하는 자세로 설명될 수 있다고 믿었어요. 그리고 그 또한 아리스토텔레스처럼 덕을 논했죠. 아퀴나스는 다른 모든 덕이 추덕樞德, 즉 가장 기본이 되는 덕에서 나온다고 봤습니다. 신중, 용기, 절제, 정의가 이러한 추덕에 해당하죠.

추덕은 도덕적 삶의 본보기이지만 이것만으로는 그러한 삶의 참된 실현에 다다를 수 없습니다. 아리스토텔레스는 지고의 목적이 행복이고 덕을 통해 그 목적에 다가갈 수 있다고 생각했던 반면, 아퀴나스는 지고의 목적이 내세에서 신과의 합일로 이룩하는 영원한 축복이라고 봤어요. 인간은 이러한 추덕을 삶에서 실천함으로써 진정한 실현으로 나아갑니다.

아퀴나스는 내세에서만 이룰 수 있는 영원한 행복과 이승에서 이룰 수 있는 불완전한 행복을 구별해요. 영원한 행복은 신과의 합일인데, 이승에서 우리는 신에 대해 모든 것을 알 수 없기 때문에 불완전한 행복으로 만족해야 합니다.

토마스 아퀴나스의 영향

토마스 아퀴나스는 서양 철학에 믿기지 않을 정도로 엄청난 영향을 미쳤습니다. 그가 살아 있을 당시 가톨릭교회는 플라톤 철학을 매우 중시한 반면, 아리스토텔레스 철학은 비교적 등한시했어요. 그렇지만 아퀴나스는 아리스토텔레스가 얼마나 중요한 철학자인지 깨닫고 그의 철학적 작업을 정통 가톨릭 신앙에 통합함으로써 서양 철학의 모양새를 완전히 바꿔놓았죠. 1879년에 토마스 아퀴나스의 가르침은 교황 레오 13세에 의해 가톨릭교회의 공식 학설로 공표되었습니다.

Francis Bacon, 1561~1626년

프랜시스 베이컨
우상을 타파하고 과학으로 나아가다

#자연철학 #우상 #귀납법

프랜시스 베이컨 ✦ 잉글랜드의 철학자이자 정치인. 자연철학을 연구했고, 과학적 방법론의 발전을 이끌었다.

프랜시스 베이컨은 자연철학과 과학적 방법론의 발전에 크게 공헌했다는 점에서 르네상스 시대가 낳은 중요한 철학자 가운데 한 사람이라고 할 수 있습니다.

베이컨은 영국 런던에서 1561년 1월 22일에 태어났어요. 그는 국새관 니컬러스 베이컨 경과 에드워드 6세의 후견을 받는 기사 가문의 딸 앤 쿡 베이컨의 자식들 가운데 막내였습니다.

1573년에 열한 살의 나이로 케임브리지대학교 트리니티 칼리지에 들어가 1575년에 학업을 마친 베이컨은 이듬해부터 법률가 양성 코스를 밟기 시작합니다. 지나치게 케케묵은 이 학교가 그의 취향에 잘 맞지 않는다는 것을 깨닫기까지는 그리 오래 걸리지 않았어요. 베이컨이 나중에 회상하기를, 그의 스승들은 아리스토텔레스를 좋아했지만 베이컨 자신은 르네상스를 계기로 온 나라에 퍼져 있었던 인문주의 운동에 더 관심이 많았다고 합니다. 베이컨은 학교를 그만두고 프랑스 주재 영국대사의 보좌관이 되었어요. 1579년에 아버지가 사망하자 베이컨은 런던으로 돌아와 법률 공부를 마저 하고 1582년에 학위를 취득했습니다.

1584년에 프랜시스 베이컨은 도싯셔주 멜콤을 대표하는 하원의원으로 선출되었고 그 후 무려 36년을 정치인으로 살아갑니다. 훗날 제임스 1세 치하에서 그는 공직으로는 최고위직인 대법관까지 올라가죠. 하지만 대법관이라는 정치 이력의 정점에서 희대의 부패 스캔들에 연루되어 공직에서 완전히 물러나고 이후에는 철학 연구에만 매진합니다.

프랜시스 베이컨은 1621년에 뇌물 수수 혐의로 체포됩니다. 유죄 선고를 받고 4만 파운드 벌금형과 런던탑 수감형을 받았죠. 하지만 벌금은 깎이고 옥살이는 고작 나흘밖에 하지 않았어요. 그래도 다시는 공직을 유지하거나 의회에 앉을 수 없다는 조건이 붙었기 때문에 그의 정치 이력은 완전히 막을 내렸습니다. 이 시점에서 프랜시스 베이컨은 (5년 정도) 남은 생애를 철학에 온전히 바치기로 결심합니다.

베이컨의 철학적 작업

베이컨은 자연철학 연구로 특히 잘 알려져 있어요. 그는 (단어의 의미와 내용을 이해함으로써 지식을 얻을 수 있다고 생각한) 플라톤이나 (경험적 자료를 강조한) 아리스토텔레스와 달리 관찰과 실험, 상호작용을 중요시했고, 과학을 설명하기 위해 실질적인 증거에 기대는 방법을 마련하고자 했습니다.

베이컨의 4대 우상

프랜시스 베이컨은 당시까지 스콜라 학자들이 믿어왔던 아리스토텔레스의 작업이 독립적인 사유 능력과 자연에 대한 새로운 생각을 얻는 데 도리어 방해가 된다고 생각했어요. 그는 과학의 발전을 통해 인간의 삶이 질적으로 더 나아질 수 있고, 사람들이 더는 옛 철학자들의 작업에 기대서는 안 된다고 주장했죠. 베이컨은 당대의 철학적 사유에 환멸을 느끼고 평범한 사람들의 사유 과정을 네 가지 범주의 가짜 지식, 즉 '우상'으로 분류했습니다.

1. **종족의 우상**: 우리 모두의 공통된 인간 본성에서 비롯된 거짓 개념들을 말합니다. 가령, 우리가 우리 자신의 결론에 맞아떨어지는 근거들만 찾게 되는 것도 인간의 본성 때문입니다. 정보를 어떤 패턴에 끼워 맞추려 하는 것도, 자기가 믿고 싶은 정보에 영향을 받는 것도 다 그러한 본성 때문이지요.

2. **동굴의 우상**: 개인의 체질과 성향의 결과로 빚어진 해석들입니다. 어떤 사람은 비슷비슷한 것들을 좋아하지만, 또 다른 사람은 차이가 두드러지는 것들을 좋아하지요. 그리고 또 어떤 사람들은 자기가 앞서 내린 결론들에 더욱 힘을 실어주는 개념들을 좋

아합니다.

3. **시장의 우상:** 타인과 소통하기 위해 사용하는 단어와 언어에서 비롯되는 오류를 가리킵니다. 예를 들어, 하나의 단어에도 여러 의미가 있고, 인간에게는 실제로 존재하지 않는 것도 상상하고 이름 붙일 수 있는 능력이 있습니다.

4. **극장의 우상:** 베이컨은 철학이 연극보다 그리 나을 게 없다고 생각했습니다. 그가 생각하기에 소피스트 철학이나 아리스토텔 레스 철학이나 똑똑하면서도 어리석은 논증을 자연 세계보다 더 중요시하기는 마찬가지입니다. 경험론적 철학은 가능성들을 지나치게 많이 배제하고 일정 범위 안의 실험에만 집중하죠. 미 신적인 철학, 즉 종교와 미신으로 세워진 철학은 철학의 부패일 뿐입니다. 베이컨은 그러한 철학을 거짓 개념의 가장 나쁜 유형 으로 봤습니다.

귀납법

프랜시스 베이컨은 지식을 추구해야 한다는 믿음과 당대 철학에 대한 비판으로 새롭고 체계적인 방법을 생각해냈습니다. 결과적으로 이 방법은 그가 철학계에 남긴 가장 중요한 공헌이 되었어요. 그의 저서 『신기관』은 (과학적 방법으로도 알려진) 귀납법을 상세히 설명합니다.

귀납법은 주의 깊게 자연을 관찰하는 과정을 체계적인 데이터 축적과 결합해요. (아리스토텔레스의 작업에 해당하는) 연역법은 하나 혹은 그 이상의 참인 진술(혹은 공리)을 토대로 삼아 다른 진술들도 참임을 증명하지만, 귀납법은 자연에서 수집한 관찰을 토대로 자연이 어떻게 작용하는지에 대한 법칙과 이론을 발견하려 합니다. 본질적으로 연역법은 논리학을 활용하고 귀납법은 자연을 활용하죠.

> ### 실험에 대한 강조
>
> 베이컨은 그의 저작에서 실험의 중요성을 강조하며, 실험을 주의 깊게 기록해 결과를 신뢰하고 재현할 수 있어야 한다고 봤습니다.

귀납법의 과정은 다음과 같아요.

1. 조사 대상이 되는 특성에 대한 일련의 구체적인 경험적 관찰을 축적합니다.
2. 관찰된 사실들을 그 특성이 나타나는 경우와 나타나지 않는 경우 그리고 다양한 수준으로 존재하는 경우라는 세 가지 범주로 나눕니다.
3. 결과를 주의 깊게 검토하고 상황에 들어맞지 않는 듯 보이는 개념들을 배제하면서 가능한 원인들을 찾아냅니다.

토머스 홉스
새로운 철학 체계를 꿈꾸다

#연역법 #사회계약 #정부

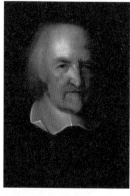

토머스 홉스 ✦ 잉글랜드의 정치 철학자. 최초로 사회계약설을 주장했고, 근대 정치철학의 토대를 마련했다.

토머스 홉스는 1588년 4월 5일 영국 맘즈버리에서 태어났습니다. 그는 어릴 때 아버지를 잃었지만 부유한 삼촌 덕분에 교육을 잘 받을 수 있었어요. 열네 살 때 옥스퍼드 맥덜린홀 칼리지에 들어갔고, 1608년에 옥스퍼드를 졸업해 캐번디시 가문에 장남의 가정교사로 들어갔습니다. 1631년 홉스는 여전히 캐번디시 가문에서 가족들의 교육을 맡으면서 자신의 철학적 사유를 정리해 『첫째 원리들에 대한 소고』로 펴냈어요.

캐번디시 가문과의 인연은 홉스에게 유리한 입지를 마련해 주었습니다. 그는 의회 토론에 참석해 국왕이나 지주, 의원들에 관한 논의에 발언도 하면서 정부가 어떻게 구성되고 어떻게 기능하는지 직접 관찰할 수 있었어요. 왕권과 의회의 갈등이 극심

하던 시대에 왕당파였던 홉스는 찰스 1세를 옹호하기 위해 자신의 첫 정치철학 저작 『자연법과 정치적 법의 기초』를 쓰기도 했지요. 1640년대 초부터 고조된 갈등은 내전(1642~1651년)으로 폭발했고 홉스는 목숨을 부지하기 위해 프랑스로 떠나 그곳에서 11년을 지냅니다. 그리고 이 기간에 주요한 철학적 성과를 이뤄내죠. 가장 유명한 저작 『리바이어던』도 찰스 1세가 교수형을 당하고 2년 뒤에 나왔습니다.

토머스 홉스는 대단히 개인주의적인 사상가였어요. 영국 내전 중에는 군주정 옹호자들조차 왕권에 대한 지지를 성공회에 대한 지지로 돌리던 때였습니다. 가장 대표적인 왕당파였던 홉스는 당시에도 교회에 대한 불쾌감을 공공연히 드러냈기 때문에 궁정에서 배척당했습니다. 그는 군주정의 확고한 지지자였지만 왕권이 신에게서 온다고 생각하지는 않았어요. 오히려 왕권도 인민의 동의에 따른 사회계약으로 보장된다고 봤죠.

홉스는 철학을 전면적으로 점검하고, 모든 지식의 기반으로 절대적으로 동의할 만한 종합적 철학 체계를 세울 필요가 있다고 생각했습니다. 그의 철학 체계의 뿌리는 우주에서 일어나는 모든 현상은 물질과 운동으로 이해할 수 있다는 믿음이에요. 그러면서도 실험적 방법과 자연에 대한 관찰을 지식의 토대로 보지는 않았습니다. 그의 철학은 연역적이고, 만물을 보편적으로 받아들여지는 '첫째 원리들'에 근거시킵니다.

토머스 홉스의 철학

지식에 대한 시각

홉스는 사람들이 서로 다른 방식으로 세계를 바라보기 때문에 자연 관찰만을 철학과 과학의 근거로 삼는다면 지나치게 주관적으로 되고 만다고 생각했어요. 그래서 자연에서 과학·철학적 결론을 끌어내는 귀납적 추론을 사용했던 프랜시스 베이컨이나 로버트 보일의 작업을 인정하지 않았죠. 그 대신, 홉스는 철학의 목적이 보편적이고 근본적인 원리들을 바탕으로 한 진리들의 체계를 세우는 것이라 믿었습니다. 그러한 원리들은 누구나 언어를 사용해 증명할 수 있고 모든 사람의 동의를 받을 수 있습니다.

보편적 원리를 바탕으로 한 철학을 추구하다 보니 홉스는 기하학에 주목했고, 기하학이 바로 그러한 첫째 원리라고 주장합니다. 연역적 추론을 사용하는 기하학은 진정한 학문의 모델이 되기에 충분했죠. 그래서 홉스는 정치철학을 수립하면서도 이러한 연역적 추론 개념을 사용했어요.

인간 본성에 대한 시각

토머스 홉스는 이원론이나 영혼의 존재를 믿지 않았습니다. 그는 인간을 기계와 비슷하다고 생각했어요. 인간은 물질로 이루어져 있고, 그 기능은 역학적 과정으로 설명될 수 있습니다(가령, 감각은 신경계의 역학적 과정으로 설명될 수 있어요). 인간은 자신의 이익을 추구하기 위해 고통을 피하고 쾌락을 얻으려 하죠(그렇기 때문에 인간의 판단은 전혀 믿을 만하지 않아요). 또한 인간의 사유와 감정은 원인과 결과, 작용과 반작용을 바탕으로 합니다. 홉스는 과학이 인간의 판단을 이끌어야 한다고 봤고, 『리바이어던』에서는 그러한 과학을 "결과에 대한 지식"이라고 썼어요.

홉스에 따르면 인위적으로 구성된 사회 또한 인간과 같은 법칙을 따르는 기계와 비슷합니다. 우주 전체에서 일어나는 모든 현상은 물체들의 상호작용과 운동으로 설명될 수 있어요.

공포, 희망, 사회계약설

홉스는 인간의 자연 상태에는 도덕이 존재하지 않는다고 봤습니다. 그래서 그에게 '선'은 사람들이 바라는 것이고, '악'은 사람들이 피하는 것일 뿐입니다. 홉스는 이러한 정의를 바탕으로 다양한 행동과 감정을 설명해요. 홉스가 정의하는 희망은 선으로 보이는 어떤 것을 획득할 가능성입니다. 반면, 공포는 선으로 보이는 어떤 것에 다다를 수 없음을 인정하는 것이지요(단, 이 정의는 법과 사회의 제약 밖에서 인간을 고려할 때만 유효합니다). 선과 악은 개인적인 욕망에 바탕을 둘 뿐이고, 어떤 것을 선 혹은 악으로 만드는 규칙은 존재할 수 없습니다.

홉스는 공포와 희망 사이를 끊임없이 오가는 이 사태가 모든 인간 행동을 규정하는 원리라고 믿었어요. 인간은 어느 주어진 시점에서 항상 그 두 상태 가운데 하나에 있습니다.

그는 인간의 자연 상태를 재화와 권력을 최대한 얻으려는 본능적 욕망의 상태로 봤습니다. 이러한 욕망, 그리고 다른 사람에게 해를 끼치는 것을 막는 법의 부재는 끊이지 않는 전쟁 상태를 낳아요. 자연 상태에서의 끊이지 않는 전쟁은 모든 사람이 모든 사람에 대해 공포를 느끼며 살 수밖에 없음을 뜻하지요. 그렇지만 이성과 공포의 결합은 인간이 자연 상태를 따르는 동시에(최대한 많은 재화를 얻으려고 하는 동시에) 평화를 추구하게 합니다. 또한 선악은 사회의 최고 권위가 규칙들을 만들기 전까지는 존재하지 않죠.

홉스는 평화에 이를 수 있는 유일한 방법은 인간 집단이 국가를 다스리는 최고 권위를 두기로 동의하는 사회계약을 만들어내는 것이라고 말합니다. 사회계약이라는 면에서 공포는 두 가지 목적에 도움이 돼요.

1. 자연 상태에서 전쟁 상태를 만들어 사회계약의 필요성을 낳습니다.

2. (최고 권위가 이 계약을 깨는 사람들을 처벌함으로써 공포를 불어넣기 때문에) 국가 안에서 평화가 유지됩니다.

정부에 대한 시각

홉스는 초기 저작에서 사회가 최고 주권을 필요로 한다고 했고, 『리바이어던』에서 절대 군주정이 최선의 정부 유형이자 모두에게 평화를 줄 수 있는 유일한 정부 유형이라고 생각하는 그의 입장을 분명히 드러냈어요.

홉스는 경쟁적인 정부, 서로 다른 철학, 교회와 국가 사이의 투쟁 같은 사회 안에서의 파벌 싸움은 내전을 낳을 뿐이라고 생

『리바이어던』의 표지 그림 ✦ 수많은 인간으로 이루어진 거대한 인간 형상, 즉 리바이어던은 인민으로 이루어진 '국가'를 상징한다. 리바이어던이 들고 있는 봉과 검은 공권력을, 일체로 이루어진 머리는 정치적 지도를 인민이 따라야 함을 의미한다.

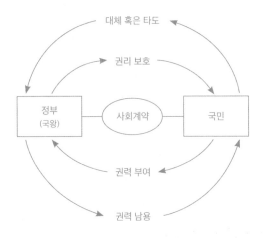

각했습니다. 따라서 사회의 모든 구성원은 모두의 평화를 유지하기 위해 정부를 지휘하고, 법을 만들고, 교회를 담당하는 어떤 권위 있는 존재를 세우는 데 동의해야 합니다.

René Descartes, 1596~1650년

르네 데카르트

나는 생각한다 그러므로 존재한다

#이성 #사유 #심신이원론

르네 데카르트 ✦ 프랑스의 철학자 이자 수학자. 대표적인 합리론자로, 근대 철학의 아버지로 불린다.

르네 데카르트는 으레 근대 철학의 아버지로 불리는 인물입니다. 그는 1596년 프랑스의 소도시 라에에서 태어났어요. 어머니는 그를 낳고 일 년 만에 세상을 떠났죠. 아버지는 귀족으로 자녀 교육에 몹시 힘썼어요. 데카르트는 여덟 살에 예수회 기숙학교에 들어가서 논리학, 수사학, 형이상학, 천문학, 음악, 윤리학, 자연철학 등을 배웠습니다.

스물두 살의 데카르트는 푸아티에대학에서 법학사를 취득했고(일설에 따르면 이 무렵에 신경쇠약을 앓았다고도 해요) 신학과 의학도 공부하기 시작했습니다. 하지만 그는 자기 안에서, 혹은 세상에서 지식을 발견하기 원한다는 이유로 신학과 의학 공부를 금세 그만두었죠. 그는 군대에 들어갔고 군인으로서 임무를 다하면서 틈틈이 시간 날 때마다 수학을 공부했어요. 그러다가 당대의 유명한 철학자이자 수학자인 이사크 베이크만과 친분이 생겼죠. 당시 베이크만은 물리학과 수학을 잇는 새로운 방법을 궁리하는 중이었습니다.

1619년 11월 10일, 데카르트는 하룻밤 사이에 세 번이나 꿈을 꿨어요. 이 꿈 혹은 비전은 그의 생애와 철학의 흐름을 완전히 바꾸어놓습니다. 그는 이 오묘한 꿈을 꾸고서 수학과 과학을 통한 앎의 개혁에 일생을 바치기로 결심해요. 그리고 그 출발점을 모든 학문의 뿌리라고 할 수 있는 철학으로 삼았습니다.

데카르트는 새로운 사유 방법을 강조하는 『정신 지도를 위한 규칙』을 쓰기 시작했어요. 집필은 도무지 끝나지 않았고 그는 각기 열두 개 규칙으로 이루어진 세 부분 가운데 겨우 첫 번째 부분만 완성했죠. 그나마도 데카르트가 죽은 후인 1684년에야 비로소 출판됩니다.

방법서설

데카르트가 처음으로 출간한 책이자 가장 유명한 저서인 『방법서설』은 『정신 지도를 위한 규칙』에서 제시한 첫 번째 부분의 규칙들을 논하고 자신이 아는 모든 것을 의심하게 했던 비전을 설명합니다. 그다음에 자신이 제시한 규칙들이 어떻게 근본적이고도 복잡한 문제들을 해결할 수 있었는지 보여줘요. 여기서 신 존재 증명, 이원론, 개인의 존재("나는 생각한다, 그러므로 나는 존재한다")를 다룹니다.

데카르트는 저작을 발표할 때마다 명성이 더욱 높아졌습니다. 1641년에 펴낸 『제1철학에 대한 성찰』은 『방법서설』에서 다룬 발견에 대해 왈가왈부하는 사람들을 향한 반론을 담고 있어요. 여기에는 '데카르트적 순환'이라고 부르는 순환 논증이 등장합니다. 우주의 수학적 기초를 발견하고자 했던 저작 『철학의 원리』(1644)는 유럽 전역에서 널리 읽혔지요.

말년을 스웨덴 여왕의 교사 자격으로 스톡홀름에서 보내던 데카르트는 폐렴으로 사망합니다. 그는 독실한 가톨릭 신자였지만 그의 저작은 교회의 이데올로기와 충돌하는 면이 많았기 때문에 가톨릭교회 금서 목록에 올랐어요.

르네 데카르트의 철학적 주제들

사유와 이성

데카르트는 '나는 생각한다, 그러므로 나는 존재한다$^{Cogito\ ergo}$ ^{sum}'라는 명제로 특히 잘 알려져 있지요. 그는 사유 행위가 곧 개인이 존재한다는 증거라고 봤습니다. 인간은 자기 존재의 다른 부분에 대해서는 확신할 수 없을지라도 자기가 이성을 가지고 생각하고 있다는 것만은 항상 확신할 수 있으므로 사유와 이성이야말로 인간성의 본질이라는 것입니다. 사유가 존재하기 위해서는 사유를 할 수 있는 근원이 있어야겠죠. 따라서 내가 생각을 하고 있다면 나는 존재해야만 합니다. 데카르트는 인간이 이성을 지닌 존재이고 이성이 없는 인간은 아예 인간이 아니라고 봤어요.

인간은 이성적 추론 능력으로 과학적 지식과 확실성을 얻을 수 있습니다. 이성이 모든 인간에게 자연적으로 주어진 것이라 믿었기 때문에 그는 매우 복잡한 철학적 문제에 대해서 모두가 이해할 수 있는 방식으로 글을 썼어요. 심지어 때로는 학자들의 언어인 라틴어가 아니라 프랑스어로 글을 쓰기도 했는데, 그 덕분에 대중에게 널리 읽힐 수 있었죠.

데카르트는 논증을 누구나 습득할 수 있는 사유의 논리적 훈련으로 제시했습니다. 그는 어떤 문제든지 그 문제를 가장 단순한 부분들로 쪼개어 추상적인 방정식처럼 전달할 수 있다고 생각했어요. 이렇게 하면 (데카르트가 믿을 수 없다고 생각했던) 감각 지각의 문제를 제거하고 객관적 이성이 문제를 해결할 수 있다고 봤죠.

감각 지각은 믿을 만하지 않기 때문에 단 하나 확신할 수 있는 것은 사람들이 생각을 한다는 사실뿐입니다. 따라서 이성과 사유는 모든 사람의 본질이에요. 그리고 순수 이성과 감각 지각은 엄연한 차이가 있기 때문에 데카르트는 영혼이 반드시 존재할 거라고 봤어요.

신 존재

데카르트는 일단 인간을 생각하는 존재로서 수립한 다음 그 밖의 자명한 진리들을 하나하나 찾기 시작합니다. 그는 지각과 상상이 '의식의 양태들'로서 존재하기는 하지만 반드시 진리를 담고 있지는 않다는 결론을 내려요. 따라서 데카르트는 신에 대해서 아는 것만이 다른 것들을 알기 위한 유일한 방법이라고 결론 내립니다.

데카르트에 따르면 신은 완전하므로 신이 누군가를 속이는 일은 있을 수 없습니다. 그는 이어서 비록 자신은 불완전하지만 완전함이라는 개념을 생각할 수 있으므로 완전함은 존재하는 것이 틀림없고 그 완전함이 바로 신이라고 주장했어요.

심신 문제

데카르트는 정신과 신체가 분리된 두 실체라고 주장하는 실체 이원론의 대표 주자입니다(그래서 이 이원론을 데카르트적 이원론이라고 하기도 하죠). 그는 솔방울샘(송과선)을 "영혼이 깃드는 자리"라고 부르고 바로 이 부위에서 정신과 신체의 상호작용이 이루어진다고 주장했어요. 데카르트에 따르면, 솔방울샘

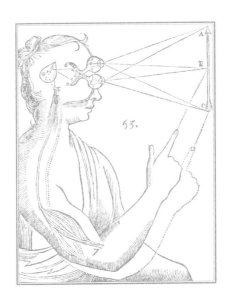

은 영혼처럼 뇌의 일원화된 부분이고, 뇌실에 가까이 있으므로
신체를 통제하는 신경에 작용하기에 완벽한 위치에 있습니다
(그러나 과학적 연구는 솔방울샘도 뇌의 좌반구 쪽과 우반구 쪽으로
나뉘어 있음을 밝혀냈어요).

위의 그림은 데카르트의 이원론을 설명한 그림이에요. 감각
기관은 정보를 뇌에 있는 솔방울샘으로 보내고 이 정보는 다시
정신으로 전달됩니다.

Baruch Spinoza, 1632~1677년

바뤼흐 스피노자
성서를 비판한 자연주의 철학자

#신 #종교 #인간

바뤼흐 스피노자 ◆ 네덜란드 출신의 유대인 철학자. 데카르트와 함께 17세기 대표적인 합리론자로 불린다.

바뤼흐 스피노자는 17세기가 낳은 위대한 합리론자 가운데 한 사람입니다. 그는 1632년 11월 24일 네덜란드 암스테르담의 포르투갈계 유대인 가정에서 태어났어요. 어려서부터 무척 총명해 그가 속한 유대교 사회에서는 다들 그를 위대한 랍비의 재목으로 여겼죠. 그러나 스피노자는 열일곱 살에 학업을 그만두고 가문의 사업을 돕게 됩니다. 1656년 7월 27일, 스피노자는 암스테르담 세파르딤(이베리아반도에 정착한 유대인을 일컫는 말) 공동체에서 파문당했어요. 파문당한 이유는 알려지지 않았으나 앞으로 스피노자 철학에 드러날 사상적 특징이 그 이유였을 것으로 짐작됩니다.

스피노자의 철학은 매우 급진적이었고 도덕과 신, 인간을 자연주의적인 시선으로 바라봤습니다. 스피노자는 영혼이 불멸

〈파문당한 스피노자〉(1907) ✦ 파문당한 스피노자는 재산도 인정받지 못하고 집에서도 쫓겨났다. 생계 수단을 잃은 그는 안경알을 깎는 일을 하며 어렵게 생계를 유지했다.

한다고 믿지 않았고 신이 개인의 삶에 관여한다고 생각하지도 않았어요. 또, 율법을 신에게 받은 것으로 여기지 않았고 그러한 율법이 여전히 유대인에게 구속력을 갖는다고 믿지도 않았습니다.

1661년에 스피노자는 신앙과 종교적 서약을 저버린 탓에 더이상 암스테르담에서 살 수 없게 돼요. 그는 레인스뷔르흐에서 지내면서 여러 편의 논문을 씁니다. 그러나 그의 이름으로 생전에 발표된 논문은 「데카르트 철학의 원리」(1663)뿐이에요. 1663년 무렵부터 그는 자신의 철학을 가장 깊게 담아낸 주저 『에티카』를 쓰기 시작했습니다. 그러나 『에티카』를 완성하기 전에 집필을 그만두고 그 대신 1670년에 익명으로 발표해 논란을 일으킨 『신정론』을 먼저 쓰지요. 『신정론』이 몰고 온 논란으로 스피노자는 더 이상 어떤 책도 펴낼 수 없을 만큼 고립됩니다. 1676년 스피노자는 라이프니츠를 만나 당시 막 탈고했지만 발표할 엄두를 못 내고 있었던 『에티카』에 대해서 토론을 하기도 했습니다. 1677년 스피노자가 사망하자 그의 친구들이 『에티카』를 출간합니다. 하지만 그의 저작들은 네덜란드에서 금서로 지정되었습니다.

스피노자의 『신정론』

가장 큰 논란을 낳은 저작 『신정론』에서 스피노자는 종교와 경전 이면의 진리를 보여주고, 종교적 권위가 사람들에게 미치는 정치권력을 약하게 만들고자 했습니다.

스피노자의 종교관

스피노자는 유대교만 비판한 것이 아니라 조직화된 모든 종교를 비판했습니다. 그는 (특히 경전 해석과 관련해) 철학을 신학과 분리해야 한다고 봤어요. 스피노자에 따르면, 신학의 목적은 복종을 지속시키는 것이지만 철학의 목적은 이성의 진리를 이해하는 것입니다.

스피노자는 "네 이웃을 사랑하라"가 신의 유일한 메시지인데, 종교는 경전에 쓰여 있는 단어가 나타내는 의미 이상의 말들을 구사하면서 미신으로 기울었다고 비판합니다. 그는 성경을 신의 말씀으로 보지 않고 오히려 역사적 텍스트로 대해야 한다고 생각했어요. 성경은 수 세기에 걸쳐 작성된 텍스트이고 그 내용 또한 믿을 만하지 않다고 봤기 때문입니다. 스피노자는 기적은 존재하지 않고 모든 것은 자연적으로 설명될 수 있다고 봤어요. 단지 사람들이 그러한 설명을 찾지 않기로 선택했을 뿐인 거죠. 또한 예언은 신에게서 나오지만 그것이 어떤 특권적 지식은 아니라고 봤습니다.

스피노자는 신에게 경의를 표하기 위해 성경을 다시 검토함으로써 "참된 종교"를 찾아야 한다고 주장했어요. 유대교의 선민 사상을 거부하고, 사람들은 평등하며 일종의 국교國敎가 필요한 것이라고 봤죠. 그렇게 자신의 정치적 소신을 드러내면서 그는 권력 남용을 최대한 줄일 수 있는 민주정이 가장 이상적인 정부 형태라고 강조했습니다.

스피노자의 『에티카』

그의 철학을 집대성한 『에티카』에서 스피노자는 신, 종교, 인간 본성에 대한 전통적인 생각을 다룹니다.

신과 자연

스피노자는 『신정론』에서 이미 신이 자연이고 자연이 곧 신이라는 자신의 믿음을 드러낸 바 있습니다. 그는 신이 인격적이라는 생각이 잘못됐다고 봤어요. 『에티카』에서 신과 자연에 대한 그의 사상은 더욱 깊이를 드러냅니다. 우주에 존재하는 만물은 자연의 일부이고(다시 말해, 신의 일부이고) 자연의 만물은 똑같은 기본 법칙을 따릅니다. 스피노자는 (당시로서는 파격적이게도) 자연주의적으로 접근했고, 인간은 자연 세계와 다르지 않기 때문에 인간 역시 자연의 다른 만물과 똑같은 방식으로 이해되고 설명되어야 한다고 주장했어요.

스피노자는 신이 세계를 특정 시기에 무에서부터 창조했다는 주장을 거부했습니다. 대신, 그는 우리 현실의 체계는 그 자체의 근거로 여겨질 수 있고, 오직 신 혹은 자연이 있을 뿐 초자연적 요소는 없다고 봤습니다.

인간

『에티카』 2부는 인간의 기원과 자연에 초점을 맞춥니다. 인간이 지니고 있다고 자각하는 신의 두 가지 속성은 사유와 연장이에요. 사유의 양태는 관념이고 연장의 양태는 신체인데, 이 둘은 서로 분리된 본질처럼 작용하죠. 신체적 사건은 다른 신체적 사건들이 인과적으로 연결된 결과로, 연장에 적용되는 법칙으로만 결정됩니다. 반면, 관념은 다른 관념들의 결과일 뿐이고 그 자체의 법칙을 따라요. 그러므로 정신적인 것과 물리적인 것 사이에는 어떤 종류의 인과적 상호작용도 없는 듯 보입니다. 그렇지만 그 둘은 연결되어 있고 서로 평행하므로 모든 연장의 양태에는 그에 상응하는 사유 양태가 있어요.

사유와 연장이 신의 속성이기 때문에 이것들은 신과 자연을 이해할 수 있는 두 가지 방식이기도 합니다. 스피노자의 이론은 데카르트의 이원론과 달리 서로 분리된 두 실체가 있다고 주장하지 않아요. 사유와 연장은 똑같은 것(인간)의 두 표현인 것이지요.

지식

스피노자는 인간의 정신이 신과 마찬가지로 관념을 가질 수 있다고 봤습니다. 지각, 감각, (고통이나 쾌락 같은) 성질에 대한 정보를 바탕으로 알게 된 것은 세계에 대한 참된 인식 혹은 적합한 인식으로 이끌지 못합니다. 이러한 '감각지'는 자연의 질서를 통해서 지각된 것인데, "무작위적 경험에 의한 지식"이라 부릅니다. 이런 유의 지각 방식은 끝없이 오류를 낳습니다.

스피노자에 따르면 인식의 두 번째 유형은 이성에 따른 앎이에요. 적합한 관념은 이성의 질서를 따르는 방식으로 얻을 수 있고 여기에 사물의 본질에 대한 참다운 이해가 있습니다. 어떤 것에 대한 적절한 앎은 인과적 연결을 이해하고 그 방식의 특정함 그리고 어떤 이유에서, 어떤 식으로 특정한지를 보여줘요. 인간은 감각지만으로는 적합한 관념에 이를 수 없습니다.

스피노자의 적합한 관념 개념은 인간의 역량에 대한, 전에 없던 낙관주의를 드러냅니다. 스피노자에 따르면 인간은 자연에서 알아야 할 모든 것을 알 수 있는 능력이 있고, 따라서 신에 대해 알아야 할 모든 것 역시 알 수 있어요.

행위와 정념

스피노자는 인간이 자연의 일부라는 것을 증명하기 위해 상당한 노력을 기울였습니다. 그는 이러한 증명을 통해 정신과 관념은 사유(신의 속성)를 따르는 관념들의 인과적 연쇄에서 비롯되고 행위는 자연의 사건들에서 비롯되기 때문에 인간은 자유롭지 않다고 암시합니다.

그는 정서affectus를 정념과 (능동적) 작용으로 나누었어요. 정서는 분노, 사랑, 자부심, 시기 같은 감정으로, 자연의 법칙을 따릅니다. (적합한 관념이나 지식 같은) 어떤 사건이 우리 본성의 결과로 일어난다면 그것은 정신이 작용한 거예요. 우리 안의 사건이 우리 본성 외적인 것의 결과로 일어난다면 우리는 수동적으로 영향을 받은 것이죠. 우리가 능동적이든 수동적이든 간에 변화는 우리의 정신 혹은 신체 역량 내에서 일어납니다. 스피노자는 모든 존재는 자기를 보존하려는 본질, 즉 코나투스conatus가 있는데 정서는 이 역량 안에서의 변화라고 말해요.

스피노자에 따르면 인간들은 정념에서 풀려나 능동적으로 되기를 갈망합니다. 그렇지만 정념에서 완전히 해방된다는 것은 가능하지 않기 때문에 인간은 반드시 자기를 다스리고 절제하기 위해 노력해야 하죠. 인간은 정념을 다스리고 능동적으로 됨으로써 무슨 일이든 외부의 힘이 아니라 자기 본성의 결과로 일어난다는 의미에서 '자유로워집니다'. 이 과정은 인간을 인생의 부침으로부터 '자유로워지게' 하기도 하죠. 스피노자는 인간이 상상과 감각에 대한 의존에서 자유로워질 필요가 있다고 봤어요. 정념은 외부의 사물이 우리의 역량에 어떻게 영향을 미칠 수 있는가를 보여줍니다.

덕과 행복

『에티카』에서 스피노자는 인간이 평가를 다스리고 정념과 외부 대상의 영향을 최소화하기 위해 노력해야 한다고 주장했습니다. 이것은 덕을 통해 가능한데, 스피노자가 말하는 덕은 적합한 관념과 인식을 추구하고 이해하는 것이에요. 결국 이것은 신에 대한 인식(제3의 인식, 직관지)을 바라고 추구한다는 의미입니다. 신에 대한 인식은 사물들에 대한 사랑을 낳고, 이 사랑은 정념이 아니라 지복입니다. 이것은 우주에 대한 이해이자 덕과 행복이지요.

John Locke, 1632~1704년

존 로크

더 나은 정부를 향한 열망

#인간지성론 #빈서판 #통치론

존 로크 ◆ 잉글랜드의 철학자. 베이컨을 잇는 대표적인 영국 경험론자다.

존 로크는 1632년 8월 29일에 잉글랜드 서머싯의 어느 청교도 가정에서 태어났습니다. 아버지는 법률가였는데, 청교도혁명 당시 기병대장으로 활약했기 때문에 정부와도 인맥이 있었죠. 아버지 덕분에 로크는 어려서부터 우수하고 다양한 교육을 받을 수 있었습니다. 1647년 런던 웨스트민스터 기숙학교에 입학했고 (성적이 뛰어난 소수에게만 주어지는) 킹스 스콜라 장학생이 되었죠. 1652년에는 옥스퍼드에서 가장 명망 높은 크라이스트처치에 들어갔고, 여기서 형이상학과 논리학에 친숙해졌습니다. 그는 크라이스트처치에서 석사과정을 밟으며 르네 데카르트와 (화학의 아버지라 불리는) 로버트 보일의 저작에 심취했어요. 그 뒤 의학 공부를 해서 의사로서 이력을 쌓기 시작했습니다.

1665년에 로크는 휘그당의 설립자인 애슐리 경, 이른바 섀프츠베리 백작과 친분을 맺었습니다. 영국에서 가장 노련한 정치인이었던 애슐리 경은 옥스퍼드에 치료를 받으러 왔다가 로크를 만났고, 그에게 런던에 와서 자신의 개인 주치의로 일해달라 부탁했죠. 그리하여 로크는 1667년 런던으로 거처를 옮깁니다. 애슐리 경의 권력과 지위가 높아지면서 로크도 점점 더 중책을 맡게 되어 무역식민위원회에서 일하게 됩니다. 그가 맡았던 프로젝트 가운데 하나가 신세계(아메리카 대륙) 캐롤라이나주의 식민화 사업으로, 헌법 작성에 참여했습니다. 그리고 이 시기에 로크는 철학적 논고에 관심이 생깁니다.

1674년 애슐리 경이 정부에서 물러나자 로크는 의학사를 취득하기 위해 옥스퍼드로 돌아왔고, 그 후에는 프랑스로 여행을 떠나 프로테스탄티즘을 배우는 데 시간을 많이 들였습니다. 1679년 다시 영국으로 돌아온 로크는 격변에 휘말리게 됩니다. 당시 영국은 찰스 2세와 의회가 팽팽하게 맞서고 있었고, 언제라도 혁명이 터질 수 있는 상황이었어요. 그 와중에 로크가 가담한 국왕과 국왕 동생 암살 계획이 실패로 돌아갔고, 그는 영국을 떠나야만 했습니다. 이 시기에 그의 걸출한 저서로 꼽히는 『통치론』이 집필되었어요.

로크는 네덜란드로 망명했고 그곳에서 아마도 프랑스에서부터 쓰기 시작한 가장 유명한 저작 『인간 지성론』을 완성했을 거예요. 네덜란드의 빌럼 3세(오렌지공 윌리엄)가 영국을 침공해 제임스 2세(사망한 찰스 2세의 동생)가 프랑스로 도망간 1688년(명예혁명)에야 그는 영국으로 돌아갈 수 있었습니다. 그 후에

〈오렌지공 빌럼 3세와 네덜란드 군대의 브릭스햄 상륙〉(1885~1933) ◆ 전제 정치를 강화하려던 제임스 2세가 폐위되고, 왕위에 오른 빌럼 3세는 1689년 의회가 제정한 권리장전을 승인한다. 유혈 사태 없이 정권 교체를 이룩한 이 사건을 '명예혁명'이라 한다.

비로소 『인간 지성론』과 『통치론』을 출간했죠.

명예혁명은 영국을 뿌리부터 뒤흔들었고 권력은 군주 일가에서 의회로 옮겨갔습니다. 존 로크는 살아생전에만 영웅으로 대접받은 게 아니에요. 그가 서양 철학에 남긴 흔적은 인류 역사상 가장 위대한 정신 가운데 하나로 손꼽히죠. 로크의 철학적 작업은 경험론, 인식론, 정부, 신, 종교적 관용, 사유재산 등을 다룹니다.

『인간 지성론』

존 로크의 가장 유명한 저작으로 정신, 사유, 언어, 지각에 관한 근본적인 물음들을 다루며 총 4권으로 구성되어 있습니다. 그는 여기서 인간의 사유 방식을 설명하고자 하는 체계적 철학을 제시하죠. 로크는 이 저작을 통해서 철학적 대화를 형이상학에서 인식론으로 옮겨가게 했어요.

로크는 인간에게 타고나는 근본 지식과 원리가 있다는 (플라톤이나 데카르트로 대표되는) 철학 유파들의 주장을 거부합니다. 만약 그 주장대로라면 모든 사람이 보편적으로 받아들이는 어떤 원리가 있을 텐데 그런 원리는 사실상 없으므로(대부분 보편적으로 받아들이는 원리가 있긴 해도 그것이 선천적 앎의 결과는 아니므로) 그 주장은 틀렸다고 말해요.

예를 들자면, 도덕관은 사람마다 다르지요. 그렇다면 도덕적 앎은 선천적이지 않습니다. 로크는 인간은 '빈 서판tabula rasa'과도 같은 상태로 태어나 경험을 통해 지식을 얻는다고 믿었어요. 경험은 (감각, 반성, 느낌에서 비롯되는) 단순 관념을 만듭니다. 단순 관념들은 비교, 추상, 결합을 통해 복합 관념을 이루고 지식을 만들어요. 관념은 또한 두 범주로 나눌 수 있습니다.

1. **일차 성질**: 물질과 따로 떼놓고 생각할 수 없으며 관찰자의 존재 여부와 상관없는 성질(크기, 모양, 운동 등).

2. **이차 성질**: 물질과 따로 떼놓고 생각할 수 있으며 관찰자가 있을 때만 지각 가능한 성질(맛, 냄새 등).

마지막으로, 로크는 플라톤의 본질 개념을 거부합니다. 이 개념에 따르면 서로 다른 인간들이 똑같은 종의 개체임을 확인할 수 있는 것은 인간의 본질 때문이죠. 하지만 로크는 자기만의 본질론을 만들었어요. 그 토대는 (로크가 '명목적 본질'이라고 부른) 관찰 가능한 속성들과 그 속성들을 만드는 눈에 보이지 않는 구조들('실재적 본질')입니다. 가령, 우리는 관찰을 바탕으로, 또한 (관찰 가능한 속성들을 만들어낸) 개의 생물학적 구조를 바탕으로 개가 무엇인지에 대한 관념을 형성하고 본질을 창조할 수 있어요. 로크는 인간의 지식은 제한되어 있고 인간이 반드시 그러한 한계를 의식해야 한다고 생각했습니다.

『통치론』

로크는 『통치론』에서 인간 본성과 정치에 대한 자신의 신념을 자세히 썼습니다. 그의 정치철학의 기반은 사유재산에 대한 권리라는 개념이었어요.

신이 인간을 창조했을 때 인간은 그저 자연법을 따라 살아야 했고 평화가 유지되는 한에서는 자기 마음대로 행동할 수 있었어요. 인간의 자기보존에 대한 권리는 자신이 생존하고 행복을 누리는 데 필요한 것들을 누릴 권리도 인간에게 있다는 뜻이지요. 그것들은 신이 주시는 것입니다.

인간은 자기 신체의 주인이기 때문에 자신의 신체 노동으로 만들어낸 상품과 재화에 대한 소유권이 있어요. 농사를 지어 식량을 생산하는 사람은 자기가 일구는 땅과 그 땅에서 나는 작물의 소유자가 되어야 하죠. 사유재산에 대한 로크의 생각에 따르면, 이러한 노동과 소유의 과정에서 다른 사람에게 피해를 준다면 소유권을 가질 수 없어야 합니다. 신은 모두가 행복하기를 바라고, 인간은 다른 사람이 사용하는 데 방해되지 않도록 자기에게 필요한 것 이상을 취해서는 안 되기 때문이지요. 그렇지만 부도덕한 사람들은 엄연히 존재하므로 개인의 사유재산과 자유를 보호하는 법률이 만들어져야 합니다.

로크는 정부의 유일한 목적이 모든 사람의 행복을 뒷받침하는 것이라고 했어요. 그래서 비록 자연권의 일부를 넘겨주어 정부를 세울지라도 이 정부는 개인이 혼자 자신의 권리를 보호할 때보다 훨씬 더 효과적으로 개인의 권리를 보호할 수 있어야 합니다. 만약 정부가 더 이상 모든 사람의 행복을 뒷받침하지 못한다면 새로운 정부가 들어서야 하며, 사회는 무능한 정부에 맞서 싸울 도덕적 의무가 있어요.

로크에 따르면, 정부가 바로 서면 개인과 사회가 물질적으로만 풍요해지는 것이 아니라 정신적으로도 번창합니다. 정부는 신이 만드는 자기보존의 자연법과 조화되는 자유를 제공할 수 있어야 해요.

『통치론』은 로크가 기나긴 망명 생활을 마치고 영국으로 돌아간 후에야 뒤늦게 출간되었지만, 실제 집필은 왕권과 의회의 갈등이 매우 깊을 때 이루어졌습니다. 로크는 더 나은 형태의 정부가 있을 수 있다고 믿었고, 그의 정치철학은 서양 철학에 깊은 영향을 미쳤어요.

Gottfried Wilhelm Leibniz, 1646~1716년

고트프리트 빌헬름 라이프니츠

우리가 사는 세상이 곧 최선이다

#합리론 #단자론 #낙관주의

고트프리트 빌헬름 라이프니츠
✦ 독일의 철학자. 데카르트, 스피노자와 함께 17세기 대표적인 합리론자로 불린다.

고트프리트 빌헬름 라이프니츠는 17세기 합리론 운동에서 가장 중요한 인물 중 하나입니다. 라이프니츠는 합리론 외에도 논리학, 물리학, 수학 등에서 다재다능함을 보이고 놀라운 성과를 이뤄냈어요(그는 뉴턴과는 별개로 미적분법을 만들어냈을 뿐 아니라 이진법을 발견했습니다).

라이프니츠는 1646년 독일 라이프치히에서 태어났어요. 그의 아버지는 라이프치히대학의 도덕철학 교수였는데 라이프니츠가 여섯 살 때 세상을 떠나면서 개인 장서를 모두 아들에게 물려주었습니다. 라이프니츠는 아버지 없이 어머니에게서 종교와 도덕을 배웠어요.

그는 어려서부터 천재 소리를 들었습니다, 열두 살에 이미 라틴어를 독학하고 그리스어를 배우기 시작했으며, 열네 살 때는

라이프치히대학에 들어가 아리스토텔레스 철학, 법학, 논리학, 스콜라철학을 배웠죠. 스무 살이 된 라이프니츠는 첫 저서『조합의 예술에 대하여』를 냅니다. 이 책에서 그는 소리, 색, 문자, 수 같은 기본 요소들의 조합이 모든 발견과 추론의 원천이라는 주장을 폈어요.

그는 법학사를 다른 대학에서 받았지만 학자로 이력을 이어가는 대신 귀족의 일을 봐주게 됩니다. 그는 법률 고문, 공식 사관 등 여러 직책을 수행하면서 유럽 전역을 두루 여행했어요. 이 과정에서 유럽의 중요한 지식인들을 많이 만났고, 그러는 중에도 독자적으로 수학과 형이상학의 문제들을 계속 연구했습니다. 이 시기에 그에게 특히 큰 영향을 주었던 인물은 철학자 바뤼흐 스피노자와 천문학자이자 수학자, 물리학자였던 크리스티안 하위헌스였어요.

수학에 대한 공헌부터 광대하고 풍부한 철학적 작업에 이르기까지 라이프니츠의 연구 전반은 진리의 강조라는 주제를 공유합니다. 그는 자신의 작업을 통해 진리를 강조함으로써 분리된 교회를 다시 하나로 통합할 수 있는 바탕을 마련하기를 바랐습니다.

라이프니츠 철학의 원리들

이성에 대한 라이프니츠의 이해에는 일곱 가지 근본 원리가 있어요.

1. **동일률과 모순율:** 어떤 명제가 참이라면 그 명제의 부정은 거짓이어야만 하고 그 역도 성립합니다.

2. **충족이유율:** 어떤 것이 존재하거나 어떤 사건이 일어날 때는, 혹은 어떤 진리를 갖게 될 때는 그렇게 되기에 충분한 이유가 있습니다(때로는 오직 신만이 그 이유를 알지라도 말이죠).

3. **구별할 수 없는 것의 동일성(라이프니츠의 법칙):** 서로 구별되는 두 개체는 모든 속성이 공통적일 수 없습니다. 만약 X가 가질 수 있는 모든 술어를 Y도 가질 수 있고, Y가 가질 수 있는 모든 술어를 X도 가질 수 있다면 X와 Y는 똑같습니다. 두 가지를 구별할 수 없다면 그것들은 똑같은 것의 두 이름이라고 보아야 합니다.

4. **낙관주의:** 신은 언제나 최선을 선택합니다.

5. **예정조화설:** 실체만이 자기 자신에게 영향을 미칠 수 있습니다. 그러나 모든 실체는 (정신이든 신체든 간에) 인과적으로 상호작용을 합니다. 이것은 모든 실체가 조화를 이룰 수 있도록 신이 미리 예정한 결과입니다.

6. **충만:** 가능한 최선의 세계는 참다운 모든 가능성을 현실로 만듭니다.

7. **연속성의 법칙:** 라이프니츠는 이 법칙을 "자연은 결코 비약하지 않는다"라는 말로 정리합니다. 그는 모든 변화는 중간 단계의 변화를 거치고, 사건들 사이에 무한이 있다고 봤습니다. 연속성의 법칙은 어떤 운동도 완전한 정지 상태에서 비롯되지 않는다는 것을 입증하는 데 쓰입니다. 지각은 너무 미세해서 눈치챌 수 없는 다른 단계의 지각으로부터 비롯됩니다.

단자론

라이프니츠는 연장을 본질로 하는(다시 말해, 일차원 이상으로 존재하는) 물질을 실체로 여기는 데카르트의 이론을 거부하고 독자적인 실체론을 만들었습니다. 이것이 형이상학에 큰 공헌을 한 단자monad(모나드)론입니다.

라이프니츠는 어떤 작용을 할 수 있고 참된 통일성을 지니는 존재만 실체로 여겨질 수 있다고 주장했어요. 그에 따르면 단자는 우주를 구성하는 요소로, 상호작용을 하지 않는 영원한 개별 입자입니다. 그리고 자신의 법칙에만 영향을 받으며, 우주 전체가 반영되는 조화가 예정되어 있지요. 단자는 스스로 작용할 수 있고 참된 통일성을 지니기 때문에 유일한 실체라고 할 수 있습니다.

단자는 원자 같은 것이 아닙니다. 단자는 공간적 혹은 물질적 성격이 없으며 독립적이에요. 단자는 (예정조화설에 따라) 개별 지시로 계획되어 있기 때문에 매 순간 무엇을 해야 하는지 '압니다'. 단자는 또한 원자와 달리 크기가 다양해요. 예를 들어 개인도 개별적 단자로 볼 수 있지요(이러한 시각은 자유의지에 대한 반론을 낳습니다).

라이프니츠의 단자론은 데카르트의 작업에서 발견되는 이원론을 제거하고 독자적 관념론으로 나아갔습니다. 단자는 존재 형식이기 때문에 정신 비슷한 것이자 실체라는 말이 됩니다. 결과적으로 물질, 공간, 운동 같은 것은 실체의 결과로 나타나는 현상일 뿐이에요.

낙관주의

라이프니츠는 1710년에 발표한 『변신론』에서 종교와 철학을 한데 아우르고자 했습니다. 전지전능한 신이 세상을 불완전하게 창조하거나, 더 나은 세상이 존재할 수 있음에도 불완전한 세상을 선택할 수 있을까요? 라이프니츠는 이 세상이 존재할 수 있는 최선의 세상이자 가장 균형 잡힌 세상일 것이라고 결론 내렸습니다. 따라서 이 세상의 결함은 모든 가능한 세계에 존재하는 결함이에요. 그렇지 않다면 그런 결함은 신에게 포함되지 않을 테니까요.

리이프니츠는 이성과 신앙이 신의 선물이기 때문에 철학은 신학에 모순되지 않는다고 믿었어요. 따라서 신앙의 어떤 부분이 이성으로 뒷받침되지 않는다면 그 부분은 거부해야 한다고 봤죠. 라이프니츠는 이를 염두에 두고 그리스도교에 대한 핵심 비판을 다뤘습니다. 만약 신이 완전히 선하고 전지전능하다면 어떻게 악이 생겨날 수 있을까요? 라이프니츠는 신은 완전히 선하고 전지전능하지만 인간은 신의 피조물이기에 지혜와 행동력이 제한되어 있다고 말해요. 인간은 자유의지를 지닌 피조물이므로 효력 없는 행동, 잘못된 결정, 그릇된 믿음에 빠지는 기질이 있습니다. 신이 아픔과 고통(물리적 악)과 죄(도덕적 악)가 존재하게끔 허락한 이유는 불완전함(형이상학적 악)이 필요하기 때문입니다. 아픔과 고통, 죄로 인해 인간은 자신의 불완전함을 진정한 선과 비교할 수 있고, 자신의 결정을 바로잡을 수 있습니다.

Voltaire, 1694~1778년

볼테르

논란을 몰고 다닌 계몽의 투사

#계몽주의 #쾌락주의 #회의론

볼테르 ✦ 프랑스의 철학자이자 작가. 계몽주의 운동의 대표적인 선구자로서 다양한 활동을 했다.

프랑수아마리 아루에 Francois-Marie d'Arouet, 장차 볼테르라는 이름으로 알려질 이 인물은 1694년 11월 21일 프랑스 파리에서 태어났습니다. 계몽주의 시대의 가장 중요한 철학자 한 명을 꼽으라면 볼테르라고 말하는 이들이 적지 않을 거예요. 볼테르는 평생에 걸쳐 매우 다양한 일을 했기 때문에 그를 전통적 의미에서 철학자라고 보기는 조금 어렵습니다. 그는 철학책뿐만 아니라 희곡, 소설, 역사서, 시, 에세이, 과학 텍스트까지 남긴 문인이었어요.

볼테르는 중산층 가정에서 태어났는데, 어머니는 귀족 출신이었고 아버지는 부유한 공증인이었습니다. 볼테르는 일곱 살 때 어머니를 여의고 자신의 대부였던 자유사상가 샤토뇌프와 가까워졌어요. 샤토뇌프는 어린 볼테르에게 문학, 이신론, 미신에 대한 비판을 가르침으로써 볼테르 일생에 크나큰 영향을 미쳤습니다.

볼테르는 1704년에서 1711년까지 파리 루이르그랑 콜레주에서 전통적인 교육을 받고 언어 학습에 몰두했습니다(그는 어릴 때 이미 그리스어, 라틴어를 배웠고 나중에는 영어, 스페인어, 이탈리아어도 유창하게 구사했어요). 학업을 마쳤을 때는 이미 작가가 되겠다는 결심이 서 있었어요. 그렇지만 그의 부친은 아들이 법조인이 되기를 바랐고, 작가는 사회에 아무런 기여도 하지 못하는 직업이라며 완강하게 반대했죠. 그래서 볼테르는 변호사 사무실에서 일한다고 아버지에게 거짓말을 하고 몰래 풍자시를 썼습니다. 나중에 아버지가 진실을 알고는 아들을 법률학교에 강제로 넣었지만, 볼테르는 문필 활동을 멈추지 않았고 지식인들의 사교계에 드나들기 시작했습니다.

프랑스 당국과의 불화

볼테르는 평생 프랑스 당국과 불편한 관계로 지냈고, 그 때문에 몇 번의 투옥과 망명을 겪어야 했어요. 1717년 20대였던 볼테르는 루이 15세의 섭정을 비방하는 시를 쓴 죄로 악명 높은 바스티유 감옥에 11개월간 투옥되었습니다. 바스티유에서 그의 첫 희곡 『오이디푸스 왕』을 써서 성공을 거두었고, 1718년부터 볼테르라는 이름을 썼어요. 이 시기는 그가 자신의 과거와 공식적으로 결별한 때라고 할 수 있습니다.

볼테르는 어느 귀족을 모욕한 죄로 1726년부터 1729년까지 영국에서 망명 생활을 했습니다. 그는 영국에서 존 로크나 아이작 뉴턴의 사상을 접했을 뿐 아니라 종교의 자유와 발언의 자유를 포용하는 입헌군주제를 관찰할 수 있었어요. 파리로 돌아온 후 볼테르는 영국에서의 경험과 견문을 담은 『철학 편지』를 1733년에 발표했습니다. 이 책은 프랑스 정부와 교회에서 엄청난

에밀리 뒤 샤틀레 ◆ 프랑스 계몽시대의 여성 과학자. 뉴턴의 『프린키피아』를 프랑스어로 옮기고 상세한 주석을 달았다.

논란이 되었고, 볼테르는 다시 한번 파리를 떠나야 했죠.

그 후 15년 동안은 프랑스 북동부에서 연인이자 연구 동료였던 에밀리 뒤 샤틀레와 함께 지냈습니다. 볼테르는 계속해서 과학, 역사, 소설, 철학에 관한 글을 썼어요. 그의 철학은 특히 성경과 신 존재의 타당성을 공격한다는 점에서 형이상학에 치우쳐 있습니다. 볼테르는 종교의 자유와 제정 분리를 옹호했을 뿐 아니라 아예 무종교인임을 자처했어요.

1749년에 에밀리 뒤 샤틀레가 죽자 볼테르는 프리드리히 대왕의 초대를 받아 포츠담으로 떠났습니다. 그렇지만 1753년에 볼테르는 베를린 과학아카데미를 공격하면서 다시 한번 논란의 중심에 섭니다. 당시 볼테르는 이 도시 저 도시를 여행하며 지내고 있었어요. 그런데 볼테르에게 이런저런 금지령이 붙어 있던 탓에 스위스 국경 지역에 정착할 수밖에 없었죠. 여기서 그의 유명한 소설 『캉디드』를 집필합니다.

1778년, 여든세 살의 볼테르는 겨우 파리로 돌아왔어요. 그는 개선장군처럼 화려하게 환영받았죠. 그러나 그해 5월 30일에 세상을 떠납니다.

볼테르의 철학

볼테르는 존 로크와 당시 영국에서 떠오른 회의적 경험론에 크나큰 영향을 받았습니다. 그는 종교를 대놓고 비판했을 뿐 아니라 데카르트의 철학적 작업에서 벗어나기를 이끌었고, 종교적이거나 인문주의적인 낙관주의를 조롱했습니다.

종교

볼테르는 종교의 자유를 신봉했어요. 무신론자는 아니었지만(실제로 본인은 이신론자라고 생각했습니다) 조직적 종교, 특히 가톨릭교회에 반대했고 성경을 인간이 만들어낸 구시대적이고 은유적인 도덕적 준거에 불과하다고 봤습니다. 그는 신의 존재 여부는 신앙의 문제가 아니고(다시 말해, 특정 신앙에 바탕을 둘 수 없으며) 이성의 문제라고 믿었어요. 볼테르가 남긴 이 말은 지금까지도 유명합니다. "신이 존재하지 않는다면 신을 만들어낼 필요가 있을 것이다."

정치

볼테르는 프랑스 군주정의 불공정한 권력 구조를 매우 부정

적으로 보고 비판을 서슴지 않았습니다. 그가 보기에 부르주아
는 수가 적고 실효성이 없었으며, 귀족은 부패한 기생충에 불과
했죠. 평민은 무지하고 미신에 찌들어 있었습니다. 교회의 유일
한 쓸모는 종교세를 이용해 군주정에 맞설 기반을 만들 수 있다
는 것뿐이었어요.

볼테르는 자신이 영국에서 접했던 입헌군주제가 이상적인
정부 형태라고 믿었습니다. 그는 진정한 민주주의가 ("대중의 바
보짓"일 뿐이라면서) 가능하다고 보지 않았어요. 철학자들의 도
움으로 계몽된 군주가 프랑스를 더욱 강성하고 풍요롭게 할 수
있고, 그것이 군주에게도 최고의 이익이라고 주장했습니다.

쾌락주의

볼테르의 자유에 대한 생각과 그 밖의 모든 철학은 쾌락주의
도덕론에 바탕을 두고 있습니다. 특히 볼테르의 시에는 성적 자
유를 통해 도덕적 자유에 다다른다는 생각이 나타나 있어요. 그
의 글에서 도덕성은 개인의 쾌락을 긍정적으로 평가하는 데 바
탕을 두고 있습니다. 결국 윤리에 대한 생각 역시 쾌락의 최대
화와 고통의 최소화를 바탕으로 하죠. 그의 쾌락주의적 시각은
종교 비판으로도 드러나요. 볼테르는 가톨릭교회의 가르침, 즉
성을 죄악시하는 도덕률과 사제의 독신 의무, 신체에 대한 거부
를 자주 비판했습니다.

회의론

데카르트를 비롯한 다른 철학자들의 입장에 맞서 볼테르는

전반적으로 회의론에 토대를 두었습니다(그는 데카르트의 저작을 싫어했어요). 그는 데카르트 같은 철학자들을 "철학소설가"라고 불렀으며, 사물을 일관되게 설명하기 위해 체계를 (일부러) 만드는 일은 아무 가치도 없다고 했습니다. 볼테르에 따르면, 그런 유의 철학은 철학도 아니고 그냥 허구일 뿐이에요. 그는 철학자의 역할이 때로는 아무 설명을 하지 않는 것이 최고의 철학적 설명임을 아는 것이라고 말하기도 했습니다. 또, 그는 철학자가 사람들이 교조적 원칙과 비이성적인 법에서 해방될 수 있게 힘써야 한다고 믿었어요.

볼테르는 회의론을 자유에 대한 자신의 사상을 옹호하기 위해 사용했고, 비판을 면할 만큼 신성한 권위 같은 것은 존재하지 않는다고 주장했어요. 그의 저작에는 항상 군주정, 종교, 혹은 사회에 대한 적의 어린 시선이 깃들어 있습니다. 그의 가장 유명한 저작 『캉디드』 역시 철학자 라이프니츠의 종교적 낙관주의를 패러디한 것이죠.

형이상학

볼테르는 아이작 뉴턴이 이루어낸 의미 있는 진전 덕분에 과학이 형이상학에서 점점 더 멀어지고 있다고 주장했어요(그는 뉴턴의 열렬한 지지자였습니다). 볼테르는 과학에서 형이상학적인 부분을 완전히 없애야 한다고 봤고, 실제로 이러한 생각을 강하게 밝혔습니다.

뉴턴을 소개한 볼테르의 책에 실린 삽화 ✦ 뉴턴의 과학 지식을 어둠(무지)을 깨우치는 빛
(계몽)으로 비유했다.

데이비드 흄
관념론을 비판한 서양 철학의 거인

  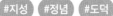

#지성　#정념　#도덕

데이비드 흄 ✦ 스코틀랜드의 철학자. 경험론자이며, 스코틀랜드 계몽주의 운동의 대표적 인물이다.

데이비드 흄은 1711년 스코틀랜드 에든버러의 어느 가난한 집에서 태어났습니다. 그는 겨우 두 살 때 아버지를 여의고 홀어머니 밑에서 형, 누나와 함께 자랐어요. 열두 살에 에든버러대학교에 들어가 고대 그리스어와 라틴어 연구에 빠졌고 이후 3년간 철학을 공부하면서 독자적인 철학 프로그램을 만들고자 노력했습니다.

하지만 이 연구는 그에게 크나큰 부담을 끼쳤고 결국 정신 건강까지 해치게 됐어요. 흄은 잠시 설탕 수출업자 밑에서 일하면서 건강을 회복하고 철학적 식견을 쌓기 위해 프랑스로 떠납니다. 1734년에서 1737년까지 흄은 프랑스 라플레슈에서 지내며 그의 가장 중요한 철학 저작 『인간 본성에 관한 논고』를 씁니다. 이 책은 1739년에서 1740년에 걸쳐 영국에서 세 권으로 출판되었어요. 흄은 이 저작을 책으로 내기 전에 원본에서 논란을 불러일으킬 만한 (이를테면 기적에 대한 반론 같은) 부분들을 삭제했습니다.

흄은 영국 학계에서 활동하기를 원했지만 『인간 본성에 관한 논고』는 반응이 그리 좋지 않았어요. 이후 두 권으로 묶어서 낸 『도덕, 정치, 문학 에세이』가 그럭저럭 성공을 거뒀지만 흄은 무신론자에 회의주의자로 낙인찍혀 교수직을 얻을 기회를 완전히 잃었습니다.

『인간 본성에 관한 논고』

『인간 본성에 관한 논고』는 흄의 저작 가운데 후대에 가장 큰 영향을 미쳤습니다. 책은 세 권으로 나뉘어 있고, 방대한 철학적 주제들을 다룹니다.

1권: 지성에 대하여

흄은 모든 지식이 경험에서 나온다는 경험론이 유효하며, 관념도 본질은 경험과 다르지 않다고 주장했습니다. 복잡한 관념도 실은 그보다 더 단순한 관념들로 이루어진 결과일 뿐이고, 단순한 관념은 감각이 만들어내는 인상으로 형성되기 때문이죠. 그래서 흄은 어떤 것이 '사실의 사안matter of fact'이라면 그 사안은 경험되어야만 하고, 본능이나 이성만으로 다다를 수 없다고 봤습니다.

흄은 이러한 논증을 펼치면서 신의 존재, 신의 창조, 영혼 같은 개념들에 대한 자신의 견해를 밝혔어요. 그는 인간이 신, 신의 창조, 혹은 영혼을 경험하거나 그로부터 어떤 인상을 받을 수 없기 때문에 그런 것들이 존재한다고 믿을 이유는 사실 없다고 했죠.

그리고 이 1권에서 철학적 탐구를 위한 세 가지 도구를 소개합니다.

- **현미경:** 어떤 관념을 이해하려면 그 관념을 구성하는 더 단순한 관념들로 먼저 분해해야 합니다.
- **면도날:** 어떤 용어가 단순한 관념들로 분해되는 복잡한 관념에서 비롯되지 않았다면 그 용어는 아무 의미가 없습니다. 흄은 이러한 면도날 개념을 적용해 형이상학이나 종교의 관념들을 무의미한 것으로 여겼죠.
- **갈퀴:** 진리가 두 유형으로 나뉠 수 있다는 원칙을 가리킵니다. 첫 번째 유형의 진리는 일단 확실한 것으로 입증된 관념들입니다. 이를테면 수학적으로 참인 명제가 여기에 해당하죠. 두 번째 유형의 진리는 사실의 사안, 세계에서 경험적으로 일어나는 일과 관련됩니다.

2권: 정념에 대하여

흄은 2권에서 그가 정념이라고 부르는 것(사랑, 증오, 슬픔, 기쁨 같은 감정)에 집중합니다. 그는 관념과 인상을 분류하듯 정념도 분류해요. 그는 일단 근원적인 감각 인상과 이 근원적 인상에서 비롯되는 이차적 인상을 구분합니다.

근원적 인상은 내적인 것이고 물리적 원천에서 나옵니다. 이러한 인상은 신체의 통증이나 쾌감의 형태로 나타나며, 물리적 원천에서 나오기 때문에 우리에게 새로워요. 흄에 따르면 정념은 이차적 인상에 해당합니다. 그리고 직접적 정념(슬픔, 공포, 희망, 기쁨, 반감 등)과 간접적 정념(사랑, 증오, 자부심, 겸손 등)을 다시 구분해요.

흄은 도덕성이 이성에 바탕을 두지 않는다고 생각했어요. 도덕적 결정은 행동에 영향을 미치는 반면, 이성으로 내린 결정은 그렇지 않기 때문이죠. 인과적 관점에서 본 개인의 믿음은 개인이 경험한 대상들 사이의 연결에 관한 믿음이에요. 개인의 행동은 대상에 관심이 있을 때만 영향을 받고, 대상은 고통이나 쾌감을 일으킬 수 있는 경우에만 사람들의 관심을 받죠.

따라서 흄은 고통과 쾌감이 사람들에게 동기를 부여하고 정념을 만드는 것이라고 봤습니다. 정념은 행동을 불러일으키는 감정이고, 이성은 정념의 '노예'처럼 작용합니다. 이성은 개인의 행동에 두 가지 방식으로 작용할 수 있어요. 정념이 대상에 집중하게끔 지휘함으로써, 그리고 결국은 정념을 일으키게 될 사건들 사이의 연결을 발견함으로써 말이죠.

3권: 도덕에 대하여

흄은 1권과 2권에서 기반을 마련한 사상을 바탕으로 3권에서는 도덕성 개념을 다룹니다. 일단 그는 미덕과 악덕을 구분해요. 그리고 이러한 도덕적 구별 또한 관념이 아니라 인상이라고 주장하죠. 미덕의 인상은 쾌감이고 악덕의 인상은 고통이에요. 도덕적 인상은 오직 인간 행동의 결과이며 무생물이나 동물에게서는 나타나지 않습니다.

흄은 개인의 행동은 (본인에게 미치는 영향이 아니라) 타인에게 미치는 영향을 바탕으로만 도덕적인지 비도덕적인지 따질 수 있다고 봤습니다. 그러므로 도덕적 인상은 반드시 사회적 관점에서 고려되어야 하죠. 흄은 이러한 생각을 염두에 두고 도덕적 의무의 바탕은 공감이라고 주장했어요.

도덕성은 경험의 결과인 사실의 사안이 아닙니다. 흄은 살인을 예로 들어 설명해요. 누구든 살인을 고려하면서 고통을 느끼지는 않을 테고, 그렇다면 살인을 악덕으로 여기지도 않을 거예요. 그저 살인에 대한 자신의 혐오감을 드러낼 뿐이죠. 이 예시는 도덕성이 이성이 아니라 정념에 있다는 것을 보여줍니다.

데이비드 흄은 주로 관념론에 바탕을 둔 철학 이론과 사상, 방법론을 비판함으로써 서양 철학의 거인이 되었습니다. 그의 작업은 종교, 형이상학, 개인의 정체성, 도덕성, 인과관계에 이르기까지 믿기 힘들 정도로 다양한 철학적 주제를 다뤘어요.

Jean-Jacques Rousseau, 1712~1778년

장자크 루소

불평등을 비판하고 자유를 위해 싸우다

#인간불평등기원론 #사회계약론 #일반의지

장자크 루소 ♦ 스위스 출신의 프랑스 철학자. 민주주의의 이론적 토대를 마련했고, 프랑스 혁명에 큰 영향을 미쳤다.

장자크 루소는 1712년 6월 28일 스위스 제네바에서 태어났습니다. 어머니는 그를 낳고 얼마 안 되어 죽었어요. 열두 살이 되어 아버지에게까지 버림받은 루소는 이 집 저 집을 떠돌며 일을 하거나 가정교사 노릇을 하거나 연인의 집에 얹혀사는 삶을 살았습니다. 1742년 즈음, 파리에서 살면서 음악을 가르치고 악보를 베껴 쓰는 일을 하던 루소는 계몽주의의 주요 인물 가운데 하나인 드니 디드로와 친구가 되었죠. 결과적으로 루소 역시 계몽주의의 대표자로 남게 되었지만 사실 그와 계몽주의적 이상의 관계는 그렇게 단순하게 볼 만한 것이 아니에요.

루소가 처음 인정을 받게 된 때는 1750년 디종 아카데미에서 '학문과 예술의 부흥은 도덕을 고양하는가'라는 논제를 걸고 연 학술논문대회에 「학문 예술론」을 발표하면서부터입니다. 루소

는 여기서 우승을 차지했는데, 그는 논문에서 문명의 발달이 오히려 도덕과 선을 타락시켰다고 주장했어요(이러한 사상은 루소가 훗날 발표한 저작들에서도 일관되게 나타납니다). 루소는 저 유명한 『인간 불평등 기원론』을 비롯해 주목할 만한 논문들을 계속 발표하면서 대중적으로 명성을 얻죠. 그렇지만 1762년에 『사회계약론』과 『에밀』을 펴내면서 이 명성은 무너지고 말아요. 이 책들은 엄청난 논란과 격렬한 항의를 불러일으켰고, 파리와 제네바에서 공개적으로 불태워지는 수모까지 겪습니다. 프랑스 정부에서는 그를 체포하라는 명령을 내려요. 루소는 프랑스에서 도망칠 수밖에 없었고 결국 스위스 뇌샤텔에 자리를 잡아요. 이곳에서 그는 스위스 시민권을 포기했을 뿐 아니라 저 유명한 자서전 『고백록』을 쓰기 시작했습니다.

루소는 나중에 프랑스로 돌아갔고 그 후 다시 영국으로 건너가서 철학자 데이비드 흄에게 의탁했어요. 그리고 1778년 7월 2일, 루소는 갑자기 세상을 떠납니다. 1794년 프랑스 왕정을 무너뜨린 혁명정부는 루소의 유해를 파리 팡테옹으로 이장하기를 명령하고 그를 국민적 영웅으로 받들었습니다.

〈혁명의 우화〉(1794) ✦ 파리 팡테옹에 안치된 루소를 기리고, 혁명의 영광을 기념하는 그림이다.

　　장자크 루소의 주요한 철학적 작업을 꿰뚫는 주제는 자유, 도덕성, 자연 상태에 대한 생각이에요. 그의 사상은 프랑스와 미국에서 혁명의 기초를 마련했고 서양 철학에 놀라울 만큼 커다란 영향을 미쳤습니다.

인간 불평등 기원론

　　그의 가장 유명한 철학·정치적 저작인 『인간 불평등 기원론』은 루소 철학의 본질적 요소를 담고 있습니다. 일단 루소는 인간들에게 다양한 유형의 불평등이 있음을 보여줘요. 그리고 이 불평등의 유형들 가운데 무엇이 '자연스러운' 것이고 무엇이 '자연스럽지 않은(다시 말해, 막으려면 막을 수 있는)' 것인지 구분하고자 하죠.

　　루소는 인간이 자연 상태에서는 자기보존 본능과 동정심이라는 두 가지 동기에 따라 움직인다고 생각했어요. 인간은 자연 상태에서 행복하고, 그리 많은 것을 필요로 하지 않으며, 선악 개념이 없습니다. 인간이 다른 동물과 다른 점은 오직 하나, (비록 실현되지는 않더라도) 자신을 개량하고 개선할 수 있다는 가능성입니다.

　　이 개선 가능성에 대한 생각이 오랜 세월에 걸쳐 인간을 바꿔놓았어요. 인간이 다른 인간들과 더불어 사회화되면서 정신이 발달하고 이성이 싹트기 시작했죠. 그렇지만 사회화는 루소가 말하는 '자기애'라는 원칙으로 이어집니다. 자기애는 자기를 남과 비교하고, 행복해지기 위해 남들을 지배하게끔 몰아갔죠.

인간 사회가 점점 더 복잡해지면서 자기애가 발달하고 사유재산과 노동이 사람들 사이에서 나뉘면서 약자에 대한 착취가 일어납니다. 가난한 자들은 부자들과 전쟁을 해서라도 그러한 차별을 끝내려 할 거예요. 그렇지만 부자들은 평등을 지킨다고 주장하는 정치사회를 만들어냄으로써 가난한 자들을 속이죠. 실제로는 평등이 주어지지 않고 압제와 불평등이 사회에 영원히 뿌리박혀버립니다.

루소가 생각한 자연적 불평등

루소는 유일하게 자연에 의해 주어지는 불평등이 신체적 힘의 차이라고 봤어요. 이 불평등은 자연 상태의 인간에게서도 볼 수 있기 때문이죠. 현대 사회에서 인간은 타락했고 법과 사유재산에 따른 불평등은 자연스러운 것이 아니며 인정하고 받아들여야 하는 것 또한 아닙니다.

사회계약론

장자크 루소는 우리에게 『사회계약론』과 이 책 속의 한 문장, "인간은 자유롭게 태어났으나 어디서나 쇠사슬에 얽매여 있다"로 가장 잘 알려져 있죠. 그는 인간이 처음 사회를 이루기 시작했을 때는 완전히 자유롭고 평등했다고 주장합니다. 그러나 시민사회가 족쇄로 작용하면서부터 인간의 선천적 자유가 억압

당했다고 말하죠.

루소는 유일하게 정당한 정치적 권위는 사람들이 상호 보존을 목적으로 사회계약을 통해 다 같이 동의한 정치 체제에 있다고 봤어요. 그리고 이 사람들의 집단에 '주권'이 있다고 말하죠. 주권은 언제나 인민의 집단적 욕구를 표현해야 하며 개인의 의견이나 욕망에 연연하지 않고 모두에게 이익이 되는 것을 제공해야 한다고 합니다. 루소는 이것을 '일반의지'라고 불러요. 이러한 일반의지는 법의 기본적인 모양새를 만들죠.

루소는 정부의 중요성을 부정하지 않았지만 (군주정, 귀족정, 민주정을 가리지 않고) 정부와 주권 사이에 마찰이 일어날 수 있다는 사실을 알고 있었어요. 그는 둘 사이의 긴장을 느슨하게 만들기 위해 주권이 정기적으로 모임을 열고 일반의지를 바탕으로 투표를 해야 한다고 봤죠. 이러한 모임은 (주권은 다른 사람에게 넘겨주거나 누군가 대표할 수 없기 때문에) 주권을 지닌 국민이 항상 참여해야 합니다. 그리고 완전히 건강한 상태의 사회에서 일반의지에 따른 투표는 사실상 만장일치의 결과를 낳죠. 또한 루소는 개인들 간의 다툼뿐만 아니라 정부와 주권의 갈등도 중재하는 법원이 필요하다고 주장했어요.

『사회계약론』은 서양 철학사에서 가장 중요한 철학 저작으로 손꼽힙니다. 루소는 정치적 불평등의 시대에 정부의 권리는 '지배당하는 사람들의 동의'에 달렸다는 사실을 명쾌하게 보여주었죠. 인간의 권리와 인민의 주권에 대한 그의 급진적인 사상은 인권과 민주적 원칙들의 바탕으로 인정받고 있어요.

이마누엘 칸트

형이상학에서 인식론으로 내딛은 발걸음

#초월적관념론   #선험적종합   #윤리학

이마누엘 칸트 ◆ 독일의 철학자. 독일 관념론의 기반을 확립했고, 비판철학을 창시했다.

이마누엘 칸트는 지구에 살았던 철학자 가운데 손에 꼽을 만큼 중요한 사람입니다. 그의 작업은 서양 철학의 풍경을 영원히 바꿔놓았죠. 칸트는 1724년 4월 22일 동프로이센 쾨니히스베르크의 가난한 대가족에서 태어났습니다. 그가 성장하는 동안 민중 개신교 운동인 경건주의가 그의 가정에 크나큰 영향을 미쳤습니다(칸트의 후기 저작에도 그 흔적이 남았죠).

칸트는 여덟 살에 프리드히리 김나지움에 입학해 그리스어·라틴어 고전을 공부했어요. 1740년까지 이 학교에서 지내다가 쾨니히스베르크대학에 들어가서는 수학과 철학을 공부했습니다. 1746년에 아버지가 돌아가신 후에는 갑자기 무일푼 신세가 되어 자기 학비를 대기 위해 개인교사로 취업을 해야 했죠. 칸트는 7년간 개인교사 일을 하면서 자신의 철학적 관념을 많이 발표했습니다.

칸트는 쾨니히스베르크대학에서 15년간 강사로 일하다가 1770년에야 비로소 논리학과 수학 교수로 채용되었어요. 57세가 되어서는 철학사에서 가장 중요한 책 가운데 하나인 『순수이성 비판』을 발표했죠. 그는 이 책에서 인간의 마음이 경험을 다루는 두 가지 방식을 상세하게 썼습니다. 그것은 곧 세계는 어떻게 나타나는가, 그리고 우리는 어떻게 세계에 대해서 생각하는가의 문제였어요.

칸트는 쾨니히스베르크대학에서 교수로 지내면서 이후 27년에 걸쳐 주요 저작을 계속 집필했습니다. 그런데 그가 종교 문헌을 정통적이지 않은 방식으로 가르친다는 소문이 돌면서 프로이센 정부가 압박을 해오기 시작했어요. 1792년 프로이센 국왕은 칸트에게 종교적인 주제로 강의와 집필을 해서는 안 된다는 명령을 내립니다. 칸트는 5년 뒤에 국왕이 사망할 때까지 이 명령에 따라야 했죠.

칸트는 1796년에 은퇴할 때까지 쾨니히스베르크대학에서만 학생들을 가르쳤습니다. 그의 삶은 비교적 평범했지만 그가 철학에 미친 공헌은 결코 평범하지 않습니다.

이마누엘 칸트의 비판

칸트의 작업은 대단히 방대하고 치밀합니다. 그러한 그의 저작들을 꿰뚫는 공통된 주제는 철학적 문제를 이해하고 다루는

〈칸트의 집〉(1842)

♦ 칸트는 쾨니히스베르크에서 태어나 100마일 밖으로 나가지 않은 채 평생을 살았다.

〈식탁에 모인 칸트와 친구들〉(1893)

♦ 칸트는 매일 아침 손님들을 집으로 초대해 오찬을 즐겼다.

비판적 방법이라고 할 수 있어요. 칸트는 철학이 주변 세상에 대한 사색보다는 우리 자신의 정신 능력에 대한 비판을 우선해야 한다고 생각했습니다. 우리는 우리에게 친근한 모든 것을 다시 생각하고, 우리 지식의 한계를 이해하고 인정하며, 우리 정신의 과정들이 우리가 모든 것을 이해하는 방식에 어떤 영향을 미치는지 파악해야 합니다. 칸트는 우주를 관조하고 사유하기보다는 우리 내면을 바라봄으로써 철학이 던지는 여러 질문에 답할 수 있다고 믿었어요. 이런 면에서 칸트는 형이상학에서 인식론, 즉 앎에 대한 연구로 옮겨간 철학자라고 할 수 있지요.

초월적 관념론

칸트의 초월적 관념론을 이해하기 위해서는 먼저 그가 구분하는 현상phenomena과 물자체noumena를 알아야 합니다.

철학 용어 정리

현상: 우리 마음에서 해석된 현실 혹은 모습입니다.
물자체: 우리 마음의 해석과 상관없는, 있는 그대로의 존재입니다.

칸트는 우리가 세계를 우리 마음에서 받아들이고 제시한 모습으로만 알 수 있다고 주장합니다. 즉 우리가 외부 세계를 진정으로 알 수는 없다는 거죠. 다시 말해, 우리의 앎 그리고 앞으로 가능한 앎도 현상에 대한 것뿐이에요. 우리는 물자체에 대해서는 알 수가 없다는 말입니다.

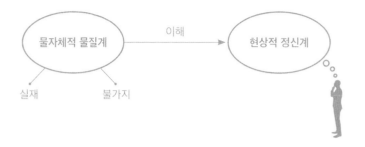

철학에서 관념론은 세계가 물리적 사물이 아니라 정신적 관념으로 이루어져 있다는 믿음을 가리킵니다. 그렇지만 칸트의 초월적 관념론은 외부 현실의 존재를 부정하지 않아요. 그러한 현실이 관념보다 덜 근본적이라고 보지도 않죠. 다만, 칸트는 우리의 마음이 현실을 맥락화하고 제한하기 때문에 절대로 그러한 한계를 초월할 수는 없다고 주장하는 것입니다.

선험적 종합

칸트는 경험의 본성이 개인적이고 특수한데(우리는 각자 시각 정보나 청각 정보를 받아들입니다) 어떻게 보편적 진리를 알 수 있는가라는 문제에 답하려 했어요. 우리는 인과법칙을 (시각, 청각, 후각 등으로) 파악할 수 없는데 어떻게 인과법칙을 추론해낼까요?

칸트는 일단 두 유형의 명제를 구분합니다.

> 1. **분석 명제:** 개념(술어)이 주어에 포함된 명제. 예를 들어 '사각형은 모서리가 네 개다'라는 명제는 사각형이라는 주어의 정의 안에 네 개의 모서리라는 개념이 포함되어 있습니다.

2. **종합 명제:** 개념(술어)이 주어에 포함되어 있지 않은 명제. 예를 들어 '모든 여성은 행복하다'라는 명제에서 행복이라는 개념은 주어인 여성의 정의에 포함되지 않습니다.

그리고 명제를 다음 두 유형으로도 구분해요.

1. **선험적 명제:** 경험에 의지하지 않고 진위를 판단할 수 있는 명제. '8+6=14'라든가 '모든 쥐는 설치류다' 같은 명제를 말해요.
2. **후험적 명제:** 경험을 바탕으로 진위를 판단해야 하는 명제. 예를 들어 '모든 여성은 행복하다'라는 명제는 경험적 관찰을 배제하면 참인지 거짓인지 말할 수가 없어요.

칸트는 선험적 종합에 따른 지식이 어떻게 가능한지 묻습니다. 달리 말하자면, 어떤 것이 정의 자체로 자명하지 않은데 어떻게 그것이 보편적이고 필연적이라고 알 수 있을까요? 결론적으로, 칸트는 그러한 지식이 가능하다고 봤습니다. 어떻게 그럴 수 있는지 알아보겠습니다.

칸트는 경험이 우리 정신 안에서 어떤 범주에 따라 정리된다고 봤습니다. 이러한 경험의 범주 혹은 특징은 필연적인 동시에 보편적이죠. 예를 들어, 우리가 자연에서 인과관계를 찾지 못하는 것이 아닙니다. 인과관계는 우리 정신 안에 범주로서 존재하기 때문에 우리는 항상 그것을 알 수 있어요. 아니, 우리는 인과관계를 찾지 못할 수가 없어요. 칸트는 선험적 종합 판단이 우리가 실질적으로 앎을 계발하는 방법이라고 봤습니다.

칸트의 윤리학

칸트는 의무론자, 즉 행동은 그 행동 너머의 동기를 바탕으로 도덕적인지 그렇지 않은지를 따져야 한다는 입장이었습니다. 행동의 도덕성을 행동의 결과를 바탕으로 판단해야 한다고 보는 결과론자와는 정반대 입장이죠. 칸트는 인간이 자기 행동의 이유를 숙고하고 제공할 능력이 있기 때문에 판단 역시 행동을 실행한 이유를 근거로 해야 한다고 주장합니다. 행동이 선한 결과를 낳는 것도 중요하고 우리는 늘 그러한 결과를 얻기 위해 노력해야 하지만 결과는 이성에 영향을 받지 않아요. 따라서 이성이 지지한 행동이라고 해도 그 결과의 책임을 이성에만 돌려서는 안 됩니다.

이성은 특정한 행동을 지지했다는 점에서만 책임이 있습니다. 따라서 우리는 동기와 행동만 도덕적인지 비도덕적인지 따질 수 있어요. 도덕성이 이성으로 판단되는 것이라면 선함과 악함 또한 이성에서 비롯된 것이지요.

칸트는 악한 행동은 자기 자신의 이성이 만든 격률을 위배하거나 보편 법칙에 들어맞지 않는 파행적 격률을 스스로 만들어 내는 것이라고 주장합니다. 다시 말해, 악은 이성의 법칙이 침해당한 결과예요. 이에 따르면 부도덕도 이성의 법칙이 침해당한 상태, 사실상 일종의 비합리성입니다. 칸트가 생각하기에 부도덕한 행동은 인간을 비이성적으로 만들고 결과적으로 인간다움을 약하게 만들어요. 우리는 이성적으로 처신할 때만 더 나은 판단에 어긋나게 행동하는 것을 피할 수 있습니다.

Georg Wilhelm Friedrich Hegel, 1770~1831년

게오르크 빌헬름 프리드리히 헤겔

정신은 변증법을 통해 발전한다

#변증법 #사회적관계 #윤리적삶

게오르크 빌헬름 프리드리히 헤겔 ✦ 독일의 철학자. 칸트에서 시작한 독일 관념론을 계승해 완성시켰다.

게오르크 빌헬름 프리드리히 헤겔의 아버지는 아들이 성직자가 되기를 바랐습니다. 헤겔은 1788년에 신학을 공부하기 위해 튀빙겐대학에 들어갔어요. 대학을 다니던 중에 각자 훗날 위대한 시인과 철학자가 되는 횔덜린, 셸링과 친구가 되었습니다. 이 세 사람은 평생에 걸쳐 서로의 작업에 큰 영향을 주고받죠.

헤겔은 졸업 후 목사가 되지 않고 프랑크푸르트에서 가정교사 노릇을 하면서 지냈어요. 그러다 아버지가 사망하고 그 유산으로 생계를 충분히 꾸릴 수 있게 되면서부터는 종교와 사회철학 연구에 전념했죠. 1800년에 헤겔은 칸트의 저작을 접하고 칸트 철학에 커다란 관심을 두었습니다. 1801년 헤겔은 셸링이 있는 예나로 거처를 옮겼고 예나대학에서 학생들을 가르치기 시작했지요.

예나는 지성과 예술의 진원지였고 헤겔은 자신의 철학이 신학 공부의 영향, 칸트의 관념론 그리고 당대 정치와 사회적 분위기에 깃든 낭만주의를 종합한 것이 되기를 바랐습니다. 바로 그해 1801년부터 헤겔은 자신의 철학적 저작들을 발표하기 시작합니다.

헤겔은 1807년에 그의 가장 유명한 저작 『정신현상학』을 내놓았습니다. 이 책에서 그는 정신, 의식, 지식에 대한 자신의 관점을 깊이 있게 드러냈죠. 헤겔은 나중에 자신의 철학적 접근을 세 권짜리 『철학적 학문의 백과사전적 강요』(1817)로 체계화했고, 『법철학 강요』(1821)에서는 철학적 관념을 근대 사회와 정치체제에 대한 비판과 결합했습니다.

헤겔은 말년에 엄청난 사상적 거장이 되었습니다. 그의 영향력은 신학, 문화이론, 사회학에까지 미쳤으며, 그의 철학적 작업은 마르크스주의의 초석이 되었습니다.

변증법과 정신

헤겔 이전에도 '변증법'이라는 단어는 (소크라테스의 대화법처럼) 기본 원칙을 파악하기 위한 논증과 반박의 과정을 가리키는 데 쓰였습니다. 그런데 헤겔은 변증법을 매우 다른 의미로 사용했어요.

칸트와 마찬가지로 헤겔은 관념론자였습니다. 헤겔은 정신만이 세계에 대한 관념에 접근할 수 있지만 우리는 결코 세계를

완전히 지각할 수 없다고 봤어요. 그렇지만 칸트와 달리 헤겔은
이 관념이 사회적이라고 봤어요. 즉 우리의 관념은 다른 사람들
의 관념에 따라 모양새를 갖추는 것이라고 생각했습니다. 개인
의 정신은 공통의 언어 사용, 사회 전통, 소속된 종교 및 문화 제
도에 따라 형성됩니다. 헤겔은 이 사회의 집단의식을 '정신'으
로 지칭하고 정신이야말로 개인의 의식과 관념을 만드는 것이
라고 말해요.

　헤겔이 칸트와 다른 점은 이 정신이 항상 발전해간다고 믿었
다는 데 있어요. 관념이 논증을 통해 발전하듯 정신은 변증법이
라는 패턴을 통해 발전합니다. 첫째, 세계에 대한 어떤 관념이
있습니다(테제). 이 관념에는 내재적 결함이 있기 때문에 안티
테제를 낳아요. 테제와 안티테제는 결과적으로 종합을 이루는
데 이때 테제와 안티테제 양쪽 모두의 요소가 만나서 새로운 관
념이 탄생하죠.

변증법

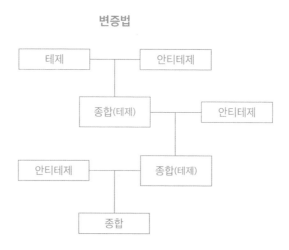

헤겔은 사회와 문화가 이러한 패턴을 따른다고 봤습니다. 그래서 인간은 경험적인 데이터 없이 단순히 논리를 활용하는 것만으로 인간의 역사 전체를 이해할 수 있습니다.

사회적 관계

헤겔은 어떤 대상을 의식한다는 것은 주체에게 자기의식이 있다는 의미를 포함한다는 칸트의 생각에 동의합니다. 대상을 의식한다는 것은 주체의 의식이 있다는 뜻이고, 이 주체는 대상을 지각하는 자기 자신이죠. 헤겔은 여기에 자기의식은 단순히 주체와 대상만의 관계는 아니라고 말합니다. 여기에는 다른 주체들도 개입되는데, 그 이유는 개인은 다른 사람이 바라보고 있을 때 진정으로 자기 자신을 의식하게 되기 때문이지요. 그러므로 헤겔에 따르면 진정한 자기의식은 사회적이에요. 다른 의식이 현존할 때 주체는 자기 이미지를 얻기 위해 타인의 시각으로 세상을 바라봅니다.

헤겔은 이것을 불평등과 의존의 관계에 비유해요. 관계에서 하급자(농노)는 자신의 위치를 의식하지만 독립적인 파트너(영주)는 농노의 의식을 신경 쓰지 않아도 되는 자유를 누리죠. 그런데 영주는 농노에게 죄의식을 느낄 수도 있어요. 왜냐하면 영주가 우위성을 갖기 위해서는 농노와의 상호 동일시를 부정해야 하기 때문입니다. 헤겔에 따르면 (대상화와 상호 동일시를 두고 경쟁하기도 하고 자기 자신에게 거리를 두고 타인과 동일시하기도 하는) 이 역학이 사회적 삶의 기반입니다.

윤리적 삶

헤겔은 정신의 문화적 표현이 '윤리적 삶'이라고 설명했어요. 윤리적 삶은 사회를 이루는 사람들 사이의 기본적인 상호의존성이 반영된 것입니다. 헤겔은 계몽주의 시대를 살았고 그 영향으로 근대의 삶이 사회의 기본적인 유대를 점점 인정하지 않는 방향으로 나아가고 있다고 봤어요. 계몽주의 이전 사람들은 사회적 위계질서를 통해 서로를 바라봤습니다. 그러나 계몽주의의 대표 사상가들, 즉 로크나 루소, 칸트, 홉스는 개인에 강조점을 두었죠.

헤겔은 근대 국가가 근대 문화에서 비롯된 불균형을 바로잡아야 한다고 봤어요. 윤리적 삶과 공동의 유대를 보존하면서도 개인의 자유를 보호하려면 다양한 제도가 필요하다고 믿었죠. 예를 들어, 헤겔은 가난한 사람들을 돕고 경제를 조율하며 (오늘날의 노동조합처럼) 직무 종사자들로 이뤄진 다양한 기관을 만드는 것도 국가의 일이라고 생각했습니다. 그로써 개인은 소속감을 느끼고 더 넓은 사회와도 이어질 수 있어야 하는 거죠.

Arthur Schopenhauer, 1788~1860년

아르투어 쇼펜하우어
우리는 최악의 세계에 산다

#고통 #염세주의 #동양철학

아르투어 쇼펜하우어 ✦ 독일의 철학자. 칸트 철학을 계승했으며, 인간 삶의 비극적 면모를 탐구했다.

아르투어 쇼펜하우어는 1788년 2월 22일에 단치히(현재의 폴란드 그단스크)에서 태어났습니다. 사업가였던 아버지는 어린 쇼펜하우어에게 대학 입학을 준비하든지, 아니면 자신과 함께 유럽을 두루 돌면서 상업을 배우자고 제안했어요. 쇼펜하우어는 아버지와 함께 여행을 다니는 쪽을 택했고 유럽 전역에서 가난한 이들의 고통을 직접 목격했습니다. 이 경험은 쇼펜하우어가 철학자로 유명해지면서 보여준 염세주의적 세계관에 크게 영향을 미쳤어요.

쇼펜하우어는 유럽 여행에서 돌아와 아버지와의 약속을 지키기 위해 상인 견습생으로 일하기 시작했습니다. 그러나 그가 겨우 열일곱 살 때 아버지가 (더구나 자살로 짐작되는) 죽음을 맞이했고, 쇼펜하우어는 2년 후 견습생 일을 그만두고 학문을 업

으로 삼기로 작정합니다.

쇼펜하우어가 학교에 다니는 동안 그의 어머니는 바이마르로 이주해 지식인 사교계를 자주 드나들기 시작했어요. 그녀는 작가이자 살롱의 여주인으로 활약했고 당대의 영향력 있는 사상가들을 자주 만났습니다. 쇼펜하우어는 어머니 덕분에 요한 볼프강 폰 괴테를 만나고(나중에 그와 함께 색채론도 수립합니다), 프리드리히 마예르를 만나 동양 사상에 심취하기도 해요. 그러나 쇼펜하우어와 그의 어머니 사이의 불화는 점점 심해졌습니다. 결국 쇼펜하우어는 서른 살 때 어머니에게 두 번 다시 말하지 말자는 얘기를 듣기에 이르렀습니다.

1809년 괴팅겐대학에 재학 중이던 쇼펜하우어는 3학기까지 공부하던 의학을 그만두고 철학을 파고들기로 합니다. 그는 결국 베를린대학으로 옮겨서 철학 공부를 계속했어요. 1813년, 나폴레옹 군대의 맹습으로 쇼펜하우어는 루돌슈타트라는 소도시로 피난을 떠나 「충족이유율의 네 겹의 뿌리에 관하여」라는 논문을 계속 써나갔습니다. 이듬해에는 드레스덴으로 갔는데, 여기서 그 유명한 색채론을 담아낸 「시각과 색채에 관하여」와 쇼펜하우어 철학 전반의 체계를 보여주는 『의지와 표상으로서의 세계』를 집필했습니다.

1820년에 쇼펜하우어는 베를린대학 강사가 되었습니다. 그는 동료 강사 빌헬름 헤겔에게 극도로 경쟁심을 품었고 학생들이 한 명만 선택할 수 있도록 일부러 헤겔과 같은 시간대 강의를 고집하기도 했어요. 그렇지만 헤겔의 강의실에는 학생들이 몰려든 반면, 쇼펜하우어의 강의는 인기가 없었습니다. 쇼펜하우어는 학계에서 따돌림을 당한다고 느꼈고 매우 냉소적으로 변해갔어요. 그의 철학적 작업은 생애 말년에야 유럽 전역에서 유행하게 됩니다.

쇼펜하우어의 철학

쇼펜하우어의 철학적 작업은 아주 다양한 주제를 다루지만 전반적인 염세주의와 인간 조건에 존재하는 고통이라는 주제가 특히 두드러집니다.

「충족이유율의 네 겹의 뿌리에 관하여」

1813년에 발표된 이 논문에서 쇼펜하우어는 우주가 이해 가능하다는 철학자들의 추정을 고찰합니다. 그는 특히 현실에 존재하는 것은 그럴 만한 이유가 있다는 충족이유율을 비판해요. 쇼펜하우어는 충족이유율을 사용하기 위해서는 누군가가 설명이 필요한 것을 생각할 수 있어야 하고, 그러자면 시작할 수 있는 주제가 있어야 한다고 말합니다. 그러므로 지각하는 정신이야말로 경험을 가능하게 하는 유일한 것이라고 봤죠. 쇼펜하우어는 세계는 단지 표상일 뿐이라는 결론을 내립니다.

'의지'의 철학

쇼펜하우어의 가장 중요한 철학적 작업은 개인의 동기에 대한 고찰이었습니다. 그는 사회와 이성이 인간의 도덕성을 결정한다고 봤던 칸트와 헤겔의 낙관주의를 비판했어요. 쇼펜하우어는 개인이 그들 자신의 욕망 혹은 '삶의 의지'에 따라 움직인다고 봤습니다. 결코 채워질 수 없는 이 의지야말로 인류를 이끄는 원동력인 것이죠. 여기서 쇼펜하우어의 철학 전체를 관통하는 염세주의와 인간에 대한 부정적 시각을 볼 수 있습니다. 쇼펜하우어에 따르면, '의지'에서 인류의 모든 고통이 비롯돼요. 이 고통은 언제나 더 많은 것을 바라는 욕망의 결과입니다.

쇼펜하우어는 인간의 욕망이 (그리고 인간의 행동도) 방향이나 논리가 없으며 쓸모도 없다고 봤습니다. 그는 세계가 (잔인함, 질병, 고통 등으로 인해) 끔찍한 곳일 뿐 아니라 최악의 세계라고 주장했어요. 만약 그 세계가 좀 더 나빠질 수 있다면 아예 존재하지 않을 거라고 봤죠.

미학

쇼펜하우어에 따르면, 미학은 지성을 의지와 분리하고, 신체와 연결되지 않습니다. 그는 예술이 예술가가 어떤 것을 창조하기 전부터 마음속에서 이미 결정된 행위이거나 자연스럽게 일어나는 행위라고 봤습니다. 이때 신체는 의지의 연장에 불과한 것이죠.

인간을 이끄는 의지는 욕망에 바탕을 두지만, 예술은 일시적으로 세상의 고통을 피하게 해줍니다. 그 이유는 예술적 관조가 세계를 단지 표상으로 보는 것을 막아주기 때문이죠. 그러므로 예술은 충족이유율을 넘어섭니다. 쇼펜하우어는 음악이 의지를 구체화하는 가장 순수한 형태의 예술이라고 생각했어요.

〈우유 따르는 여인〉(1660) ◆ 쇼펜하우어는 예술적 관조를 불러일으키는 17세기 네덜란드 화가들의 정물화를 높게 평가했다.

윤리학

쇼펜하우어의 도덕론에서 인간의 도덕성을 이끄는 주요한 동기는 이기심, 악의, 동정심입니다.

- **이기심**: 인간이 자기 이익에 도움이 되는 행동을 하고 자신의 쾌락과 행복을 바라게 하는 동기입니다. 쇼펜하우어는 인류의 대부분이 이기심에 따라 움직인다고 봤어요.
- **악의**: 쇼펜하우어는 이기심에 따른 행동과 악의에 따른 행동을 구분합니다.
- **동정심**: 쇼펜하우어에 따르면, 동정심은 도덕적 행동을 이끌 수

있는 단 하나의 진정한 것입니다. 오직 행위의 선만을 추구하기 때문에 의무감이나 개인의 이익에서 나올 수 없습니다.

쇼펜하우어는 사랑이 '삶의 의지'를 돕는 무의식적인 요소라고 봤어요. 사랑은 인간이 재생산을 욕망하고 존속하게 하는 힘입니다.

동양 철학

쇼펜하우어는 동양 사상을 자신의 철학에 통합한 최초의 서양 철학자입니다. 그는 특히 힌두교와 불교에 끌렸어요. 그의 염세주의적 세계관은 불교의 사성제四聖諦, 즉 네 가지 고귀한 진리에 크게 영향을 받았습니다.

쇼펜하우어는 세계가 '표상'이라고 주장합니다. 그러므로 삶이 고통으로 가득 차 있다는 것만이 문제는 아니에요. 세계는

네 가지 진리	쇼펜하우어 버전
1. 삶은 고통이다(고성제)	세계는 표상이다
2. 고통의 뿌리는 욕망이다(집성제)	a. 고통의 원인은 의지다 b. 의지로서의 세계
3. 희망은 있다(멸성제)	희망은 거의 없다
4. 희망은 팔정도(여덟 가지 올바른 수행 방법)에서 찾을 수 있다(도성제)	희망은 두 가지에서 찾을 수 있다. a. 심미적 관조 b. 예술지상주의의 실천

완전한 실재가 아니며 실재의 표상에 불과하죠(마치 플라톤의 동굴의 우상처럼요). 만물의 표면 너머에는 의지가 있습니다.

쇼펜하우어는 또한 힌두교 경전『우파니샤드』를 탐독하고 세계가 의지의 표현이라는 철학적 아이디어를 얻었습니다.

카를 마르크스

자본주의의 몰락을 예언하다

#유물론 #공산주의 #노동

카를 마르크스 ◆ 독일의 철학자이자 경제학자, 정치 사상가. 과학적 사회주의를 창시했고, 역사적 유물론과 과학적 경제학을 정립했다.

카를 마르크스는 1818년 5월 5일에 프로이센에서 태어났어요. 그의 부친은 성공한 법률가로 프로이센 개혁운동에 참여한 적이 있고, 볼테르와 칸트의 저작을 즐겨 읽었습니다. 마르크스의 부모는 모두 유대인이었지만 유대인의 시민권을 제한하는 1815년 법 때문에 개신교 루터파로 개종했어요.

마르크스는 1835년에 본대학에 들어갔다가 (더 명망 높은 학교를 원했던) 아버지의 권유로 베를린대학으로 옮겼습니다. 베를린대학에서 처음에는 법학을 공부했으나 곧 철학으로 방향을 바꿔 헤겔 철학을 연구하기 시작했지요. 마르크스는 얼마 지나지 않아 당대의 종교, 정치 지배층을 비판하는 청년 헤겔 좌파의 일원이 됩니다.

1841년 마르크스는 고대 그리스의 자연철학에 관한 논문으

인쇄된 『라이니셰 차이퉁』을 보는 마르크스와 엥겔스 ◆ 프리드리히 엥겔스는 독일의 사회주의 철학자로, 마르크스와 함께 마르크스주의를 창시했다. 마르크스와 3권의 저서를 함께 집필하고, 마르크스의 활동을 경제적으로 지원했다.

로 예나대학에서 박사학위를 받았습니다. 그는 급진적인 정치이데올로기 때문에 대학에서 강사 자리를 얻지 못했어요. 그래서 기자로 활동했고 1842년에는 자유주의 성향의 신문『라이니셰 차이퉁』의 편집자가 되었습니다. 그런데 1년 후 프로이센 정부는 이 신문을 강제로 폐간했어요. 마르크스는 결혼을 하고 파리로 떠났습니다. 1844년, 파리에서 마르크스는 프리드리히 엥겔스와 함께 (헤겔 좌파에 함께 몸담았던 한때의 친구) 브루노 바우어에 대한 비판을 집필하기 시작합니다. 그렇지만 그는 다시한번 급진적 언론에 기고한 글이 문제가 되어(이 언론은 훗날 공산주의 동맹이 됩니다) 파리에서도 추방당하고 브뤼셀로 거처를 옮기죠.

브뤼셀에 머무르는 동안 마르크스는 청년 헤겔 좌파의 이데올로기와 결별하고 사회주의 사상을 접했습니다. 이 시기에 그는 자신의 저서 『독일 이데올로기』에 나타나게 될 역사적 유물론을 고찰했고, 『포이어바흐에 관한 테제』를 썼어요. 그러나 『포이어바흐에 관한 테제』는 출판인을 찾지 못해 마르크스가 죽은 뒤에야 발표되었죠.

1846년에 마르크스는 유럽 전역의 사회주의자들을 하나로 모으기 위해 공산주의 연락 위원회를 조직했습니다. 마르크스에게서 영감을 받은 영국의 사회주의자들은 공산주의 연맹을 만들었고 1847년에는 런던에서 열린 중앙위원회의 요청으로 마르크스와 엥겔스가 『공산당 선언』을 씁니다. 『공산당 선언』은 1848년에 출간되었고 그 결과 마르크스는 1849년에 브뤼셀에서도 추방당해요. 프랑스로 갔으나 다시 내쫓겼고 프로이센으로 다시 돌아가는 것도 거부당해 결국 영국에 망명했습니다. 영국에서는 독일 노동자 교육회의 발전에 힘을 쏟는 한편, 공산주의 연맹의 새로운 사령부를 만들었어요. 1867년에 마르크스는 그의 가장 뛰어난 업적으로 꼽히는 경제서 『자본론』의 첫 권을 출간합니다. 그는 이 책의 다음 두 권을 쓰는 데 남은 생을 바쳤어요. 하지만 결국 완성하지 못한 채 세상을 떠났고, 그가 쓴 원고는 사후 출판되었습니다.

카를 마르크스의 철학적 주제

마르크스의 철학적 작업은 노동자로서의 개인, 그리고 재화와 서비스의 교환 관계에 주목합니다.

역사적 유물론

마르크스는 헤겔 철학에 매우 큰 영향을 받았습니다. 특히 헤겔은 인간의 의식이 사물을 이해하는 단순한 노력에서 자기 인식과는 또 다른 더 고차원적이고 복잡하며 추상적인 사고 과정으로 진화했다고 믿었어요. 그리고 역사도 비슷한 변증법적 시각을 갖는다고 주장했죠. 특정 시기의 모순은 그 모순을 완화하고자 하는 새로운 시기로 이어지게 마련이라고 봤습니다.

마르크스는 헤겔의 역사관에 대체로 동의했습니다. 다만 헤겔이 관념론자였던 반면, 마르크스는 유물론자를 자처했어요. 그래서 헤겔은 사람들이 기본적으로 관념을 통해 주위 환경과 연결되고 자기 시대의 대표적 관념을 바탕으로 역사를 이해할 수 있다고 생각했지만, 마르크스는 어느 한 역사적 시기에 사회들이 조직되는 방식이야말로 그 사회에 대한 근본적 진실이라고 봤습니다. 마르크스는 역사가 경제 체제들을 거치면서 진화한다고 봤고, 그로 인해 계급 간의 갈등과 분노가 생겨남으로써 다른 사회의 창조로 이어질 거라 믿었어요.

노동 소외

마르크스는 자기에 대한 생각과 안녕감의 핵심 요소가 노동이라고 주장했습니다. 객관적 사물을 가치 있고 자양분이 되는 것으로 바꾸기 위해 일할 때는 자신을 외부의 시선으로 바라보게 되고 마치 실존의 요건을 충족시킨 것 같은 기분이 듭니다. 마르크스는 노동이 비단 개인의 창조 행위에 그치는 것이 아니라 정체성과 생존을 보여주는 것이라고 말해요.

마르크스는 자본주의와 사유재산제가 노동자에게 본질적인 자기 가치와 정체성을 앗아간다고 비판했습니다. 노동자는 생산물과 분리되고 일, 자기 자신, 동료 노동자들로부터 소외됩니다. 이제 노동자에게 개인적 만족은 있을 수 없고 그는 자기 일을 오로지 생계 수단으로만 보게 될 거예요. 노동은 자기를 이루는 핵심 요소이기 때문에 노동 절차와 멀어진 노동자는 결국 자기 자신과, 나아가 인류 전체와 멀어질 수밖에 없습니다. 마르크스는 자본주의가 만들어내는 이 끝없는 소외가 역사적 유물론에서 말하는 적대 관계를 낳기 때문에 자본주의는 몰락할 수밖에 없다고 봤습니다.

노동가치론

마르크스는 '상품'이라는 단어의 의미를 "욕구나 바람을 충족시키는 외부 사물"로 정의해요. 그는 또한 사용가치(욕구나 바람을 충족시키는 가치)와 교환가치(다른 상품과 관계된 가치로, 보통 화폐로 측정한다)를 구분했어요. 모든 상품은 노동의 소산입니다. 마르크스에 따르면, 상품의 가치는 수요와 공급 같은 것으로 결정되어서는 안 돼요. 상품의 가치는 상품을 만들기 위해 투입된 노동의 양을 바탕으로 정해져야 합니다. 시장에서 상품의 가치는 거기에 투입된 노동과 생산을 대표해야 합니다.

> ### 노동가치론
>
> 마르크스의 노동가치론은 사용자가 노동자를 착취한 결과가 이익이라고 보는 착취론(잉여가치론)의 뿌리가 된다는 점에서 특히 중요합니다.

상품의 구매로 욕구와 바람을 충족하기 위해서는 먼저 자신도 상품을 생산하고 판매해야 합니다. 이러한 거래는 화폐를 사용함으로써만 이루어질 수 있어요. 마르크스는 자본가들의 동기는 상품에 대한 욕망이 아니라 돈에 대한 욕망이라고 말해요. 그래서 자본가들은 가장 적은 비용으로 가장 많은 노동력을 얻기 위해 임금과 근로시간을 만들어낸 다음, 상품의 교환가치가 아니라 그들이 지불한 것 이상의 가격으로 판매합니다. 자본가들은 마르크스가 '잉여가치'라고 부른 것을 만들어냄으로써 노동자를 착취하는 것이죠.

생산 양식과 생산 관계

마르크스에 따르면 사회의 경제적 생산 조직은 '생산 양식'입니다. 생산 양식 안에는 사회가 재화를 만드는 데 쓰이는 '생산 수단'이 포함돼요. 이를테면 원자재, 공장, 기계, 노동조차도 모두 생산 수단입니다. 마르크스는 이어서 '생산 관계'를 생산 수단을 소유하지 못한 자들(노동자)과 소유한 자들(자본가, 부르주아) 사이의 관계로 정의하죠. 그는 역사의 진전이 생산 양식과 생산 관계가 상호작용한 결과라고 주장해요. 생산 양식이 생산력을 극대화하는 방향으로 계속 변화하는 동안 생산 관계에 따른 계급 갈등이 (달리 말하자면, 사용자와 노동자 간의 적대감이) 형성되기 시작합니다.

자본주의로 알려진 생산 양식은 생산 수단이 사유재산이라는 사실에 바탕을 둡니다. 자본주의는 기본적으로 최소 비용으로 최대 노동을 끌어내려 하고 노동자들은 계속 생산을 할 수 있을 정도로만 겨우 먹고살 만큼의 임금만 받아요. 마르크스는 노동자 계급이 자본주의의 이러한 착취와 적대적 성격을 이해하게 되면 궁극적으로 자본주의를 타도하게 된다고 주장했어요. 그리고 자본주의 대신 집단의 소유인 생산 수단에 바탕을 둔 새로운 생산 양식이 나타날 것으로 내다봤는데, 그것이 바로 공산주의입니다.

상품의 물신화

마르크스는 사람들이 세계를 이해하고자 할 때 돈(돈을 어떻게 벌까, 누가 돈이 많을까, 돈을 어떻게 써야 할까 등)이나 상품(물건을 사거나 만드는 비용, 상품의 수요 등)에만 집착하기 쉽다고 생각했습니다. 마르크스는 이러한 태도를 물신화라고 지적해요. 사람들이 집착하는 것들은 진실을 이해하고자 할 때 걸림돌이 됩니다. 물신은 노동자 계급에 대한 착취라는 진실을 이해하는 데 방해가 되지요. 자본주의에서 일상적으로 사용하는 상품의 시장 가격은 착취에 기댈 뿐 아니라 노동자에 대한 착취를 은폐하기도 합니다. 그래서 마르크스는 자본주의적 생산 양식이 착취

마르크스의 사회 개념

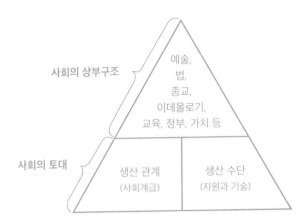

라는 문제점과 충돌하지 않고 계속 유지될 수 있는 이유가 상품의 물신화라고 봤습니다.

Friedrich Nietzsche, 1844~1900년

프리드리히 니체

미친 철학자, 삶을 긍정하다

#허무주의 #힘에의의지 #영원회귀

프리드리히 니체 ◆ 독일의 철학자. 서구 전통을 깨부수고 새로운 가치를 세우고자 하여 '망치를 든 철학자'로도 불린다.

프리드리히 니체는 1844년 10월 15일 독일의 뢰켄에서 태어났습니다. 그의 아버지는 루터파 목사였는데, 니체가 겨우 네 살일 때 사망했어요. 아버지가 죽고 여섯 달 만에 두 살배기 남동생까지 세상을 떠나자 니체에게는 어머니와 두 누이만 남았죠. 니체는 훗날 아버지와 동생의 죽음이 자신의 인생에 크나큰 영향을 미쳤다고 고백했어요.

그는 열네 살부터 열아홉 살까지 독일 최고의 명문 기숙학교에 다녔고, 본대학과 라이프치히대학에서 고전문헌학(성서와 고전 문헌 해석을 중심으로 하는 학문)을 전공했어요. 십 대 시절부터 작곡을 취미로 해왔던 니체는 이 시기에 유명 작곡가 리하르트 바그너와 가까워집니다. 바그너는 곧 니체의 우상이 되었지요. 이 우정은 결국 깨지고 말지

만 니체의 생애 전반에 커다란 영향을 남겨요(니체는 20년 후에 바그너와의 우정을 되돌아보며 자기 생애 "가장 큰 성취"였다고 말하죠). 니체는 스물네 살 때 아직 박사 논문을 마치지 못한 상태였지만 바젤대학의 고전문헌학 교수로 채용됩니다.

1870년 프랑스-프로이센 전쟁 중에 그는 잠시 당직 위생병으로 복무하게 됩니다(이때 이질, 매독, 디프테리아를 앓았죠). 그 후 바젤대학으로 돌아갔고 1872년

리하르트 바그너 ✦ 독일의 작곡가. 31년이라는 나이 차에도 바그너와 니체는 깊은 우정을 나누었다. 그러나 전통적 가치를 극복해야 한다고 믿었던 니체는 그리스도교적 색채가 짙어지는 바그너의 음악에 비판적으로 돌아섰다.

에 첫 저서 『비극의 탄생』을 발표합니다. 바그너는 이 책을 상찬했지만 평단의 반응은 부정적이었어요. 특히 당대 독일 고전문헌학을 이끌게 될 울리히 폰 빌라모비츠 묄렌도르프는 문헌학자의 시각에서 이 책을 강하게 비판했습니다.

니체는 1879년까지 바젤대학에 남아요. 1878년 즈음에는 니체가 문헌학보다 철학에 관심이 깊다는 것이 분명해졌고, 그의 책 『인간적인, 너무나 인간적인』에서 철학적 양식의 변화가 뚜렷하게 나타났습니다. 이 무렵, 니체는 바그너와 완전히 결별합니다. 그는 바그너의 반유대주의와 독일 국가주의를 참을 수 없었죠. 서른네 살 무렵부터 니체는 건강이 나빠져 대학 교수직을 내려놓게 됩니다.

1878년부터 1889년까지 니체는 요양을 위해 독일, 스위스, 이탈리아의 여러 도시를 떠돌며 지내며 11권의 책을 썼습니다. 1889년 1월 3일, 니체는 (아마도 매독으로 인한) 신경쇠약에 시달리던 중에 거리에서 어떤 남자가 말을 채찍으로 때리는 장면을 보고 쓰러졌고, 그 후 두 번 다시 제정신으로 돌아오지 못했어요. 니체는 11년을 광증에 빠진 채 지내다가 1900년 8월 25일 세상을 떠났습니다.

프리드리히 니체의 철학적 주제들

광증에 빠진 생애 말년에 니체는 여동생 엘리자베트 푀르스터 니체의 돌봄을 받았습니다. 극우파 반유대주의자 남편과 결혼한 엘리자베트는 니체의 저작을 자기 마음대로 편집해서 출간했어요. 니체는 본인이 알지도 못하는 유명세를 얻었고 나중에는 나치의 아이콘이 되었죠. 왜곡되어 출간된 저작이 나치 이데올로기를 드높이는 데 쓰였기 때문입니다. 제2차 세계대전이 끝난 후에야 세상은 프리드리히 니체의 진정한 신념을 알게 되었습니다.

허무주의

가장 잘 알려진 니체의 말은 "신은 죽었다"일 거예요. 19세기 후반에 독일이 부흥하고 과학이 진보하면서 당대 독일 철학자들은 삶을 아주 낙관적으로 바라봤습니다. 하지만 니체는 이 격

동기를 가치의 근본적 위기가 온 시대로 봤어요.

그의 책『차라투스트라는 이렇게 말했다』에서 차라투스트라라는 이름의 사내는 나이 서른에 광야로 나갑니다. 그는 광야 생활에서 즐거움을 누리고 앞으로 10년간 광야에서 살기로 결심하죠. 그러고는 사회로 돌아와 신은 죽었다고 선포합니다. 『차라투스트라는 이렇게 말했다』에서 니체는 과학의 진보 때문에 사람들이 더 이상 그리스도교가 세운 가치 체계로 돌아가지 않는다고 말해요. 나아가 선을 선으로 규정하고 악을 악으로 규정하는 그리스도교의 문명 장악도 더 이상 통하지 않는다고 합니다.

니체는 실제로 그리스도교를 비판하긴 했지만 무신론을 더 강하게 비판했고, 무신론이 논리적으로 나아갈 다음 단계가 될까 봐 두려워했어요. 니체는 과학이 그리스도교의 가치 체계를 대체할 새로운 가치 체계를 가져다준다고 보지 않았습니다. 그 대신 허무주의, 즉 모든 믿음을 포기하는 것이 그리스도교의 도덕률을 대체할 거라 내다봤어요.

니체는 사람들이 늘 가치와 의미의 원천을 확인할 필요가 있다고 믿었습니다. 그리고 과학이 그 원천이 되지 못한다면 다른 형태로, 이를테면 공격적 국가주의로 나타나게 될 거라고 봤죠. 그렇다고 니체가 그리스도교 전통으로 돌아가야 한다고 주장하는 것은 아니었어요. 그보다는 삶에 대한 긍정을 통해서 허무주의를 떨쳐내는 법을 발견하고자 했죠.

힘에의 의지

니체의 힘에의 의지 이론은 두 부분으로 나뉩니다.

첫째, 니체는 이 세계의 만물이 항상 변하고, 고정된 것은 아예 존재하지 않는다고 생각했습니다. 물질, 지식, 진리 등은 언제나 변하고 이 변화의 핵심 자체가 '힘에의 의지'입니다. 니체에 따르면, 우주는 의지들로 이루어져 있어요.

둘째, 힘에의 의지는 힘을 향한 개인의 근본적인 욕동drive으로, 지배와 독립을 통해 생겨납니다. 힘에의 의지는 성적 의지나 생존 의지보다 강력하며 다양한 방식으로 나타나지요. 니체에 따르면, 힘에의 의지는 폭력이나 물리적인 지배로 나타날 수 있지만, 내면으로 향해 (다른 사람에 대한 지배와 대립되는) 자기 자신에 대한 지배를 추구할 수도 있습니다.

니체는 자아 혹은 영혼 개념이 문법적 허구에 지나지 않는다고 믿었어요. 니체에게 '나'는 이기려고 끊임없이 서로 경쟁하는 의지들의 혼합입니다. 세계는 변하고 있고 변화는 삶의 가장 근본적인 부분이기 때문에 삶을 객관적이고 고정적인 것으로 보려는 시도는 철학적이든 과학적이든 종교적이든 전부 삶을 부정하는 셈이죠.

그러므로 삶을 긍정하는 철학에 바탕을 두고 살기 위해서는 변화를 포용하고, 변화만이 유일하게 항상 존재하는 것임을 이해해야 합니다.

인간의 역할

니체에 따르면 동물, 인간 그리고 초인이 있습니다. 인간은 문명, 지식, 영성처럼 더 큰 것을 누리기 위해 본능과 자연적 충동을 제어하는 법을 배움으로써 동물 단계를 벗어납니다. 우리의 힘에의 의지가 바깥(타인에 대한 통제)에서 안(자기지배)으로 향하는 것이죠. 그렇지만 이 자기지배 과정은 어렵고 인류에게는 언제나 포기하려는 유혹이 있습니다. 니체는 인류의 포기를 나타내는 두 예가 바로 허무주의와 그리스도교 도덕이라고 봤어요. 인간은 자기지배를 획득하고자 노력하면서 초인이 되는 길에 섭니다. 초인은 (동물에게 없는) 자기지배를 획득하고 (인간에게 없는) 선한 양심을 지닌 개체입니다. 초인은 삶을 깊이 사랑하고 끝없는 투쟁과 고통을 불평 없이 기꺼이 받아들이죠. 그러므로 니체에 따르면, 인간은 목적이 아니에요. 인간은 초인으로 가기 위한 과도기일 뿐입니다.

진리

니체는 이른바 '진리', 즉 어떤 것을 고려하는 올바른 방식이 하나뿐이라는 생각은 우리의 사유 과정이 융통성을 잃었다는 증거라고 생각했습니다. 그는 여러 방식으로 유연하게 생각할 수 있다는 것이야말로 건강한 정신의 표지라고 봤고, 융통성 없는 정신은 삶을 부정하는 것이라고 주장합니다.

가치

『선악의 저편』에서 니체는 도덕의 심리적 기초를 드러내 보이려 했어요. 그는 인간이 도덕이 없었다면 훨씬 더 건강한 종이 되었을 것이라고 봤죠. 니체가 생각할 때 도덕은 허구이고,

가치는 객관적이지 않기 때문에 재평가되어야 합니다. 그는 특히 그리스도교 도덕에 비판적이었는데, 근본적 수준에서 그리스도교 도덕이 삶과 대립할 뿐만 아니라 삶의 적이라고 해도 과언이 아니기 때문이지요. 예를 들어, 그리스도교의 내세 개념은 개인의 자연스러운 본능을 평가절하하고 현세의 삶을 덜 중요한 것처럼 보이게 함으로써 나약하게 만듭니다.

니체가 도덕성의 진실을 드러내면서 그리스도교를 다른 어떤 것으로 대체하려고 했던 것은 아니에요. 그는 오히려 도덕 이면의 진실을 깨달을 때 사람들이 삶에 대한 태도나 동기를 좀 더 정직하고 현실적으로 볼 수 있으리라 생각했어요.

영원회귀

니체의 사상 가운데 가장 복잡하고 까다로운 것이 아마도 형이상학적 영원회귀론일 거예요. 이 이론은 복잡하기는 하지만 니체의 다른 철학적 개념들과 마찬가지로 삶을 긍정하는 데 중심을 둡니다.

사실, 영원회귀설은 수백 년 전부터 있었어요. 르네상스 시대의 고전적인 영원회귀의 상징은 제 꼬리를 물어 원을 이루는 뱀 우로보로스였습니다.

니체의 영원회귀설에는 시간은 순환적이라는 믿음이 있습니다. 사람은 일생의 매 순간을 영원히 거듭 살아가고 그 순간은 언제나 똑같아요. 우리가 경험하는 모든 순간은 영원히 일어나고, 우리는 이 사실을 받아들이고 기뻐해야 합니다.

또, 니체의 영원회귀설에는 모든 것은 끊임없이 변하기 때문

꼬리를 문 뱀 우로보로스 ✦ 고대 신화 속 상징으로 여러 문화권에서 나타난다. 시작이 곧 끝이라는 의미를 지녀 윤회 혹은 영원성의 상징으로 인식되어왔다.

에 '존재'는 없으며 '되어감[becoming]'만 있다는 생각이 있습니다. 니체는 만물이 계속 변하는 중이기 때문에 현실은 '사물'을 다른 '사물'과 구별할 수 없게끔 얽히고설켜 있다고 봤습니다. 그러므로 현실 전부를 판단하지 않은 채 현실의 한 부분만 판단할 수는 없는 거죠. 우리 삶이 끝없는 되어감의 상태에 있다는 사실과 타협함으로써 우리는 삶 전체를 긍정하거나 부정할 수 있어요. 최초의 실존주의 철학자로 꼽히기도 하는 니체는 철학에 믿을 수 없이 놀라운 영향을 미쳤습니다. 무엇보다도 '삶의 긍정'에 대한 생각 그리고 그리스도교와 도덕에 대한 도전은 그를 당대 가장 중요한 철학자로 우뚝 서게 했습니다.

Bertrand Russell, 1872~1970년

버트런드 러셀

평화를 위해 싸운 논리주의 철학자

#분석철학 #논리원자론 #기술이론

버트런드 러셀 ◆ 영국의 철학자이자 수학자. 철학, 논리학, 수학 등 다양한 분야에 저작을 남겼으며, 반전 운동가로도 활약했다.

버트런드 러셀은 1872년 5월 18일에 웨일스 레이븐스크로프트에서 태어났어요. 그는 네 살 때 아버지와 어머니를 모두 여의고 형과 함께 매우 엄격한 조부모 밑에서 자랐습니다(그의 할아버지는 1대 백작이자 총리까지 지낸 존 러셀 경이었어요). 러셀이 여섯 살 되던 해에 할아버지도 돌아가셨고, 러셀 형제는 할머니하고만 살게 되었지요. 러셀은 어릴 때부터 온갖 금지와 규칙에 매인 집에서 도망치고 싶어했고, 이러한 바람과 종교에 대한 불신은 그의 평생을 따라다녔습니다.

1890년에 러셀은 케임브리지대학 트리니티 칼리지에 들어가 수학과 철학에서 두각을 나타냈습니다. 그는 원래 관념론에 흥미를 품었지만 케임브리지를 떠나고 나서 몇 년 후부터는 관넘론을 전면 부인하고 실재론과 경험론으로 기울었어요.

버트런드 러셀의 초기 작업은 수학에 초점을 맞추었습니다. 그의 논리주의에 대한 옹호는 대단히 중요합니다. 논리주의는 모든 수학적 참을 논리학적 참으로 환원할 수 있다는 생각이에요. 만약 논리주의가 맞는 것으로 밝혀진다면 수학은 '선험적' 지식이라고 할 수 있을 거예요. 러셀은 일생 동안 참으로 다양한 주제(도덕, 언어철학, 형이상학, 언어학 등)를 다루었지만 항상 논리학을 연구했습니다. 그의 세 권짜리 책 『수학 원리』는 모든 수와 산술, 수학적 원리가 논리학에서 나왔음을 보여주었죠.

러셀과 그의 제자였던 루트비히 비트겐슈타인, 그리고 G. E. 무어는 분석철학의 창시자로 꼽힙니다.

철학 용어 정리

분석철학: 철학의 한 전통이자 실제 방법이기도 한 분석철학은 나중에 논리실증주의의 동의어가 됩니다. 논리실증주의는 철학을 마치 과학적 탐구처럼 엄정하게 훈련하고 실행해야 한다는 생각이에요. 그러기 위해서는 논리학을 사용하고 추정들을 의심해봐야 합니다.

러셀은 철학자, 수학자, 논리학자였지만 사회 개혁에 대한 그의 믿음이 크게 논란이 되어 그런 쪽으로 먼저 대중에게 친숙해졌습니다. 그는 제1차 세계대전 당시 반전운동가였고 공개집회에도 여러 차례 참여했어요. 그 때문에 트리니티 칼리지 강사 일을 그만두어야 했을 뿐 아니라 나중에는 금고형까지 살았습니다. 이후 제2차 세계대전 때는 아돌프 히틀러와 나치를 반대하는 운동에 뛰어들면서 전쟁을 전면 반대했던 자신의 평화주의 사상을 상대적으로 누그러뜨렸어요. 러셀은 또한 스탈린의 전제주의 체제, 미국의 베트남 참전, 핵 군비 축소도 대놓고 비판했습니다. 그는 1950년에 노벨문학상을 받게 됩니다.

논리 원자론

버트런드 러셀은 논리 원자론의 창시자입니다. 논리 원자론이란 언어를 물질처럼 가장 작은 부분들로 쪼갤 수 있다고 보는 이론입니다. 일단 문장을 더 이상 쪼갤 수 없는 부분들로 쪼개고 나면 그러한 부분들을 '논리적 원자'로 볼 수 있어요. 그다음에 이 논리적 원자들을 잘 살펴보면 어떤 문장에 깔린 추정을 밝혀낼 수 있지요. 그러면 그 문장의 진릿값을 더 잘 판단할 수 있습니다.

예를 들어 "미국의 왕은 대머리다"라는 문장을 생각해봅시다. 언뜻 보기에 이 문장은 단순해요. 그렇지만 이 단순한 문장도 세 개의 논리적 원자로 쪼갤 수 있죠.

1. 미국에는 왕이 있다.
2. 미국에 (현재) 어떤 왕이 있다.
3. 미국의 왕은 머리카락이 없다.

미국에는 왕이 없다는 사실을 우리가 알기 때문에 첫 번째 논리적 원자는 거짓입니다. 그러므로 "미국의 왕은 대머리다"라는 문장은 참일 수 없죠. 둘 다 미국에 왕이 있다는 추정을 깔고 있기 때문입니다. 이렇게 논리 원자론을 통해 우리는 진리 여부와 정도를 알 수 있어요. 그렇지만 이러한 생각은 오늘날까지도 여러 논쟁을 불러일으킵니다. 만약 어떤 것이 참도 아니고 거짓도 아니라면 어떻게 되는 걸까요?

기술 이론

기술 이론은 버트런드 러셀이 언어학에서 이룬 아주 중요한 공적입니다. 러셀에 따르면 일상언어는 지나치게 모호하고 오해를 부르기 쉬우므로 진리를 나타낼 수 없습니다. 그는 철학이 추정과 오류에서 벗어나기 위해서는 일상언어와는 다른, 좀 더 철저한 형태의 언어가 필요하다고 봤어요. 그리고 그 언어는 수학적 논리를 바탕으로 일종의 수학적 방정식처럼 표현될 거라고 주장했지요.

가령 "미국의 왕은 대머리다"라는 문장이 제기하는 문제들에 답하기 위해 그는 기술 이론을 만들어냈어요. 그가 생각하는 한정 기술definite description은 오직 하나의 특정 대상에만 관계되는 이름, 즉 구 또는 단어입니다('저 탁자' '오스트레일리아' '스티븐 스필버그'처럼 지시하는 대상이 하나뿐인 경우). 문장에 한정 기술이 포함되면 그 문장은 사실상 하나의 계열 내에서 주장들을 간단히 표현하는 방법인 셈이에요. 이로써 러셀은 문법이 문장의 논리적 형태를 모호하게 만든다는 것을 보여줄 수 있었죠. 그렇지만 "미국의 왕은 대머리다"에서 기술되고 있는 대상은 존재하지 않거나 애매합니다(러셀은 이런 경우를 "불완전한 상징"이라고 일컬었습니다).

집합론과 러셀의 역설

러셀이 모든 종류의 수학을 논리학으로 환원해보려 하면서부터 '집합' 개념은 매우 중요해졌어요. 그는 집합을 "구성원 혹은 원소들의 집단"으로 정의합니다. 집합은 부정적으로 정의되거나 하위집합을 포함할 수 있습니다. 하위집합은 추가되거나 빠질 수 있죠. 예를 들어 모든 미국인의 집합을 생각해볼까요? 부정적으로 정의되는 집합은 미국인이 아닌 모든 것일 테고, 하위집합으로는 모든 미국인의 집합에 포함되는 뉴요커의 집합이 있을 수 있겠죠.

러셀은 집합론의 창시자는 아니지만(창시자는 고틀로프 프레게입니다) 1901년에 '러셀의 역설'을 도입하면서 이 이론의 토대를 완전히 혁신한 인물이라고 할 수 있습니다.

이 역설은 모든 집합의 집합은 그 자신의 원소가 아니라는 점을 다룹니다. 가령, 지금까지 존재했던 모든 개의 집합을 생각해봅시다. 존재했던 모든 개의 집합은 개가 아니에요. 그렇지만 자기 자신의 구성원이기도 한 집합들이 더러 존재합니다. 개가 아닌 모든 것으로 구성된 집합을 상상해본다면 그 집합 역시 개는 아니기 때문에 자기 자신을 포함한다고 생각할 수 있어요. 이제 자기 자신의 구성원이 아닌 집합들의 집합을 상상해봅시다. 여기서 역설이 생겨나요. 왜냐고요? 이 집합은 자기 자신의 구성원이 아닌 집합들을 포함하는 집합인데 바로 이 근본적 정의에 따라서 이 집합은 반드시 자기 자신을 포함하게 되어 있습니다. 하지만 이 집합의 정의 자체는 자기 자신을 포함할 수 없다고 되어 있기 때문에 모순이 생기는 거죠.

러셀의 역설을 통해 우리는 집합론의 불완전성을 볼 수 있습니다. 어떤 대상들의 집단을 집합이라고 부름으로써 논리적으로 불가능한 상황이 생겨나지요. 러셀은 이러한 결함을 바로잡기 위해 집합론이 더 엄정해져야 한다고 생각했습니다. 러셀에 따르면 집합은 특정 공리를 만족시키는 특수한 집단들만을 가리켜요(이로써 현 모델에서 생겨나는 모순과 불가능성을 피할 수 있습니다). 러셀의 작업 덕분에 집합론은 그의 등장 이전과 이후로, 즉 '소박한 집합론'과 '공리적 집합론'으로 나뉘게 됩니다.

루트비히 비트겐슈타인

말할 수 없는 것에 대해서는 침묵하라

#분석철학 #논리학 #언어

루트비히 비트겐슈타인 ✦ 오스트리아 출신의 영국 철학자. 분석철학을 대표하는 인물로, 논리실증주의와 일상언어철학에 큰 영향을 미쳤다.

루트비히 비트겐슈타인은 20세기가 낳은 중요한 철학자 가운데 한 명으로 분석철학에 특히 커다란 영향을 미쳤습니다. 그는 1889년 4월 26일 오스트리아 빈의 부유한 가문에서 태어났어요. 1908년에 항공학을 공부하기 위해 맨체스터대학에 입학한 그는 고틀로프 프레게의 저작과 수리철학에 깊이 빠지게 됩니다.

1911년부터 1913년까지 비트겐슈타인은 프레게의 조언을 따라 케임브리지대학에서 버트런드 러셀을 지도교수로 삼고 철학을 연구했어요. 케임브리지에서 그는 프레게와 함께 논리학의 토대를 이해하기 위한 작업을 했습니다. 또, 잠시 노르웨이로 떠나 함께 논의했던 철학적 문제를 혼자서 연구하기도 했지요. 1914년에 제1차 세계대전이 시작되자 비트겐슈타인은 오스트리아 군대에 들어갔습니다. 1917년에 전쟁포로가 된 그는 전쟁이 끝날 때까지 포로수용소에서 지냈어요. 전쟁 기간에 쓰기 시작한 그의 가장 중요한 저작 『논리철학 논고』는 전쟁이 끝난 뒤 독일어와 영어로 출간되었습니다. 이 저작은 나중에 '비트겐슈타인 전기 철학'으로 알려져요.

1920년에 비트겐슈타인은 자신의 책이 철학의 문제를 해결했다고 생각하고 철학 연구를 그만두기로 결심합니다. 그는 자기 몫의 유산을 형제자매에게 양도하고 이후 9년간 빈에서 다양한 직업을 전전하며 지내요. 1929년, 수리철학과 과학철학에 대해서 빈학파와 토론을 나누면서 비트겐슈타인은 케임브리지로 돌아가 다시 철학을 공부할 마음을 먹게 됩니다. 케임브리지로의 귀환은 그의 철학에 극적인 전환을 불러왔어요. 이 시기의 독서, 토론, 편지는 이른바 '비트겐슈타인 중기 철학'으로 묶입니다. 이 '중기' 비트겐슈타인은 교조적 철학을 거부했는데, 전통적인 철학의 작업들뿐만 아니라 본인의 전기 철학까지도 비판했죠.

1930년대와 1940년대는 케임브리지대학에서 강의를 하면서 보냈습니다. 이 기간, 즉 '비트겐슈타인 후기 철학'에서 그의 주요한 작업이 이루어졌어요. 그 작업이란 형식논리학에서 일상 언어로의 혁명적 이동, 그리고 철학의 주장에 대한 의심, 수학과 심리학에 대한 성찰로 요약될 수 있습니다. 그는 자신의 모든 사상을 『철학적 탐구』라는 책에 담아내려 했으나 1945년 최종 원고를 준비하는 과정에서 출판을 보류했어요(그러나 이 저서의 사후 출판은 허락했지요). 그 후 몇 년간 여행을 다니며 철학 연구를 계속하다가 1951년에 세상을 떠났습니다.

전기 비트겐슈타인

그의 전기 철학은 『논리철학 논고』에 담겨 있어요. 비트겐슈타인은 프레게와 러셀에게서 많은 개념을 끌어오는 동시에 논리학을 보편주의적으로 바라보는 그들의 시각에 반대했습니다. 프레게와 러셀은 논리학이 지식의 근간이 될 수 있는 궁극의 법칙들의 집합이자 토대라고 생각했지만, 비트겐슈타인은 그렇지 않았죠.

D. F. 피어스와 B. F. 맥기니스가 영어로 번역한 『논리철학 논고』의 일곱 가지 기본 명제는 다음과 같습니다.

1. 세계는 일어나는 것의 총체다.
2. 일어나는 것(사실fact)은 사태들affairs의 존립이다.
3. 사실들의 논리적 그림이 사고다.
4. 사고는 뜻을 지닌 명제다.
5. 명제는 요소 명제의 진리함수다(요소 명제는 자기 자신의 진리함수다).
6. 진리함수의 일반 형식은 [p, ξ, N(ξ)]이다.
7. 우리가 말할 수 없는 것에 대해서는 침묵해야 한다.

결국 비트겐슈타인은 논리학은 과학과 완전히 다른 것이기 때문에 법칙이 없고 법칙들의 집합이 될 수도 없다고 본 것입니다. 논리학에 법칙이 있다는 추정은 논리학이 과학이라고 추정한 결과인데, 사실은 논리학은 과학과는 아예 다른 것이라는 말이지요. 논리학은 엄밀한 형식이고 내용이 없습니다. 논리학 그 자체는 아무것도 말하지 않아요. 논리학은 이야기되는 모든 것의 구조와 형식을 결정할 뿐이지요.

비트겐슈타인은 이어서 언어의 역할을 걸고넘어집니다. 그에 따르면 언어는 세계 속의 사실을 설명할 때만 적절하게 쓰여요. 반면 세계 바깥의 어떤 것, 혹은 전반적인 세계와 관련된 관념이나 가치를 말하기에는 부적절합니다. 따라서 미학, 윤리학, 형이상학을 포함한 철학의 상당 부분은 언어로 다루어질 수 없습니다.

예를 들어, 개인의 윤리적 시각은 그 사람이 세계를 바라보고 살아낸 방식의 결과예요. 그게 어떻게 언어로 옮겨지고 법칙으로 설명될 수 있단 말인가요? 비트겐슈타인은 개인의 윤리적 시각은 (철학의 상당 부분과 마찬가지로) 보여줄 수 있을 뿐 설명될 수는 없는 것이라고 주장합니다. 이어서 그는 철학의 목적을 다시 정의하고, 철학은 교리가 아니므로 교조적으로 접근해서는 안 된다고 했어요. 비트겐슈타인에 따르면, 철학자는 전통적 철학자들이 틀렸다는 것을 논리적 분석으로 보여주고 말할 수 없는 것에 대해서 말하는 자들을 바로잡는 사람입니다. 그는 의미 없는 명제들을 지적하면서 자기가 쓴 책조차도 위험하리만치 헛소리에 가깝다고 인정했어요.

후기 비트겐슈타인

『논리철학 논고』에서 철학에 교조적으로 접근해서는 안 된다고 주장했던 비트겐슈타인은 자신의 바로 그 책이 교조적이었음을 깨닫게 됩니다. 그러므로 그의 후기 작업, 특히 『철학적 탐구』는 교조주의를 전면적으로 거부한다는 점에서 특히 주목할 만하죠. 그러기 위해 비트겐슈타인은 논리학에서 벗어나 모든 철학의 근간이 되어야 한다고 생각했던 일상언어로 옮겨갑니다. 『철학적 탐구』에서는 언어를 바라보는 새로운 방식을 자세히 설명하고, 철학의 목적은 치료가 되어야 한다고 말합니다.

비트겐슈타인은 단어의 의미를 다루면서 의미는 단어와 현실 사이의 추상적 연결 따위가 아니라 단어를 사용하는 방식으로 결정된다고 말했습니다. 이것은 본인의 전기 철학에 비하면 아주 크게 달라진 입장이에요. 후기 비트겐슈타인은 단어의 의미가 고정되거나 제한되어 있지 않다고 봅니다. 단어의 의미는 모호하거나 유동적일 수 있으며 그렇더라도 여전히 효용이 있다고 보지요.

비트겐슈타인은 단어들이 고정되어 있지 않고 다양한 쓰임새가 있다는 자신의 주장을 뒷받침하기 위해 '언어게임'이라는 개념을 도입하고 책 전반에 걸쳐 이 개념을 자주 언급합니다. 그는 '언어게임'을 수시로 언급하지만 언어의 유동성과 다각화를 더 깊이 보여주기 위해 이 용어를 딱 떨어지게 정의하지는 않았어요. 그래서 엄격한 정의는 없지만 이 용어를 이해하고 바르게 사용하기는 그리 어렵지 않아요. 비트겐슈타인은 일상언어가 현재 널리 쓰이는 방식 그대로 적절하며, 언어의 이면을 깊이 파고들어봤자 불필요한 일반화 이상의 소득은 없음을 보여주었습니다.

『철학적 탐구』의 상당 부분은 심리학의 언어에 적용됩니다. 우리는 '사유' '의도' '이해' '의미' 같은 단어를 쓸 때 이 단어가 우리의 심적 과정을 가리킨다고 믿고 싶은 유혹에 빠져요. 비트겐슈타인은 이 단어들이 어떻게 쓰이는지 면밀하게 고찰하면서 이것들이 우리의 심적 상태를 가리키는 것이 아니라 개인의 행동을 가리킨다는 결론을 내립니다.

비트겐슈타인은 언어와 관습이 법칙이 아니라 (그가 '삶의 양식$^{form\ of\ life}$'이라고 불렀던) 사회적 맥락 속에서의 쓰임으로 정해진다는 것을 깨달았습니다. 그러므로 개인은 언어의 사용법을 본질적으로 사회적 맥락에서 배웁니다. 그래서 우리는 서로가 하는 말을 이해할 수 있는 거죠. 이것은 개인이 자기 내면의 감각을 표현하기 위해 독자적인 언어를 만들 수 없는 이유이기도 해요(단어가 바르게 쓰였는지 알 방법이 없으므로 그러한 언어는 의미가 없겠죠).

비트겐슈타인은 '그것으로 보는 것'과 '그것처럼 보는 것'의 차이를 통해 해석을 논합니다. 그가 언급하면서 특히 유명해진 토끼-오리 그림의 예시를 볼까요?.

'그것으로 보는 것'은 곧바로 그렇게 보이는 것입니다(가령, 여러분이 이 그림에서 처음 본 것은 오리이겠지요). '그것처럼 보는 것'은 특정한 면을 주목하기 시작하는 거예요(잘 보면 토끼처럼 보일 수 있습니다). 어떤 것을 어떤 것처럼 본다는 것은 사실 해

석을 하는 겁니다. 우리는 하나 이상의 해석을 해야 한다는 것을 인정할 때가 아니면 해석을 하지 않아요.

　비트겐슈타인의 철학은 전기, 후기 모두 철학이 어떤 모습이 되어야 하는가에 대해서 반이론적 입장을 지지했어요. 다만 전기에는 논리를 사용해 철학 이론의 불가능성을 증명한 반면, 후기에는 철학의 치료적 성격을 장려함으로써 획기적인 변화를 보여주었습니다.

마르틴 하이데거

존재는 탄생에서 죽음까지 달린다

#존재와시간 #현존재 #전환

마르틴 하이데거 ◆ 독일의 철학
자. 현상학과 해석학, 실존주의
에 큰 업적을 남겼다.

마르틴 하이데거는 1889년 9월 26일
에 독일 메스키르히에서 태어났습니
다. 메스키르히는 신앙심이 깊고 매
우 보수적인 시골 마을이었어요. 이
러한 성장 배경은 하이데거의 철학
적 이력에 깊은 영향을 미쳤습니다.
1909년 하이데거는 프라이부르크대
학에서 신학을 공부하기 시작했지만
1911년에 철학으로 관심을 돌렸어요.

그는 대단히 많은 철학자에게 영향을 받았지만 특히 아리스
토텔레스의 『형이상학』에 결정적으로 큰 영향을 받았습니다.
무엇이 다양한 존재 양태를 통합하는가라는 아리스토텔레스의
질문과 고민은 하이데거에게 깊이 남았어요. 덕분에 하이데거
는 그의 가장 유명한 저서 『존재와 시간』을 썼습니다. 1919년에
는 에드문트 후설의 조교가 되었고, 후설이 은퇴한 후 그 자리
를 물려받았습니다.

1927년에 출간된 『존재와 시간』은 대륙 철학의 가장 중요한 저작 가운데 하나로 상찬받았습니다. 지금도 20세기의 가장 중요한 철학책으로 꼽히는 이 책은 여러 위대한 사상가에게 영감을 주었죠.

『존재와 시간』이 세상에 나온 후 하이데거의 철학에는 그 자신도 '전환'이라고 일컬을 만큼 획기적인 이동이 일어났습니다. 이 전환은 사유의 이동이 아니라 존재의 이동입니다. 하이데거는 이 전환의 요소들을 본인의 두 번째 저작 『철학에의 기여』에 담았어요. 이 책은 1936년에 쓰였지만 독일에서 1989년에야 발표됩니다.

하이데거는 1933년에 나치당에 들어갔고 프라이부르크대학 총장으로 선출되었어요. 그의 학장으로서의 활동에 대해서는 의견이 분분합니다. 혹자는 나치 정책을 적극적으로 대학 교육에 반영했다고 평하고, 또 다른 쪽은 하이데거가 반유대주의 같은 나치 정책의 세부적인 부분에는 저항하는 입장이었다고 평해요. 그는 총장직에 오래 머물지 않았고 1934년에 바로 사임했습니다. 이때부터 하이데거는 비록 탈당은 하지 않았지만 나치와 멀어지기 시작합니다. 제2차 세계대전이 끝나자 프라이부르크대학교 탈나치 위원회는 하이데거를 조사하고 그의 강의를 금지했어요. 이 조치는 1949년까지 이어졌고 그 이듬해에 하이데거는 명예교수가 되었습니다.

『존재와 시간』

『존재와 시간』은 하이데거의 저작 가운데 가장 중요하면서도 복잡한 책이에요. 이 책으로 하이데거는 20세기 가장 명망 높은 철학자로 자리매김합니다.

그는 '존재'가 무엇을 의미하는가라는 형이상학적 문제를 검토했습니다. 하이데거는 먼저 데카르트의 작업을 살펴봤어요. 데카르트는 존재가 세 가지 유형의 실체로 나뉜다고 했습니다.

1. 다른 본체가 필요하지 않은 본체
2. 비물질적 실체|res cogitans
3. 물질적 실체|res extensa

하이데거에 따르면 이러한 존재 관념은 '불분명한 차이'로 이어집니다. 존재가 이 세 가지 가능성 모두에 있을 수 있다는 가정이 있지만 이것은 말이 되지 않아요. 그래서 하이데거는 데카르트의 존재에 대한 믿음은 부정확하다고 봅니다. 데카르트의 발견은 세계가 물질적 실체로 이루어져 있음을 보여줄 뿐이고 존재는 단순히 '다른 대상을 아는 것'을 의미하기 때문이에요.

다른 한편으로, 하이데거는 존재를 이해하는 가장 좋은 방법은 내면적으로 바라보고 우리 자신에게 묻는 것이라고 말합니다. 그래서 그는 존재는 우리라는 결론을 내려요. 그리고 이것을 '현존재現存在, Dasein'라고 부르죠. 하이데거에 따르면 현존재는 존재가 무엇인가를 스스로에게 묻는 존재입니다. 그러므로 현존재는 자기해석적 존재, 즉 '나'라고 말하고 '나다움'을 지닌 존재예요. 자기해석은 곧 실존입니다.

하이데거는 존재의 세 양태를 구분합니다.

1. 현존재

2. 전재적 존재(어떤 것을 바라봄으로써, 관찰함으로써 존재하는 것. 순수한 사실과 개념에만 관련을 맺을 수 있다)

3. 용재적 존재(사용 가능할 뿐 아니라 언제나 조작 가능한 것들, 장비 같은 것들에 몰입해 있는 존재)

현존재, 즉 존재의 정상적 양태는 일상의 평균이므로 진정하지 않지만 진정하지 않은 것도 아닙니다. 이것은 마치 사람이 삶을 사는 게 아니라 삶이 사람을 사는 것과 비슷해요.

하이데거의 생각대로라면 주체는 대상으로 전향되기 때문에 주체에 대한 개념은 부정확합니다. 주체는 오히려 '세계-내-존재'로 보아야 해요. 환경은 대상들로 가득 차는 대신, '사물들'로 채워집니다. 이것들은 '도구Zeug'로, 계획을 실현하는 데 쓰이죠. 도구는 특정 계획 안에 있을 때만 중요하거나 의미가 있어요. 그러므로 도구의 특정한 존재는 용재적 존재입니다. 사물의 존재는 현존재의 계획이라는 맥락과 그 계획에 관여하는 다른 것들의 맥락을 통해 그것에 주어져요. 달리 말하자면, 사물들은 이미 다른 것들과 관련된 그것들의 위치 때문에 있는 것입니다.

그렇지만 현존재는 완전히 스스로 존재하는 단일한 본체가 아니기 때문에 의미를 만들 수 없습니다. 현존재의 개별성은 독특하지만 결함이 있는 시각을 만들어요. 현존재는 언제나 다른 것들과의 관계 속에 있고 다른 것들이 있는 세계 속에 있기 때문이죠. (언어, 계획, 단어 같은) 도구는 한 사람만을 위한 것이 아니고, 현존재는 하이데거가 '그들-자아'라고 부르는 것입니다.

하이데거는 현존재의 존재가 시간성이라고 결론을 내려요. 필멸자의 현존재는 탄생에서 죽음까지 달립니다. 현존재의 세계에 대한 접근은 전통과 역사를 통해 이루어지지요.

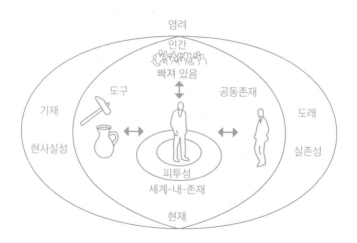

전환

제2차 세계대전이 끝나고 얼마 후부터 하이데거의 작업은 초점을 옮기기 시작했습니다. 그는 행동 자체가 어떻게 기존에 있던 '존재에 대한 개방성'에 달려 있는지 연구하기 시작했어요. 하이데거는 기존의 개방성을 유지하는 것이 인간다움의 본질이라고 말하며 현대인은 이 개방성을 잊어버리고 있다고 주장

〈구두〉(1886) ◆ 하이데거는 1952년 발표한 「예술작품의 근원」에서 예술의 본질을 설명하기 위해 반고흐의 구두 그림을 사례로 든다. 그는 그림 속 구두의 주인을 한 농부의 아내로 상정하고, 그림이 구두 주인의 고독하고 소박한 농촌의 삶을 묘사하고 있다고 말한다. 단순히 구두라는 사물이 아니라 구두의 '존재'를 충실히 묘사하고 있다고 본 것이다.

했습니다. 하이데거는 헤라클레이토스나 아낙시만드로스 같은 소크라테스 이전 철학자들의 시대에는 이런 유의 참된 개방성이 있었다고 봤어요. 그렇지만 플라톤의 철학 저작과 함께 이 개방성은 차차 잊혔죠.

하이데거는 기술과 시에도 관심을 두었고 그 두 가지가 존재를 '계시하는' 대조적인 방법들이라고 생각했습니다. 새로운 시를 창작하는 것은 존재를 계시할 수 있지만, 새로운 기술은 존재를 '틀에 넣고'(이것이 하이데거가 말하는 '몰아세움'이에요) 더 나아가 주체와 대상의 구분을 드러내요. 하이데거는 기술이 인간에게 그들의 존재를 새롭게 이해할 수 있게 하겠지만, 기술의 몰아세움은 더 근원적인 진실을 계시하고 경험하는 인류의 능력을 위협한다고 말합니다.

장폴 사르트르

자유는 선물인 동시에 저주다

#실존주의 #타자 #자유

장폴 사르트르 ♦ 프랑스의 철학자이자 작가. 실존주의 사상을 대표하는 인물로, 소설, 연극, 평론 등 다양한 글을 썼다.

장폴 사르트르는 1905년 6월 21일 프랑스 파리에서 태어났습니다. 이 듬해에 아버지가 사망하자 사르트르는 어머니를 따라 외가에 가서 살게 되죠. 그의 외할아버지 샤를 슈바이처는 존경받는 문필가로 철학과 종교에 관한 글을 주로 썼습니다. 외할아버지의 신앙심은 사르트르가 성장하면서 갈등의 원인이 되고는 했어요. 사르트르는 비록 외할아버지의 영향력에 불만을 품기는 했지만 그의 후견을 순순히 받아들였습니다.

사르트르는 1924년에 프랑스 최고의 명문인 고등사범학교에서 철학을 공부하기 시작했고, 1928년에는 학문과 인생의 동반자가 될 (그리고 페미니즘 역사에서 가장 중요한 책으로 꼽히는 『제2의 성』을 쓰게 될) 시몬 드 보부아르를 만납니다. 졸업

후 사르트르는 군 복무를 마치
고 철학 교사로 임용되었어요.
1933년에는 에드문트 후설의
철학 강의를 듣기 위해 베를린
으로 떠났고 여기서 마르틴 하
이데거를 만납니다. 후설과 하
이데거의 철학은 사르트르의 철
학에 깊은 영향을 미쳤습니다.
그리고 1938년 사르트르는 철
학 소설 『구토』를 발표합니다.

1939년 제2차 세계대전이 발

1955년 보부아르와 사르트르 ◆ 연인
이자 지적 동반자였던 사르트르와 보부
아르는 계약 결혼 관계를 바탕으로 각
자 자유롭게 연애하며 50년 넘게 그 관
계를 이어갔다.

발하자 사르트르는 군대에 소집
되었고, 1940년 독일군에 체포되어 9개월 동안 포로수용소 생
활을 했습니다. 이 시기에 그의 가장 유명한 실존주의 저작 『존
재와 무』를 쓰기 시작했지요. 이 책으로 그는 대중적 명성을 얻
었고, 전후 지식인의 대표 인물로 등극합니다.

그 후 사르트르는 『레 탕 모데른』의 편집인 활동에 주력했습
니다. 그는 당대 사회와 정치에 초점을 맞춰 이 잡지에 철학 기
고문을 게재함으로써 정치 활동가로 떠올랐어요. 그 후 죽을 때
까지 정치 활동을 멈추지 않았죠. 그는 확고한 사회주의자로 냉
전 시대에 소비에트연방을 지지했습니다(그러나 소련에서 나타
난 전제주의에 대해서는 비판적 입장을 보였어요). 그는 마르크스주
의를 지지하는 뜻에서 피델 카스트로와 체 게바라를 만났고, 베
트남전쟁에 반대했으며, 프랑스의 알제리 식민사업을 공개적

1960년 체 게바라와 만난 사르트르와 보부아르 ◆ 사르트르는 체 게바라를 '20세기 가장 완전한 인간'이라고 평가했다.

으로 비판했습니다.

사르트르는 작가로서 왕성하게 활동했습니다. 1964년에 그는 노벨문학상 수상자로 선정되었으나 (역사상 처음으로) 수상을 거절했어요. 어떤 작가도 제도화되어서는 안 되고 (노벨문학상이 서양 작가들에게 치우친 반면) 동양 문화와 서양 문화는 제도의 도움 없이 서로 교류할 수 있어야 한다는 것이 그의 생각이었죠. 그는 철학서와 소설뿐만 아니라 영화나 연극의 대본도 썼습니다.

장폴 사르트르의 철학적 주제들

사르트르는 생애 후기에 정치 활동에 힘을 쏟은 반면, 실존주의에 집중했던 전기에는 매우 깊이 있는 철학적 작업을 달성했습니다.

자기를 안다는 것

사르트르는 개인이 자기의식을 지닌 '대자적' 존재이고, 사람들에게 어떤 본질적인 성격은 없다고 믿었습니다. 그보다 사람에게는 자기의식과 의식이 있는데 이것은 언제든지 바뀔 수 있다고 봤죠. 사회에서의 자기 위치가 자기의 의미를 결정한다고 믿거나 자신의 시각은 바뀔 수 없다고 믿는 사람은 자기 자신을 속이는 것입니다. 누군가에게 "나는 원래 이런 사람이야"라고 말하는 것도 일종의 자기기만이지요.

사르트르에 따르면 자기실현, 즉 누군가에게 이미 마련된 것으로 무언가를 만들어내는 과정은 언제나 가능합니다. 그러기 위해서는 이른바 '사실성'을 인식해야 하죠. (사실을 기반으로) 개인의 바깥에서 일어나며 개인에게 미치는 현실을 인식해야 합니다. 그리고 자신이 그 현실과는 독립적으로 존재하는 의식을 지니고 있음을 이해해야 해요.

사르트르는 개인은 자기의식에 책임을 지지만 자기에 대한 의식은 결코 현재의 의식과 똑같지 않으리라는 점을 이해하는 것만이 유일하게 진실한 전망이라고 봤습니다.

즉자적 존재와 대자적 존재

사르트르는 존재를 두 유형으로 나누었어요.

● **즉자적 존재:** 정의할 수 있으면서도 온전한 본질을 지니는 존재입니다. 다만 자기 자신이나 자신의 온전한 본질에 대한 의식은 없지요. 가령 바위, 새, 나무는 즉자적 존재라고 할 수 있습니다.

- **대자적 존재**: 의식이 있다는 사태로서 정의되고 (인간처럼) 자신의 존재도 의식하는 존재입니다. 또, 자신에게 어떤 즉자성과 관련된 온전한 본질이 없다는 것도 의식하고 있지요.

타자의 역할

사르트르는 인간(혹은 대자적 존재)이 자기를 관찰하는 다른 대자적 존재를 보고서 자신의 실존을 의식하게 된다고 봤습니다. 따라서 사람은 자기처럼 의식을 지닌 타인들의 시선을 느낄 때만 자신의 정체성도 자각하게 돼요. 따라서 인간은 타인들의 관계 속에서만 자기 자신을 이해할 수 있습니다.

사르트르는 이어서 '타자'와의 만남이 얼핏 보기에 기만적일 수 있다고 주장합니다. 의식을 지닌 다른 존재가 자기를 대상화해 외견, 유형, (상상된) 본질을 파악한다고 생각하기 때문이지요. 그 결과, 개인도 타자들을 의식이 없는 단순하고 정의 가능한 대상으로 보려 할 수 있습니다. 사르트르는 그러한 관념에서 인종주의, 성차별주의, 식민주의가 비롯된다고 생각했어요.

책임

사르트르는 모든 개인에게 본질적 자유가 있고, 인간은 자신의 행동과 의식 그 밖에도 자기의 모든 면에 책임이 있다고 생각했어요. 설령 개인이 자신에 대해 책임지고 싶지 않을지라도 그 또한 의식적인 결정이기 때문에 아무것도 하지 않은 자신의 결과에 책임이 있습니다.

사르트르는 이러한 개념을 바탕으로 도덕과 윤리가 주관적이고 개인의 의식과 관련이 있다고 봤어요. 그러므로 어떤 보편적 도덕이나 윤리는 있을 수 없는 거죠.

자유

사르트르는 정치적 주제들에 관심을 두기 시작하면서 개인의 의식과 자유가 어떻게 인종주의, 성차별주의, 식민주의, 자본주의적 착취 같은 사회 구조 속으로 들어가는지 고찰했어요. 그는 이 구조들이 개인의 의식과 자유를 인정하지 않고 인간을 대상화한다고 봤습니다..

사르트르는 개인이 아무리 대상화될지라도 언제나 자유는 있다고 믿었어요. 인간에게 의식과 자유가 있다는 사실 자체가 인간이 언제라도 무슨 일을 저지를 수 있음을 뜻합니다. 그는 의식 안에 포함된 자유가 선물인 동시에 저주라고 말해요. 개인은 자유가 있기 때문에 변화를 일으키고 자기 삶을 만들어갈 수 있지만 자유에 따르는 무거운 책임을 감당해야 하죠.

②

세상을 이해하는
위대한 생각들

〈태양계를 강의하는 철학자〉(1766)

실재론

보편적인 것은 존재할까?

#보편자 #버트런드러셀 #개체화의문제

실재론은 정신과 언어에서 독립적인 세계에 보편자universal가 존재한다고 주장합니다.

철학 용어 정리

보편자: 플라톤이 처음 도입한 개념으로, 세상에 존재하는 반복 가능하고 공통적인 특성을 말해요. 보통 속성property(예를 들면 사각형으로서의 속성)과 특징quality(예를 들면 유사성)으로 나눕니다. 실재론자들은 만물이 속성과 특징을 아주 미약하게 공유할지라도 보편자가 자연의 참된 공통성을 드러내고 세계에 체계적인 질서를 제공한다고 믿어요.

실재론의 유형들

도덕, 정치, 종교, 과학, 형이상학에 관해 언급하는 다양한 유형의 실재론이 있습니다. 가장 잘 알려진 실재론의 유형으로는 두 가지가 있어요.

1. **극단적 실재론:** 플라톤이 처음으로 만든 가장 오래된 형태의 실재론입니다. 플라톤은 (그는 '형상'이라고 불렀지만) 보편자들이 비물질적이고 시공간을 벗어나 존재한다고 믿었어요.

2. **강한 실재론:** 이 실재론은 플라톤의 형상 개념을 거부하고, 보편자들이 시공간 안에 존재할 뿐만 아니라 동시에 여러 본체 속에 존재할 수 있다고 봅니다. 사과의 빨간색과 버찌의 빨간색은 개체마다 다른 빨강이 아니라 똑같은 보편적인 빨강인 것이죠.

실재론은 '보편자 문제', 즉 보편자가 먼저 존재하느냐 그렇지 않느냐라는 문제에 답하고자 합니다.

실재론에 대한 반박

실재론은 철학에서 많은 논쟁을 불러왔던 주제입니다. 실재론에 대한 반박은 여러 가지가 있지만 그러한 논증들은 실재론을 완전히 반박하는 데 도움이 되지 않고 보편자들의 존재를 부정하는 데에도 쓰일 수 없어요.

특이성에 근거한 논증

버트런드 러셀은 '특이성에 근거한 논증'을 제시했습니다.

- **전제 1:** 보편자들은 극단적으로 특이한 본체입니다(결국, 보편자들의 성격과 존재는 매우 파악하기 어렵고 이상합니다).

- **전제 2**: 보편자들이 극단적으로 특이한 본체라면 그것들은 존재하지 않습니다.
- **전제 3**: 보편자들이 존재하지 않는다면 실재론은 거짓입니다.
- 그러므로 실재론은 거짓입니다.

러셀은 『철학의 문제들』에서 두 장소 사이의 관계를 다룹니다. "에든버러는 런던의 북쪽에 있다." 이러한 관계는 인간의 지각과는 독립적으로 존재하는 듯 보이죠. 하지만 러셀은 결론에 대한 반론이 있다고 말합니다. 반(反)실재론자는 보편자가 물리적 사물이나 개별자가 존재하는 것과 같은 의미에서 존재하지 않는다고 봐요. 반실재론은 마음 바깥에는 아무것도 없고 설령 그런 것이 있다고 해도 인간이 이해할 수 없다는 입장입니다.

런던이 언제 어디에 있다고 말하기는 쉽지만(지구의 어느 면 어느 위치에 있고, 언제 처음 세워지고 언제 사라졌는지) 본체가 시공간에 존재하지 않는데 '~의 북쪽'이라는 관계에 대해서도 그렇게 말할 수는 없습니다. 따라서 전제 1에서 말하듯이 보편자는 매우 특이한 본체라고 보아야 해요. 그리고 보편자들은 시공간적 의미로 존재하지 않는 특이한 본체이기 때문에 사실은 존재하지 않는다고 생각할 수 있죠(전제 2). 보편자가 언제 어디에 존재하는지 알 수 없다면 존재를 부정하는 편이 논리적이지 않을까요? 보편자가 존재하지 않는다면 보편자가 존재한다고 주장하는 이론, 즉 실재론은 거짓입니다(전제 3). 전제 3은 실재론의 부정이에요.

'특이성에 근거한 논증'은 타당하기 때문에 언뜻 실재론에 대한 확고한 반박이 될 수 있을 듯 보입니다. 그러나 존재의 정의를 좀 더 파고들면 이 논증이 그다지 탄탄하지 않다는 것을 알수 있어요. 특이성에 근거한 논증의 주요한 문제는 전제 1에서전제 2 사이에 있는 논리적 비약입니다. 보편자들이 시공간 영역에 존재하지 않는다는 점이 특이하긴 해도 그것들이 아예 존재하지 않는다는 뜻은 아니에요. 시공간적 존재를 존재의 유일한 유형으로 보는 것이 합리적으로 보이긴 하지만 꼭 그렇지만은 않죠. 실제로 물리적 사물, 사유, 감정 등이 존재하면 보편자도 존속한다고 말할 수 있습니다. 러셀은 보편자들이 시간을 초월하며 변하지 않기 때문에 존재한다기보다는 존속한다고(시공간 없이 존재한다는 의미로) 말해요. 결과적으로, 보편자들은 이상한 방식으로 존재하긴 해도 어쨌든 존재하는 것입니다.

개체화의 문제

실재론에 대한 두 번째 반박은 '개체화의 문제'입니다.

- **전제 1:** 실재론이 참이라면 보편자는 있습니다.
- **전제 2:** 보편자가 있다면 그것을 개체화할 수 있습니다.
- **전제 3:** 보편자를 개체화하는 것은 불가능합니다.
- 그러므로 실재론은 거짓입니다.

보편자를 '개체화'한다는 것은 그 보편자의 '정체성 기준'을 안다는 것입니다. 달리 말하자면 보편자를 개체화한다는 것은 필연적으로 참이고 순환논증이 아닌 진술을 안다는 것이에요.

전제 1은 단순히 실재론을 설명한 것입니다. 전제 2는 보편자가 존재한다면 그것의 형식을 알 수 있어야 한다는 뜻이죠(이를테면, 만약 X와 Y가 똑같은 원인과 결과를 공유하는 경우에만 X가 Y와 똑같은 사건이라고 말할 수 있다는 식입니다). 어떤 보편자를 개체화하려고 할 때 그 결과가 순환논증이라면 전제 3은 참입니다.

'특이성에 근거한 논증'과 마찬가지로 '개체화의 문제'도 타당하지만 불안정한 논증이에요. 보편자는 사실 개체화될 수 있는데 우리가 그것의 형식을 진술할 방법을 아직 정하지 못한 것일 수도 있기 때문이죠. 보편자가 미래의 어느 시점에서도 개체화될 수 없다는 것을 증명하지 못한다면 '개체화의 문제' 논증은 보편자가 과거에 개체화되지 못했다는 것을 말할 뿐 아무런 논리적 가치가 없습니다.

형이상학

모든 철학의 토대가 되는 '제1철학'

#실존 #속성 #정체성

아리스토텔레스는 형이상학을 '제1철학first philosophy'이라 부르며 굳게 믿었습니다. 형이상학은 여러 면에서 모든 철학의 토대라고 할 만해요. 존재와 실존의 본성에 초점을 맞추고 신에 대해서, 우리 삶에 대해서, 정신 밖의 세계는 존재하는지, 또한 실재란 무엇인지에 대해서 까다롭고도 깊이 있는 질문들을 던지니까요.

아리스토텔레스는 형이상학을 세 분야로 나누었는데 지금까지도 이 구분은 유효해요.

1. **존재론:** 정신적, 물리적 실체를 포함하는 존재와 실존에 대한 연구. 그리고 변화에 대한 연구도 포함한다.
2. **보편과학:** '제1원리들'로 여겨지는 논리와 추론에 대한 연구.
3. **자연신학:** 신, 종교, 영성, 세계의 창조에 대한 연구.

1483년 인쇄된 아리스토텔레스의 『형이상학』 2권 첫 페이지 ◆ 『형이상학』 본문과 함께 장식으로 그림이 그려져 있다. 상단에는 대화를 나누는 철학자들과 뒤돌아 있는 원숭이의 모습을 대조적으로 보여준다.

실존은 실존한다

형이상학에서 실존은 존재하고 있는 상태로 정의됩니다. '실존은 실존한다Existence exists'는 형이상학의 유명한 공리이죠. 인간이 갖는 모든 사유의 뿌리는 무엇을 자각하고 있다는 개념이고, 그것은 곧 어떤 것이 반드시 실제로 존재한다는 증거입니다. 따라서 어떤 것이 반드시 실제로 존재한다면 실존이라는 것이 실존한다는 뜻이지요. 실존은 필연적이고, 어떤 종류의 지식을 요구합니다.

어떤 것의 실존을 부정하기 위해 그것이 실존하지 않는다고 말한다고 해봅시다. 하지만 실존이 실존하지 않는다면 그러한 부정의 행위 자체가 가능하지 않아요. 어떤 것이 실존하려면 그것의 정체identity가 있어야만 하죠. 존재하는 모든 것은 어떤 것으로서 실존합니다. 그렇지 않은 것은 아무것도 아니고, 존재하지 않습니다.

어떤 것이 존재한다는 생각을 할 수 있으려면 의식이 있어야 합니다. 르네 데카르트에 따르면, 그렇기 때문에 의식이 존재한다는 것은 의심할 수 없는 진실이에요. 자기 정신의 존재를 부정하는 것 역시 자기 정신을 써서 하는 행위이기 때문에 정신이 아예 존재하지 않는다면 불가능하죠. 그러나 데카르트의 공리는 문제가 있습니다. 데카르트는 인간이 의식할 것이 없는 상태에서도 의식할 수 있는 능력이 있다고 믿었는데, 사실은 그럴 수 없기 때문입니다.

의식은 오히려 실존하는 것을 지각하는 능력이에요. 의식한다는 것은 뭔가를 지각한다는 것이고, 따라서 의식이 기능하려면 실존이 요구될 뿐 아니라 실존에 의지합니다. 그러므로 의식하는 존재임을 자각하는 의식에 대한 데카르트의 공리는 문제가 있어요. 의식을 한다는 것은 의식 외적인 것의 실존을 요구한다는 의미이기 때문이지요.

대상과 속성

철학자들은 형이상학을 통해 대상의 본성과 속성을 이해하고자 했습니다. 형이상학은 세계가 (물리적이거나 추상적인) 대상 혹은 특수자^{particular}들로 이루어져 있다고 생각해요. 특수자들은 어떤 성질 혹은 특성을 공유하고 있는데 철학자들은 그 공통성을 보편자 혹은 속성이라고 부릅니다.

철학자들은 어떤 속성이 하나 이상의 장소에 동시에 존재할 수 있는가라는 문제를 다루면서 이른바 '보편자 문제'를 파고들어요. 예를 들어, 빨간 사과와 빨간 자동차는 동시에 존재할 수 있습니다. 그렇다면 '빨강'이라는 어떤 속성이 실존하는 걸까요? 빨강이 실존한다면 그것은 무엇일까요? 사유의 여러 유파는 이 질문에 각기 나름대로 답변했습니다.

- 플라톤주의 실재론에서는 빨강이 실존하되 시공간 밖에 있다고 봅니다.
- 온건한 실재론에서는 빨강이 시공간 속에 실존한다고 봅니다.

- 유명론에서는 빨강 같은 보편자가 독립적으로 존재하는 것이 아니라 단지 이름으로만 존재한다고 봅니다.

이러한 존재와 속성에 대한 관념은 형이상학의 가장 중요한 측면 중 하나인 정체성의 문제로 이어집니다.

정체성 문제

형이상학에서 정체성은 어떤 것을 그것으로 식별하게 하는 특성으로 정의됩니다. 모든 것에는 다른 것과 구별되는 특유의 성질과 특성이 있어요. 아리스토텔레스가 동일률(A=A)에서 진술한 바와 같이, 어떤 것이 존재하기 위해서는 반드시 특수한 정체성을 지녀야 합니다.

어떤 본체의 정체성을 파악할 때 중요한 두 가지 개념이 생겨나는데, 변화와 인과가 바로 그 개념들입니다.

정체성이라고 해도 상당수는 불안정해요. 집은 무너질 수 있고, 달걀은 깨질 수 있지요. 그렇지만 그러한 사물들도 인과성에 영향을 받고 정체성에 근거해 변화를 겪습니다. 그러므로 정체성은 본체의 구성요소를 바탕으로, 그 요소들이 어떻게 상호작용하는지에 따라서 검토되어야 해요. 달리 말해보자면 어떤 본체의 정체성은 그 부분들의 합입니다. 가령, 집을 설명한다는 것은 목재, 유리, 금속이 특정한 방식으로 집을 구성하고 있는 방식을 설명하는 것입니다. 혹은 원자들의 형성을 바탕으로 집을 설명할 수도 있겠지요.

정체성이 바뀌려면 (어떤 행동에 따른) 변화가 일어나야만 합니다. 인과법칙에 따르면 모든 원인에는 특정한 결과가 있어요. 그리고 그러한 결과는 본체의 고유한 정체성에 달려 있지요. 오늘날 널리 받아들여지는 변화에 대한 주요 이론은 세 가지가 있습니다.

1. **편속주의**: 사차원주의라고도 하며 사물에는 시간적 부분(시간 속에서 존재하는 부분)이 있다고 주장하는 이론입니다. 대상은 존재하는 모든 순간에 있어서 부분적으로만 존재합니다. 예를 들어, 나무의 삶에는 일련의 단계들이 있지요.

2. **인속주의**: 대상은 존재 이력의 어느 순간에나 똑같고 온전하다고 보는 이론입니다. 예를 들어, 나무가 잎이 다 떨어진다고 해도 그것은 여전히 똑같은 나무이지요.

3. **부분과 전체로 살펴본 본질주의**: 대상의 부분들이 전체 대상에 대해 본질적이라고 보는 이론입니다. 따라서 부분이 변하면 대상은 더 이상 존속하지 못합니다. 이러한 시각에서 보면 잎이 다 떨어진 나무는 더 이상 예전과 같은 나무가 아니에요.

형이상학은 우리의 실존, 그리고 그러한 실존이 세계에 대해 갖는 의미를 다루기 때문에 다채롭고 광범위한 철학적 주제를 다룰 수밖에 없습니다. 바로 이러한 이유에서 형이상학은 곧잘 철학의 토대 자체, '제1철학'으로 불리는 것이지요.

이원론

몸과 마음의 관계를 탐구하다

#신체 #정신 #일원론

이원론은 몸과 마음의 관계, 즉 개인의 신체적 속성과 정신적 속성 사이의 관계라는 문제에 답하고자 합니다.

심신이원론에 따르면 정신과 신체는 별개입니다. 신체(물질)는 개인을 구성하는 물리적 실체이고, 정신(영혼)은 신체와 상관없이 따로 존재하는 비물질적 실체로서 의식을 포함해요.

다음은 심신이원론의 대표적 유형 세 가지입니다.

1. **실체 이원론:** 실체는 물질적 실체와 정신적 실체로 나뉩니다. 이 이원론을 유명하게 만든 데카르트에 따르면, 물질적 실체는 사유하는 능력이 없고, 정신적 실체는 물리적 세계에 연장을 갖지 않아요.

2. **속성 이원론:** 정신과 신체는 똑같은 물질적 실체의 속성들로 존재합니다. 달리 말하자면 의식도 물질이 특정한 방식으로(예를 들면, 인간의 뇌처럼) 조직된 결과이죠.

3. **술어 이원론:** 세계를 이해하기 위해서는 하나 이상의 술어가 필요합니다. 그리고 정신적 술어는 신체적 술어로 환원될 수 없어

요. "트로이는 성가시다"라는 명제에서 '성가시다'라는 술어는 신체적인 것으로 환원될 수 없죠. '성가시다'는 구조나 구성으로 정의되지 않으며 다른 상황에서는 다르게 보일 수 있어요.

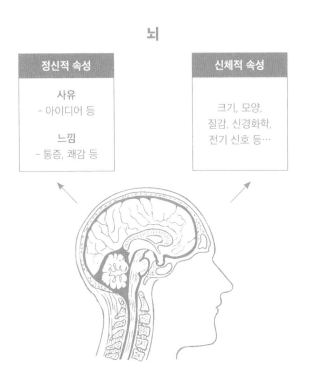

이원론을 옹호하는 논증

이원론의 주장에 힘을 실어주는 논증들이 있습니다. 특히 이원론은 물리적 신체와 별개로 영혼이 존재한다고 믿는 사람들에게 인기가 있어요.

주관성 논증

실체 이원론을 뒷받침하는 논증들 가운데서도 주관성 논증은 꽤 잘 알려져 있습니다. 이 논증은 심적 사건이 주관적 특징을 띠는 반면, 신체적 사건은 그렇지 않다고 주장해요. 심적 사건에 대해서는 어떻게 보이는지, 어떤 느낌인지, 어떻게 들리는지 물어볼 수 있지요. 그렇지만 이러한 느낌들은 신체적 사건으로 환원될 수 있어요. 여러분은 신체적 사건을 보고, 만지고, 들을 수 있지만 '어떤 느낌인지' 표현할 때는 사실상 이 느낌을 신체적인 것으로 환원할 수 없습니다. 어디까지나 주관적 특성들을 지니는 느낌이니까요.

특수과학 논증

특수과학 논증은 술어 이원론 개념을 뒷받침합니다. 술어 이원론이 참이라면 '특수과학'이 존재해야만 해요. 이 과학은 물리적 법칙을 사용해 환원될 수 없는 것입니다. 물리적 법칙으로 환원될 수 없는 심리학이 일종의 과학으로 존재한다는 것은 결국 정신이 존재한다는 얘기이지요. 심지어 기상학도 특수과학 논증이 참이라는 증거가 됩니다. 기상 패턴은 오로지 사람들만의 관심사이고, 이러한 학문의 존재는 정신이 날씨에 신경 쓰고 관심 있다는 것을 전제합니다. 그러므로 물질계가 정신적으로 지각되기 위해서는 정신이 물질계를 바라보는 관점이 있어야만 합니다.

이성에 근거한 논증

이성에 근거한 논증에 따르면, 사유가 단순히 물리적 원인들의 결과라면 사유가 이성에 기초해 있다거나 합리적이라고 믿을 이유가 없습니다. 물질은 이성적이지 않지만 우리 인간은 이성을 지니고 있지요. 따라서 정신이 단순히 물질적 원천에서만 나왔을 리가 없습니다.

이원론을 반박하는 논증

이원론의 주장을 반박하는 논증들도 있습니다. 특히 이러한 논증들은 일원론이라고 하는 광범위한 믿음으로 묶일 수 있어요. 일원론은 신체와 정신이 따로 떨어져 있는 두 실체가 아니라 하나의 실체에 속한다고 봅니다.

일원론의 대표적 유형은 다음과 같습니다.

- **관념적 일원론(관념론)**: 존재하는 유일한 실체는 정신적 실체(의식)다.
- **유물론적 일원론(물리주의)**: 물리적 세계는 유일한 실재이며, 정신적인 것도 모두 물리적인 것에서 나온다.
- **중립적 일원론**: 물리적이지도 않고 정신적이지도 않은 하나의 실체가 존재한다. 그렇지만 물리적 속성과 정신적 속성이 모두 그 실체에서 나온다.

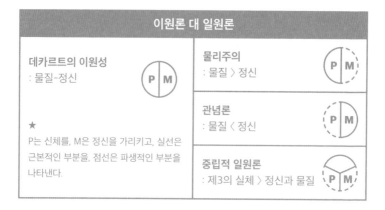

이원론 대 일원론	
데카르트의 이원성 : 물질-정신	물리주의 : 물질 〉 정신
★ P는 신체를, M은 정신을 가리키고, 실선은 근본적인 부분을, 점선은 파생적인 부분을 나타낸다.	관념론 : 물질 〈 정신
	중립적 일원론 : 제3의 실체 〉 정신과 물질

뇌 손상에 근거한 논증

이 논증은 머리에 부상을 입거나 병이 생기거나 약물 남용으로 뇌가 망가져 정신 능력이 손상되었을 때 이원론을 어떻게 받아들여야 하는지 묻습니다. 정신과 물질이 정말로 별개라면 정신은 그러한 사건에 영향을 받지 않고 능력을 보전할 수 있어야 할 테지요. 실제로 과학자들은 정신과 뇌 사이에 인과관계 비슷한 것이 있음을 밝혀냈습니다. 가령, 뇌에 어떤 조작을 가하면 심적 상태가 영향을 받는 것을 관찰할 수 있어요.

인과적 상호작용

인과적 상호작용 논증은 비물질적인 것(정신)이 어떻게 물질적인 것에 영향을 미칠 수 있는지 의문을 제기합니다. 어디서 그러한 상호작용이 일어나는지는 아직 분명하지 않아요. 예를 들어 손가락을 데면 일련의 사건이 펼쳐지겠죠. 일단, 피부가 탈 거예요. 신경 말단이 자극을 받을 겁니다. 그다음에는 말초 신경이 뇌의 특정 부위에 신호를 보내고 그 결과 통증이 지각되겠죠. 그런데 이원론이 참이라면 통증에 위치가 있다는 게 말이 안 돼요. 하지만 통증은 실제로 손가락에서 느껴집니다.

게다가 인과적 상호작용 이론은 정신과 신체 사이에서 어떻게 상호작용이 일어나는지를 다룹니다. 여러분이 팔을 위아래로 흔든다고 해봅시다. 그렇게 하려면 일단 팔을 위아래로 흔들겠다는 의도(심적 사건)가 있어야 하죠. 메시지가 뉴런을 타고 전달되면 팔을 위아래로 흔드는 동작이 실행됩니다. 하지만 팔을 위아래로 흔들겠다는 의도만으로는 팔을 움직이기에 충분하지 않아요. 뉴런들이 메시지를 보내게 하는 어떤 힘이 있어야만 하죠. 이원론은 비물리적 사건이 어떻게 물리적 사건을 일으킬 수 있는지 설명하지 못합니다.

소박함에 근거한 논증

이원론을 반박하는 가장 일반적이고도 단순한 논증입니다. 소박함에 근거한 논증은 신체와 정신을 별개로 보고 설명하는 것보다 하나로 설명하는 것이 더 단순하다고 생각해요.

이 논증은 '오컴의 면도날'이라고 하는 원칙으로 표현됩니다. 이 원칙은 어떤 현상을 설명할 때 불필요한 가정이나 전제를 최소한으로 줄여야 한다고 봐요. 인간이 가장 단순한 설명을 원하는 것은 합리적입니다.

이원론에도 각기 나름의 강점이 있지만 몸과 마음의 문제가 불러일으키는 모든 의문에 이원론이 답하지 못한다는 점은 인정할 수밖에 없습니다.

경험론 대 합리론

앎은 어디에서 비롯되는가

#인식론 #앎 #지식

철학에서 인식론이라는 분야는 앎의 본성, 기원, 한계를 다룹니다. 인식론에서 주로 제기되는 질문은 다음과 같아요.

- 우리는 어떻게 알 수 있는가?
- 지식의 한계는 무엇인가?
- 참된 지식의 성격은 무엇인가? 무엇이 지식을 참된 것으로 보장하는가?

그중 첫 번째 질문, 즉 앎이 어디에서 비롯되는가라는 질문에 상반되는 답을 내놓는 두 철학 이론이 바로 경험론과 합리론입니다.

경험론

경험론은 모든 지식이 감각 경험에서 비롯된다고 봅니다. 우리는 감각기관을 통해 주변 세상에 대한 가공되지 않은 정보를 얻지요. 정보를 지각하면서부터 관념과 믿음을 만들어내는 과정이 시작됩니다. 경험론은 인간에게 선천적 앎이 있다는 생각을 거부하고 오로지 후험적, 다시 말해 '경험에 바탕을 둔' 지식만 가능하다고 주장해요. 감각이 제공하는 기본적인 관찰들이 귀납적 추론을 통해 점점 더 복잡다단한 지식이 됩니다.

일반적으로 경험론은 세 갈래로 나눌 수 있어요.

고전적 경험론

존 로크의 '빈 서판' 이론과 관계있는 경험론입니다. 선천적 앎이 있다는 생각을 완전히 부정하고, 인간은 태어날 때 아무것도 모르는 백지 상태라고 주장하죠. 세계를 경험하기 시작하면서부터 정보가 수집되고 지식이 만들어질 수 있습니다.

근본적 경험론

근본적 경험론은 미국의 철학자 윌리엄 제임스William James를 통해 유명해졌습니다. 경험론 가운데 가장 급진적이라고 할 수 있는 그의 이론에 따르면, 한 인간의 모든 앎은 감각에서 옵니다. 그렇다면 어떤 진술의 의미는 그 진술을 검증할 수 있는 경험과 관련되어 있다는 결론을 끌어낼 수 있을 거예요. 이것을 검증주의 원리verificationist principle라고 하는데, 이 원리는 (한때 매우 인기 있었으나 지금은 그렇지 못한) 논리실증주의라는 이름으로 알려진 근본적 경험론의 일부입니다. 논리실증주의는 모든 지식이 감각에서 나온다고 보기 때문에 경험되지 않는 것에 대해서는 말할 수 없어요. 어떤 진술이 경험과 전혀 이어지지 않는다면 그 진술은 의미가 없습니다. 논리실증주의가 참이라면 종교적 신념이나 윤리적 신념은 그것들을 검증할 수 있는 경험이나 관찰이 없기 때문에 의미가 없는 것이고 전부 폐기되어야 할 거예요.

중도적 경험론

이 형태의 경험론은 근본적 경험론보다 훨씬 그럴싸하게 들립니다. 감각에서 비롯되지 않는 앎이 들어설 여지를 남기기 때문이죠(그렇지만 여전히 규칙에 대한 예외로 취급되기는 합니다). 가령 '9+4=13'은 경험적 검증이 필요하지 않은 참입니다. 그렇지만 모든 유의미한 형태의 지식은 순전히 경험을 통해 얻는 것이라고 봅니다.

합리론

합리론은 감각이 아니라 이성에서 지식이 비롯된다고 봅니다. 합리론자들은 인간에게 원리와 범주가 먼저 존재하지 않고는 감각이 제공하는 정보를 해석하거나 조직할 수 없다고 주장하죠. 그래서 합리론에 따르면 인간은 선천적으로 개념을 타고나고 연역적 추론을 사용합니다.

합리론자는 다음 테제 중 적어도 하나 이상을 믿습니다.

직관/연역 테제

어떤 명제들은 직관으로 바로 얻어낼 수 있는 반면, 또 다른 명제들은 직관으로 얻어낸 명제로부터 연역적으로 추론해냄으로써 알 수 있습니다. 합리론에 따르면 직관은 일종의 이성적 통찰이에요. 우리는 연역을 통해 직관에 따른 전제들을 타당한 논증으로 구성하고 결론을 이끌어낼 수 있지요. 달리 말하자면, 전제들이 참이고 논증이 타당하면 결론은 참일 수밖에 없습니다. 일단 지식의 한 부분이 알려지면 그 기원적 지식을 바탕으로 다른 지식들도 추론할 수 있어요.

가령, 우리는 5가 소수이고 6보다 작은 수라는 것을 직관적으로 알아요. 그렇다면 우리는 6보다 작은 소수가 있다는 것을 알죠. 직관/연역 테제에서 얻어낸 모든 지식은 '선험적'입니다. 다시 말해, 감각과는 독립적인 지식이라는 뜻이에요. 합리론자들은 이러한 테제를 활용해 수학, 윤리학, 자유의지뿐만 아니라 신 존재 같은 형이상학적 문제를 설명하기도 합니다.

선천적 지식 테제

이 테제는 우리가 이성적 본성의 일부분으로 특정 주제에 대한 몇 가지 진리를 알고 있다고 주장합니다. 직관/연역 테제와 마찬가지로 이 테제에서도 지식은 '선험적'이에요. 그렇지만 여기서 지식은 직관이나 연역으로 얻어진 것이 아니라 단지 우리 본성의 일부라고 할 수 있습니다. 지식의 원천은 철학자에 따라 다릅니다. 일부 합리론자는 지식이 신으로부터 온다고 믿지만, 또 어떤 합리론자는 지식이 자연선택의 결과라고 믿죠.

본유 개념 테제

이 이론은 인간이 특정 주제에 사용할 수 있는 개념을 우리 본성의 일부로 타고난다고 주장합니다. 본유 개념 테제에 따르면 어떤 지식은 경험의 결과가 아니에요. 그렇지만 감각 경험이 지식을 의식으로 끌고 오는 과정을 불러일으킬 수는 있지요. 경험은 이처럼 계기가 될 수는 있지만 개념을 제공하거나 정보를 파악하지는 못해요. 이 테제가 선천적 지식 테제와 다른 점은, 지식이 본유 개념들로부터 추론된다는 점입니다. 그리고 이 테제로 살펴보자면, 개념은 경험이 제거될수록 더욱 선천적이라고 할 수 있습니다. 가령, 기하 도형에 대한 개념은 경험이 제거되어 있기 때문에 통증의 경험에 대한 개념보다 더 선천적이라고 할 수 있지요.

경험론과 합리론은 똑같은 질문에 대한 서로 다른 대답이지만 이 대답이 때로는 흑백으로 갈리지만은 않아요. 예를 들어 합리론의 대표적 인물인 라이프니츠나 스피노자 같은 철학자는 지식이 원칙적으로 이성을 통해 얻는 것이라고 생각했습니다. 그렇지만 수학 같은 특정 분야를 제외하면 현실적으로는 그렇지 않다고 인정했어요.

인식론

어떤 것을 안다는 것은 무엇을 의미할까?

'인식론'이라는 용어는 '지식'을 뜻하는 그리스어 'epistme'와 '이성, 학문'을 뜻하는 'logos'가 합쳐진 것입니다. 그러므로 인식론은 지식, 곧 앎에 대한 학문이에요. 인식론을 연구하는 철학자들은 이 학문의 주요한 두 범주, 즉 지식의 본성과 지식의 범위를 파헤칩니다.

지식의 본성

철학자들은 어떤 것을 안다는 것이 무슨 의미인지, 혹은 어떤 것을 알지 못한다는 것은 무엇을 의미하는지 들여다보면서 지식의 본성을 파악합니다. 이것을 이해하기 위해서는 먼저 지식이 무엇인지, 앎과 알지 못함은 어떻게 구분되는지 알아야 할 거예요.

지식의 범위

철학자들은 우리가 얼마나 많은 것을 알 수 있는지, 지식을 어떻게 (감각, 이성 혹은 타자들의 영향을 통해) 얻을 수 있는지 고민하면서 지식의 범위를 파악합니다. 인식론은 지식에 한계가 있는지, 혹은 끝내 알 수 없는 것들이 존재하는지도 살피죠. 우리가 안다고 믿지만 실상은 그만큼 알지 못하는 사태도 있을 수 있을까요?

지식의 유형

'안다'라는 단어는 여러 방식으로 쓰이지만 철학자들이 말하는 지식은 사실을 전제로 합니다. 다시 말해, 우리는 어떤 것이 사실일 때만 그것을 안다고 할 수 있어요. 이러한 개념을 바탕에 깔고 철학자들은 지식의 유형을 다양하게 구분합니다.

방법적 지식

방법적(절차적) 지식은 이른바 노하우 혹은 숙련도로 불리며, 어떤 과업이나 방법을 수행하면서 익힐 수 있는 종류의 앎입니다. 이를테면 자전거를 타는 법이 이러한 앎에 해당하죠.

면식에 의한 지식

면식에 의한 지식은 친숙함의 정도라고 할 수 있으며 어떤 것을 경험함으로써 얻게 되는 앎입니다. 면식에 의한 정보는 다른 대상을 진정으로 알게 된 것과는 다른, 감각 정보에 불과해요.

명제적 지식

인식론자들은 방법적 지식이나 면식에 의한 지식보다 명제적 지식에 주목합니다. 명제는 사실이나 사건의 상태를 설명할 때 나타나는 평서문이에요. 명제 자체는 참일 수도 있고 거짓일 수도 있지요. 예를 들어 "고래는 포유류다"와 "5+5=13"은 둘 다 명제이지만 "5+5=13"은 거짓이죠. 명제적 지식의 진술을 영어로 말하자면 that 절을 사용하기 때문에 '어떤 것에 대한 앎knowledge-that'이라고 할 수 있어요. 가령 "그는 옷가게가 쇼핑몰 안에 있다는 것을 안다He knows that the clothing shop is in the mall"나 "그는 올버니가 뉴욕주의 주도라는 것을 알지 못한다He does not knows that Albany is the capital of New York"가 이러한 명제에 해당합니다.

명제적 지식은 수학, 지리학, 과학 등 다양한 주제의 지식을 포함해요. 그러므로 (우리가 알 수 없는 진리들이 존재할 수도 있지만) 어떤 진리는 알려질 수 있습니다. 인식론의 목적은 지식의 원칙들을 이해해 무엇을 알 수 있고 무엇을 알 수 없는지 파악하는 거예요. 이게 바로 메타인식론, 다시 말해 지식과 관련해 무엇을 알 수 있는가를 이해하고자 하는 학문입니다. 명제적 지식은 다시 선험적 지식(경험에 선행하는 지식)과 후험적 지식(경험을 통한 지식)으로 나뉩니다.

안다는 것은 어떤 의미인가

　명제적 지식을 논하면서 철학자들은 어떤 것을 안다는 것이 실제로는 어떤 의미인지, 앎과 알지 못함의 차이는 무엇인지, 어떤 것을 아는 사람과 그것을 알지 못하는 사람은 어떻게 다른지 탐구하기 시작했습니다. 지식의 범위는 매우 넓기 때문에 인식론자들은 지식의 이해가 과연 모든 명제에 적용될 수 있을 만큼 보편적인지 알아보려 했지요. 그리하여 합의된 세 가지 요건이 믿음, 진리, 정당화입니다. 이 개념들은 3부의 '들판의 소' 챕터에서 게티어 문제와 JTB 이론으로 간단히 다루고 있으니 먼저 읽고 오셔도 좋겠습니다. 여기서는 이에 대해 좀 더 자세히 살펴보기로 하죠.

　게티어 문제는 지식에 제4의 조건이 있어야 한다고 주장합니다. 그 조건이 자세히 어떤 것인지는 아직도 논란의 여지가 있지만 말이죠.

명제

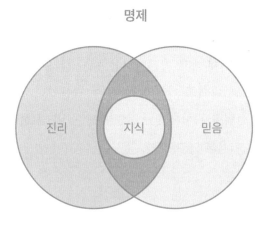

믿음

지식은 정신에만 존재하는 일종의 심적 상태입니다. 게다가 지식은 일종의 믿음이에요. 어떤 사람이 무엇에 대해 믿음을 갖지 못한다면 그것에 대한 앎 역시 있을 수 없죠. 어떤 믿음을 개인이 적극적으로 누리면 그것은 현재의 믿음입니다. 그렇지만 개인의 믿음 가운데 대다수는 현재의 것이 아니에요. 다시 말해, 개인이 현재 적극적으로 누린다기보다는 배경에 자리 잡은 믿음들이지요. 마찬가지로, 개인의 지식 가운데 대다수는 현재의 지식이 아닙니다. 개인의 정신이 지닌 지식의 극히 일부만 현재에 유효하다는 뜻이에요.

진리

모든 믿음이 지식은 아닙니다. 믿음은 지식이 존재하기 위해 필요하지만 그것만 가지고는 안 되죠. 개인의 사유가 현실 세계와 일치하려면 믿음 말고 다른 것도 필요합니다. 사유가 현실 세계와 일치하지 못하면 지식으로 여겨질 수 없죠. 예를 들어, 어떤 다리를 건너보지 않고서는 그 다리가 안전하다는 사실을 알 수 없습니다. 다리를 건너도 된다고 믿었는데 여러분이 막 건너려는 순간 다리가 무너져 내렸다고 해보죠. 이 경우, 여러분은 그 다리가 안전하다고 '알았던' 게 아닙니다. 다리를 건너기 전에도 안전하다고 '믿을' 수는 있지만 안전하다는 것을 '아는' 것은 다리를 건넌 후의 일이죠. 지식을 습득하는 과정에서 사람들은 그들이 가지고 있는 참인 믿음의 양을 늘리려고(또한 거짓인 믿음의 양을 줄이려고) 노력합니다.

그러므로 믿음이 지식이 되기 위해서는 반드시 참이어야 해요. 그리고 진리는 지식의 한 조건으로 여겨지죠. 진리가 존재하지 않는다면 지식도 없을 거예요. 진리가 존재하는 상황이라 해도 특정 영역 안에 진리가 없다면 그 영역에는 지식도 없습니다. 가령, 아름다움은 보는 이의 눈 속에 있다는 말이 참이라고 해봅시다. 그렇다면 어떤 것이 아름다운지 그렇지 않은지는 지식이 될 수 없어요. 이 믿음은 참도 아니고 거짓도 아니기 때문이지요. 요컨대, 지식은 단순히 믿음을 요구하는 것이 아니라 사실인 믿음을 요구합니다.

정당화

개인이 사실인 믿음을 지닐지라도 여전히 지식을 갖지 못할 수 있습니다. 지식이 존재하기 위해서는 그 참인 믿음에 대한 정당화가 있어야 해요. 다시 말해, 지식을 얻으려면 참인 믿음이 건전한 추론과 건실한 증거를 갖추어야 합니다. 추정, 잘못된 추론, 거짓 정보는 지식으로 여겨질 수 없어요(비록 그 결과가 진실된 믿음의 결과일지라도 말이죠).

정당화는 중요하지만 지식이 존재하기 위해 절대적 확실성이 필요한 것은 아닙니다. 어쨌든 인간은 오류를 범할 수 있어요. 여기서 오류 가능성 개념이 나옵니다.

게티어 문제가 보여주었듯이 지식에 대한 생각은 맹점을 드러내요. 우리는 정당화 개념을 다루면서 더 많은 문제와 부딪힙니다. 철학자들은 정당화가 어떻게 해석되느냐를 내재주의와 외재주의라는 두 가지 접근법에 따라 생각해요.

철학 용어 정리

오류 가능성: 어떤 믿음도 완전히 참으로 검증되고 정당화될 수 없다는 철학적 관념입니다. 지식 같은 것은 존재하지 않는다는 말이 아니에요. 그보다는, 개인의 참인 믿음이 거짓일 때조차도 여전히 지식을 가질 수 있다는 생각에 더 가깝습니다.

내재주의

내재주의는 믿음 그리고 믿음의 형성이 정신적 과정이기 때문에 정당화도 순전히 내적 요인들에 좌우된다고 봅니다. 이 이론에 따르면 개인의 다른 정신적 상태들이 믿음의 정당화를 결정짓는 데 관여하는 유일한 요인들이에요.

외재주의

어떤 이들은 내적 요인들에만 초점을 맞추면 믿음이 잘못 정당화되고 요행이 개입할 수 있다고 지적합니다. 외재주의는 믿음이 정당화되느냐 마느냐에 적어도 하나 이상의 외부 요인이 있어야 한다고 주장해요. 외재주의의 가장 잘 알려진 형태인 신빙주의reliabilism는 믿음의 출처를 고려해야 한다고 봅니다. 믿음의 출처는 증거, 이성, 감각 경험, 기억 등 다양한 것들일 수 있어요. 신빙주의에 따르면 믿음은 신빙성 있는 출처에서 나올 때만 정당화될 수 있습니다.

쾌락주의

오직 쾌락만이 전부다

#키레네학파 #에피쿠로스학파 #공리주의

'쾌락주의'로 불리는 다양한 이론들은 서로 차이가 있기는 하지만 근본적으로 같은 개념을 공유합니다. 이 이론들이 설명하는 특정 현상에서는 쾌락과 고통만이 오직 중요한 요소입니다. 철학에서 쾌락주의는 곧잘 가치론으로 다루어졌어요. 즉, 쾌락은 개인에게 언제나 유일하게 내재적으로 가치 있는 것이고 고통은 유일하게 내재적으로 무가치한 것이라는 말이지요. 반면 쾌락주의자에게 쾌락과 고통의 의미는 매우 광범위하고, 정신 현상과 신체 현상 모두를 가리킬 수 있습니다.

쾌락주의의 기원과 역사

최초의 중요한 쾌락주의 유파는 기원전 4세기에 키레네의 아리스티포스가 수립한 키레네학파로 거슬러 올라갑니다. 키레네학파는 행복이 도덕적 행위에 따른 결과라는 소크라테스의 믿음을 강조하면서도 미덕에 내재적 가치가 있는 것은 아니라

아리스티포스(왼쪽)와 에피쿠로스(오른쪽) ◆ 아리스티포스와 에피쿠로스는 쾌락을 궁극적인 선으로 보는 생각은 같았으나, 쾌락에 이르는 방법에서 차이를 보였다.

고 믿었어요. 그들은 쾌락, 특히 정신적 쾌락보다 육체적 쾌락을 궁극적 선으로 봤고, 오랜 기다림 끝에 얻는 쾌락보다 즉각적 만족이 더 바람직하다고 여겼습니다.

그다음에 나타난 것이 에피쿠로스학파입니다. 이 학파의 수장 에피쿠로스는 아리스티포스가 주창하는 것과는 완전히 다른 쾌락주의를 내세웠어요. 에피쿠로스는 쾌락이 궁극적 선이라는 데는 동의했지만, 즉각적 만족이 아니라 욕망의 절제와 평정심을 통해 쾌락에 다다를 수 있다고 봤죠. 그에 따르면, 벗들과 더불어 철학을 논하며 소박하게 살아가는 것이야말로 인간이 이를 수 있는 최고의 쾌락입니다.

중세의 교부철학자들은 쾌락주의를 배척했어요. 죄를 멀리하거나 믿음, 소망, 자선 등을 행하는 그리스도교의 미덕과 이상은 쾌락주의가 끼어들 틈을 주지 않았기 때문이지요. 그래도

몇몇 철학자는 신이 인간의 행복을 바라기 때문에 쾌락주의도 나름의 장점이 있다고 주장했어요.

쾌락주의는 제러미 벤담과 존 스튜어트 밀의 철학적 작업 덕분에 18세기와 19세기에 대중적으로 큰 호응을 얻었어요. 이 두 철학자는 타산적 쾌락주의의 변형인 쾌락주의적 공리주의와 동기부여 쾌락주의를 제안했습니다.

가치 쾌락주의와 타산적 쾌락주의

철학에서 쾌락주의는 으레 가치와 안녕감을 중요시하는 태도를 가리킵니다. 가치 쾌락주의는 쾌락이 내재적으로 가치 있는 유일한 것이라고 보고, 고통은 내재적으로 무가치한 유일한 것이라고 보지요.

철학 용어 정리

내재적으로 가치 있다는 것: 쾌락주의를 설명할 때 자주 나오는 '내재적으로intrinsically'라는 표현을 제대로 이해하는 것이 중요합니다. 이 말은 쾌락의 가치가 '도구적instrumental'이지 않고 그 자체로 고유한 것, 본질적인 것이라는 뜻이에요. 가령, 돈은 도구적으로 가치가 있습니다. 돈은 그것을 사용해 뭔가를 얻을 때만 진정으로 가치가 있기 때문이죠. 따라서 돈에는 내재적 가치가 없어요. 반면, 쾌락은 내재적 가치가 있습니다. 어떤 사람이 쾌락을 경험할 때, 그 쾌락이 다른 어떤 것으로 이끌어주지 않더라도 그 자체로 즐겁고 좋은 것이기 때문이지요.

가치 쾌락주의에 따르면, 가치 있는 모든 것은 쾌락으로 환원됩니다. 타산적 쾌락주의는 이 정보를 바탕으로 한 걸음 더 나아가 모든 쾌락, 오직 쾌락만이 개인의 삶을 더 나아지게 하고, 모든 고통, 오직 고통만이 개인의 삶을 더 나빠지게 한다고 주장했어요.

심리학적 쾌락주의

심리학적 쾌락주의 혹은 동기부여 쾌락주의는 쾌를 경험하고 불쾌를 피하고자 하는 바람이, 의식적이든 무의식적이든, 인간의 모든 행동을 좌우한다고 생각합니다. 심리학적 쾌락주의의 변형들을 제시한 인물로는 지그문트 프로이트, 에피쿠로스, 찰스 다윈, 존 스튜어트 밀이 있어요.

강력한 심리학적 쾌락주의(다시 말해, 쾌를 얻고 불쾌를 피하려는 동기로 모든 행동을 해석하는 태도)는 대체로 오늘날의 철학자들에게 호응을 얻지 못하고 있습니다. 그런 식으로 볼 수 없는 행동의 예(고통을 낳는 듯한 행동도 의무감에서 실천한다든가)가 너무 많으니까요. 일반적으로 지금은 쾌를 얻고 불쾌를 피하는 것 외에도 다른 여러 동기로 의사결정이 이루어진다고 봅니다.

규범적 쾌락주의

윤리적 쾌락주의라고도 하는 규범적 쾌락주의는 인간이 마땅히 행복을 추구해야 한다고 보는 이론이에요. 여기서 행복은 '쾌락 빼기 고통'으로 정의됩니다. 규범적 쾌락주의는 어떤 행동을 도덕적으로 용인할 수 있거나 용인할 수 없는 이유와 방식을 설명하는 이론들을 입증할 때 사용됩니다.

규범적 쾌락주의는 두 유형으로 나눌 수 있어요. 두 유형 모두 행복을 활용해 어떤 행동이 도덕적으로 옳은지 혹은 그른지를 가립니다.

1. **쾌락주의적 이기주의:** 사람들이 그들 자신의 이해관계에 가장 잘 맞는 방식으로 행동한다고 봅니다. 그러한 방식은 실제로 그들을 행복하게 할 것입니다. 결과는 그 행동을 한 개인 외에는 누구에게도 (가치가 없고) 고려되지 않습니다. 그렇지만 쾌락주의적 이기주의는 둔감해지기를 요구합니다. 자신의 이익을 위해 도둑질을 하는 사람은 부자의 것을 훔칠 때와 가난한 자의 것을 훔칠 때 차이를 느끼지 않아야 할 테죠.

2. **쾌락주의적 공리주의:** 행동은 그 행동에 관련되는 모든 사람에게 최대한의 행복을 미칠 법하거나 실제로 미칠 때 선하다고(도덕적으로 용인할 만하다고) 할 수 있습니다. 이처럼 공리주의는 개인뿐만 아니라 영향을 받는 모든 이의 행복과 관련됩니다(모두가 똑같은 비중으로 고려되지요). 쾌락주의적 공리주의에 따르면, 가난한 사람이 가진 것을 훔치는 행동은 가난한 사람을 불행하

게 하는 반면 도둑에게 아주 약간의 행복만을 더해줄 뿐이므로 (도둑이 죄책감을 느낀다면 그 행복마저도 줄어들겠죠) 도덕적으로 용인할 만하지 않습니다.

쾌락주의적 공리주의는 모든 이를 똑같이 대한다는 점에서 매력적인 이론이지만 우정, 정의, 진리 같은 그 자체의 도덕적 가치를 수용하지 못한다는 비판에 부딪힙니다.

예시를 하나 들어볼까요? 작은 마을에서 한 아이가 살해당했습니다. 여러분의 가장 친한 친구가 마을에서 살인범으로 의심받고 있는데 여러분은 그 친구가 범인이 아니라는 사실을 알아요. 쾌락주의적 공리주의에 따르면, 모두에게 가장 큰 행복을 주기 위해 여러분의 친구가 살인범으로 처벌을 받아야 할 겁니다. 살인범이 따로 있다는 사실은 중요하지 않죠. 중요한 것은 최대 다수를 만족시키는 것, 다시 말해 마을 전체가 살인범이라고 믿는 사람을 처벌하는 것입니다.

Utilitarianism

공리주의

행복도 계산이 될까?

#제러미벤담 #존스튜어트밀 #유용성

도덕적 행동을 분석하는 과정에서 자주 나오는 두 가지 질문이 있습니다.

1. 무엇이 행동을 옳거나 그른 것으로 만드는가?
2. 어떤 것이 선하고 어떤 것이 악한가?

제러미 벤담이 처음으로 도입하고 존 스튜어트 밀이 수정한 공리주의는 가장 일반적인 결과주의 이론입니다. 공리주의는 단 하나의 가치 있는 것, 유일하게 그 자체로 선한 것이 행복이라고 봅니다. 다른 것들도 물론 가치가 있지만 그것들의 가치는 순전히 행복에 얼마나 이바지하느냐로 환산되는 것이지요.

제러미 벤담

흄과 홉스에게 많은 영향을 받은 영국의 철학자 제러미 벤담

Jeremy Bentham(1748~1832년)은 1789년에 『도덕과 입법의 원리 서설』을 통해 공리주의의 기초를 닦았습니다. 벤담은 여기서 유용성의 원리를 제시하는데, 이 원리에 따르면 행동은 최대한의 행복을 제공하고 가능하게 할 때 동의를 얻습니다.

제러미 벤담 ✦ 19세기 영국의 철학자이자 법학자. '최대 다수의 최대 행복'을 추구하는 공리주의를 주장해 유럽 전역에 큰 영향을 미쳤다.

벤담에 따르면 행복은 쾌락의 현존과 고통의 부재로 정의됩니다. 그는 다양한 쾌락과 고통의 가치를 측정하는 행복 계산법felicific caculus('felicific'은 '행복을 만드는'이라는 뜻입니다)을 만들어내기까지 했어요. 그는 쾌락과 고통을 측정하면서 지속, 강도, 확실성, 근접성 등을 고려했습니다. 그다음에 옳은 행동을 만드는 것은 쾌락을 늘리고 고통을 줄이는 정도에 달렸다고 추론하죠. 그의 이론은 쾌락과 고통을 단 하나의 가치 척도로 생각한다는 점에서 쾌락주의라고 할 수 있고, 유용성을 행동에 직접 적용하기 때문에 '행위 공리주의act utilitarianism'로도 분류됩니다.

벤담에게 공리주의는 수행된 행동의 결과에 기반한 것입니다. 그는 가장 중요한 것은 공동체의 행복이라고 강조했는데, 그 이유가 공동체의 행복이 공동체에 속하는 개인들의 행복의 합이기 때문이지요. 따라서 유용성 원리는 어떤 행동을 해야만 하는 도덕적 의무를 그 행동이 최대한 많은 사람에게 최대한 많은 양의 행복을 주는가에 따라 결정합니다. 벤담에게 중요한 것은 질보다 양이에요. 쾌락은 오묘하든 단순하든 전부 똑같이 취급했죠. 벤담은 양적으로 더 큰 행복이 더 좋은 것이라 믿어 의심치 않았습니다.

범죄에 대한 벤담의 시각

벤담은 사회 정책이 그 정책에 영향을 받는 사람들의 일반적인 안녕감을 근거로 평가되어야 한다고 믿었습니다. 범죄를 벌하는 정책은 사람들이 범죄를 저지를 때의 이점과 처벌을 받게 될 때의 고통을 비교하게 해 범죄 의욕을 떨어뜨리는 효과를 냅니다.

존 스튜어트 밀

벤담을 따랐던 존 스튜어트 밀John Stuart Mill(1806~1873년)은 1861년에 발표한 책 『공리주의』를 통해 제러미 벤담의 이론을 확장하고 수정했습니다.

밀은 벤담의 이론에 대체로 찬성하고 동의했지만, 쾌락 혹은 행복의 양이 질보다 중요하다는 데는 동의하지 않았습니다. 벤담은 질적 차이를 고려하지 않기 때문에 인간이 느끼는 쾌락의 가치와 동물이 느끼는 쾌락의 가치가 벤담에겐 아무 차이가 없습니다. 따라서 인간들의 도덕적 지위도 동물들의 도덕적 지위와 다르지 않지요.

밀은 쾌락에 질적 차이가 있다고 믿었고, (벤담의 행복 계산법이 불합리하다는 것을 보여줌으로써) 질은 양으로 환원될 수 없다는 것을 증명했습니다. 그는 우월한 쾌락과 열등한 쾌락을 경험한 사람만이 그 질적 차이를 판단할 수 있다고 봤어요. 이러한 판단 과정은 비록 열등한 쾌락(밀이 생각한 바로는 육체적 쾌락)이 일시적으로는 더 강렬할지라도 우월한 쾌락(밀은 지적인 쾌락이 무엇보다 여기에 해당한

존 스튜어트 밀 ✦ 19세기 영국의 철학자이자 정치경제학자. 방대한 저술로 경험주의 인식론과 공리주의 윤리학에 큰 영향을 미쳤다.

다고 봤죠)을 불러일으키는 도덕적 가치의 창조로 이어진다고 생각했습니다.

밀이 생각하기에 행복에 이르기는 어렵습니다. 그러므로 사람들이 쾌락을 추구하기보다 고통의 총량을 줄이기 위해 행동하는 것이 도덕적으로 정당하다고 봤죠. 또한 밀이 내세우는 공리주의에는 모두에게 더 좋은 결과가 있다면 쾌락을 희생하고 고통을 감수하는 능력이 들어설 여지가 있습니다.

공리주의가 사람들에게 너무 많은 것을 요구한다고 비판하는 이들도 있었어요. 밀은 이러한 비판에 대해 대부분의 좋은 행동은 세상의 이익을 바라고 한 것이 아니라 세상을 구성하는 사람들이 자신의 이익을 바라고 한 것이라고 설명했죠. 이러한 사적 유용성은 사람들 대부분이 활용하고 있고, 공적 후원자가 될 만한 힘을 갖는 것은 누구에게나 드문 일이라고 합니다.

공리주의의 유형들

공리주의에는 여러 유형이 있는데 가장 잘 알려진 두 가지는 행위 공리주의와 규칙 공리주의입니다.

행위 공리주의

행위 공리주의에서는 단 하나의 행동에 따른 결과만 고려하고, 행동이 최대한 많은 사람에게 최선의(혹은 덜 나쁜) 결과를 미칠 때만 도덕적으로 옳다고 봅니다. 행위 공리주의는 개인의 행동 하나하나를 따지고 그 행동이 행해질 때마다 생겨나는 유용성을 계산해요. 그런 다음에 행동에 따른 결과가 그 행동에 영향을 받는 사람들에게 얼마나 최대치로 유용한가로 도덕성을 결정하죠.

행위 공리주의에 대한 비판도 있어요. 행위의 결과를 완전히 안다는 것은 대단히 어렵습니다. 그리고 이 원리는 부도덕한 행위도 정당화할 수 있죠. 예를 들어, 두 나라가 전쟁을 하는데 한 나라가 숨기고 있는 어떤 사람의 행방을 찾기만 하면 이 전쟁이 끝날 수 있다고 해봅시다. 행위 공리주의는 그 사람의 자녀를 고문해서 아버지의 행방을 털어놓게 하는 행위조차도 도덕적으로 정당하다고 할 거예요.

규칙 공리주의

행위 공리주의가 단 하나의 행동에 따른 결과를 고려하는 반면, 규칙 공리주의는 행동이 시간 속에서 반복될 때의 결과를 측정합니다. 마치 그 행위가 하나의 규칙인 것처럼 여기죠. 규칙 공리주의에 따르면 행위는 전반적으로 가장 큰 행복을 낳는 규칙을 따를 때 도덕적으로 옳다고 여겨집니다.

규칙 공리주의는 행동이 규칙의 올바름을 근거로 도덕적으로 올바른 것이 된다고 봐요. 올바른 규칙을 따른 행동의 결과는 다다를 수 있는 최대한의 선 혹은 행복입니다. 비록 규칙을 따르더라도 전반적으로 가장 큰 행복에 이르지 못할 수는 있지만 그렇다고 해서 규칙을 따르지 않는 것이 그러한 행복에 이르는 방법이 될 수는 없습니다.

규칙 공리주의 또한 비판에 부딪힙니다. 규칙 공리주의에서는 정의롭지 않은 규칙을 만드는 것도 얼마든지 가능하죠. 실생활에서 볼 수 있는 완벽한 예시가 바로 노예제입니다. 특정 집단에 대한 학대가 전체의 행복으로 이어질 수 있다면 규칙 공리주의는 노예제조차 도덕적으로 옳다고 주장할 거예요.

무엇이 옳거나 그른가?

행위 공리주의와 규칙 공리주의에서는 어떤 것도 단순히 그 자체로 옳거나 그르지 않아요. 두 형태의 공리주의 모두 거짓말, 사기, 절도 따위를 절대적으로 금지할 수 없는 듯 보입니다. 실제로 공리주의는 모두에게 최대한의 행복을 가져다줄 수 있기만 하면 때때로 거짓말, 사기, 절도도 옳은 행동이라고 보는 듯하죠(그러나 거짓말, 사기, 절도 같은 행동은 인간 사회 내에서 신뢰를 무너뜨리고, 이런 행동이 널리 퍼지면 유용성이 최대가 될 수 없으므로 규칙 공리주의에서는 이를 허용할 리는 없습니다).

공리주의에서 유용성은 항상 행동 자체가 아니라 행동에 따른 결과를 근거로 삼아요. 이처럼 의도보다 결과에 초점을 맞추기 때문에 행동의 도덕적 가치가 요행에 좌우되는 것처럼 보이죠. 어떤 행동의 좋고 나쁨을 말하려면 일단 그 전에 행동의 최종 결과가 뚜렷해야만 합니다. 하지만 우리는 선한 의도에서 하는 행동이 나쁜 결과를 낳는 경우와 악한 의도에서 하는 행동이 좋은 결과를 낳는 경우를 상상할 수 있지요. 게다가 어떤 행동에 얼마나 많은 사람이 영향을 받는지, 얼마나 강하게 영향을 받는지, 다른 대안적 행동의 효과는 어떤지 알아야 하는데 여기에는 계산이 잘못될 여지가 너무 많아요. 따라서 공리주의는 기만적인 행동을 금지하는 방향으로 작동하긴 하지만 도덕론으로서는 약해 보입니다.

Enlightenment

계몽주의

이성의 빛으로 시작된 일대 혁명

#과학혁명 #르네상스 #인간

계몽주의는 17세기 후반에서 18세기 사이에 유럽, 특히 프랑스, 독일, 영국에서 일어난 사고의 일대 전환을 말합니다. 계몽주의 운동은 사람들이 철학, 과학, 정치, 사회 전체를 바라보는 시선을, 나아가 서양 철학의 풍경을 완전히 바꿔놓았어요. 철학자들은 고대 그리스인들이 세워둔 사유와 전통에 도전하기 시작했습니다. 이로써 인간 지식과 이성에 바탕을 둔 새로운 형태의 철학적 탐구가 활짝 열릴 수 있었죠.

계몽주의의 기원: 과학혁명

계몽주의의 기원은 1500년대 유럽에서 시작된 과학혁명으로 거슬러 올라갑니다. 500년에서 1350년까지는 과학의 변화가 거의 없었어요. 믿음의 체계나 교육은 고대 그리스인들의 연구에 바탕을 두었고 그러한 철학들은 가톨릭교회의 교리에 흡수되어 있었죠. 그런데 르네상스가 일어나면서 갑자기 자연 세

〈천문학자 코페르니쿠스〉(1872) ✦ 14~16세기에 일어난 르네상스 운동은 과학혁명의 배경이 되었고, 코페르니쿠스의 태양 중심설로 시작된 16~17세기의 과학혁명은 이후 계몽시대로 이어졌다.

계에 대한 관심이 새롭게 바뀌기 시작했습니다. 사람들은 그들의 발견이 (그때까지 진리로 받아들였던) 교회의 가르침과 일치하지 않는다는 것을 알아차렸어요. 그리고 점점 더 자신들을 둘러싼 세계를 탐구하기 시작했죠. 덕분에 자연 세계에 관한 과학적 발견이 풍성하게 쏟아져 나왔습니다.

　과학적 탐구는 1500년에서 1600년 사이에 과학혁명으로 정점에 다다랐습니다. 니콜라우스 코페르니쿠스, 요하네스 케플러, 아이작 뉴턴, 갈릴레오 갈릴레이로 대표되는 과학과 수학의 진보는 아리스토텔레스와 교회의 작업만 문제 삼은 것이 아니라 자연과 인류를 완전히 새로운 눈으로 바라보게 이끌었어요. 관찰과 실험에 바탕을 두는 과학적 방법이 쓰이기 시작하면서 과학자들은 이성과 논리를 사용해 다양한 이론을 설명하기 시작했고 과학에서 전통을 지워냈습니다.

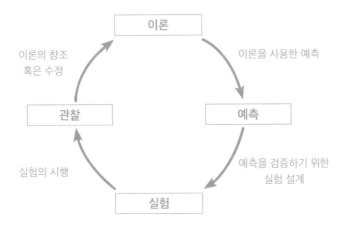

진리 연구

계몽주의 철학자들은 자연, 지식, 인류에 관한 진리를 발견하기 위해 다양한 경로로 노력했습니다.

회의론

계몽주의 시대에 회의론은 철학의 발전에 핵심 역할을 했습니다. 계몽주의 운동의 성격 자체가 기존에 세워진 진리들을 전면적으로 다시 검토하는 것이었기 때문이죠. 철학자들은 회의론을 새로운 과학을 발전시키기 위한 도구로 사용했어요. 데카르트도 『성찰』에서 새로운 지식 체계를 세우고자 할 때 어떤 원리가 절대적으로 확실한 진리인지 파악하기 위해 방법적 회의를 사용했습니다. 계몽주의는 교리를 비판하고 의심하는 데 그 뿌리를 두기 때문에 당대 사상가들의 철학에 회의론이 영향을 미친 것은 당연한 일이었죠.

경험론

계몽주의는 때때로 '이성의 시대'로 불리곤 합니다. 경험론, 즉 우리의 모든 지식이 경험에서 나온다는 믿음은 계몽주의 운동의 역사에서 핵심 역할을 했어요. 이 시대 철학자들은 이성을 지식의 원천으로 보지 않고, 새로운 방식들로 인간의 인지 능력을 탐구했습니다. 당시 가장 영향력 있는 경험론자를 꼽자면 존 로크를 들 수 있을 거예요. 그는 인간이 '빈 서판', 즉 백지와 같은 상태로 태어나고 경험을 통해 비로소 지식을 형성하기 시작한다고 봤습니다.

계몽주의 시대의 또 다른 위대한 경험론자는 아이작 뉴턴입니다. 그는 (미분법과 중력의 발견 등의 업적으로) 과학과 수학을 혁명적으로 바꾸었어요. 뉴턴의 연구는 자연 현상의 관찰에서 출발해 그 현상을 설명할 수 있는 수학적 원리를 발견하기 위해 귀납법을 사용했습니다. 관찰에서 원리로 나아가는 뉴턴의 상향식 접근법과 바람직한 결과에 이르지 못할 때가 많은 제1원리 확인 접근법의 차이가 분명해지면서 계몽주의 시대 철학자들은 지식의 탐구에 뉴턴의 방법을 기꺼이 활용하기 시작했죠.

합리론

계몽주의 시대 철학에서 가장 의미 있는 변화는 바로 (감각과 별개로 지식을 획득한다는) 합리론의 포용입니다. 감각을 의심하고 거짓 명제를 가려냄으로써 근본 진리를 찾고자 했던 데카르트의 작업은 특히 영향력을 널리 미쳤어요. 데카르트는 아리스토텔레스의 생각을 전면적으로 다시 검토했을 뿐 아니라 지식을 바라보는 시선을 근본적으로 바꾸어 새로운 형태의 과학이 나올 수 있는 길을 텄습니다. 데카르트 철학은 지식인 사회에 다양한 논쟁을 불러일으켰어요.

- 정신과 신체는 서로 구별되는 두 개의 독립적 실체인가?
- 그렇다면, 그 두 실체는 (인간의 신체와 통일된 세계 양쪽 모두에 대해) 어떻게 연결되는가?
- 신은 우리의 지식이 강화되는 데 어떤 역할을 하는가?

계몽주의의 가장 영향력 있는 철학자 가운데 한 사람인 바뤼흐 스피노자의 철학도 데카르트 철학이 불러일으킨 다양한 질문들에서 탄생했다고 할 수 있습니다.

스피노자는 데카르트의 이원론에 이의를 제기하고 존재론적 일원론을 펼쳤습니다. 그에 따르면 실체는 오직 한 종류(신 혹은 자연)만 있는데 그 실체의 두 속성이 신체와 정신에 상응합니다. 스피노자는 신을 자연과 동일시하고 지고한 존재의 실존을 부정함으로써 계몽주의 시대 철학 전반에서 볼 수 있는 자연주의와 무신론의 기초를 놓았습니다.

데카르트와 스피노자 외에도 합리론에 초점을 맞춘 계몽주의 시대 철학자는 많아요. 독일에서 가장 영향력 있는 철학자

가운데 하나인 고트프리트 빌헬름 라이프니츠는 충족이유율을 강조했습니다. 충족이유율은 존재하는 모든 것에는 충분한 근거가 있다고 보는 원리입니다. 충족이유율은 우주를 이성을 사용해 완전히 알 수 있는 것으로 제시함으로써 계몽주의의 이상에 기여했어요.

크리스티안 볼프 ✦ 독일 계몽주의의 대표 철학자. 라이프니츠 철학을 계승해 철학을 신학으로부터 독립시키는 데 기여했다.

크리스티안 볼프Christian Wolff는 라이프니츠의 작업을 토대 삼아 논리학과 (하나의 진술이 참인 동시에 거짓일 수는 없다는) 무모순율을 써서 충족이유율의 근거를 마련할 수 있음을 보여주었습니다. 볼프는 선험적 제1원리들이 과학의 진리를 증명할 수 있음을 보여주기 위해 지식의 합리론적 체계를 세웠어요. 볼프의 작업이 계몽주의 운동의 정수가 된 이유는 그가 자기 논증을 증명하기 위해 이성을 사용하려 한 것이 아니라 인간 이성을 사용해 자기 논증을 증명하려 했기 때문입니다.

미학

계몽주의 시대에 근대의 철학적 미학이 처음 등장하고 번성했습니다. 크리스티안 볼프의 제자였던 독일 철학자 알렉산더 바움가르텐Alexander Baumgarten은 독일 미학의 창시자이자 이 학문의 명칭을 만든 인물이에요. 바움가르텐에 따르면, 미학은 아름다운 것에 대한 학문입니다. 그는 아름다운 것에 대한 학문을 감성적인 것에 대한 학문과 동일시했어요. 요컨대, 미학은 감성적 인식에 대한 학문입니다. 계몽주의는 미학을 여러 이유에서 포용했어요. 계몽주의 운동은 감성의 재발견과 쾌락의 가치를 중심으로 돌아갔고, 그로 인해 예술과 예술비평이 번성했어요. 그랬기 때문에 아름다움의 개념이 철학자들에게 아주 중요한 것이 되었죠. 철학자들은 우리가 아름다움을 바라보는 방식이 자연의 합리적 질서에 대한 정보를 드러낸다고 생각했어요.

독일 합리론

18세기 독일 미학은 주로 크리스티안 볼프의 합리론적 형이상학에 바탕을 두었습니다. 볼프는 아름다움이 진리라는 고전적 원칙의 대표 주자였어요. 볼프에게 아름다움이란 쾌감으로 표현된 진리였습니다. 그는 아름다움이 완벽함을 지닌 것이라고 봤어요. 이 완벽함은 조화와 질서로 이어집니다. 어떤 것을 아름답다고 (기분 좋은 감정으로) 느낄 때는 일종의 조화나 완벽함을 느낀 거예요. 따라서 완벽함에 대한 감성적 인지가 아름다움입니다. 볼프는 아름다움이 우리 주위에 있는 사물의 객관적 특징과 관련되지만 아름다움에 대한 의견은 개인의 감성에 따라 상대적이라고 말해요.

프랑스 고전주의

계몽주의 시대 프랑스에서 아름다움에 대한 생각은 데카르트의 (하나의 원리를 세우기 위해서 앞서 존재한 지식에서 지식으로 이끌어내는) 물리적 우주 모델에 영향을 많이 받았습니다. 프랑스 고전주의도 독일 합리론처럼 아름다움이 진리라는 고전적 원칙을 밑바탕으로 삼았어요. 프랑스 철학자들에게 진리는 객관적이고 합리적인 질서였습니다. 그들은 예술을 이상적 상태에 있는 자연을 모방하는 것이라 여겼지요. 프랑스 고전주의에서 미학은 자연과학을 본뜹니다. 프랑스 고전주의 철학자들은 데카르트 모델이 그랬던 것처럼 보편적 원리를 찾아 미학에 체계를 세우고자 했어요.

주관주의와 경험론

미학의 기반은 독일과 프랑스에서 만들어졌지만 계몽주의 시대의 가장 중요한 미학 관련 저작은 영국과 스코틀랜드에서 나왔습니다. 주관주의와 경험론을 통해 미학의 이해는 관람자의 아름다움에 대한 이해로 옮겨갔어요. 아름다움에 대한 경험과 반응 모두 그러한 이해를 통해 검토됩니다.

이 시대의 대표 인물 중 하나인 섀프츠베리 경은 아름다움이 진리라는 고전적 원칙에 동의했어요. 하지만 그는 이 진리가 개인이 파악할 수 있는 합리적이고 객관적인 질서라고는 생각하지 않았어요. 섀프츠베리 경에게 미학에 대한 반응은 이기적이지 않고 사심 없는 쾌락입니다. 이 말은 자기 이익을 끌어올리는 방법에 관한 생각에서 벗어나 있다는 뜻이에요(이 게시가 같은 관념에 바탕을 둔 윤리학 이론으로 나아가는 길을 다집니다). 그는 아름다움이 인간 정신에서 벗어난 조화의 한 유형이라고 봤습니다. 아름다움에 대한 우리의 직접적 이해는 그 조화에 참여하는 것이죠.

섀프츠베리 경 ✦ 영국 계몽주의 시대의 철학자이자 정치가. 본명은 앤서니 애슐리 쿠퍼로, 제3대 섀프츠베리 백작이다. 윤리학, 미학, 종교를 연구했다.

섀프츠베리 경은 아름다움에 대한 반응으로 관심을 옮겼고 이러한 반응이 인간을 자기 이익에 연연하지 않게끔 도덕적으로 끌어올린다고 생각했어요. 그는 아름다움의 요건에서 아름다움에 대한 인간 본성의 행동으로 옮겨감으로써 미학을 아름다움, 도덕성, 윤리학과 연결하고 계몽주의와 연계된 인간 본성에 대한 관심을 더욱 발전시켰습니다.

계몽주의 시대 후기에 등장한 이마누엘 칸트나 데이비드 흄 같은 철학자들은 경험론 개념, 그리고 특히 상상의 역할과 관련된 주체성 개념에 크게 이바지했어요.

정치, 윤리, 종교

계몽주의는 아마도 정치에서 가장 의미심장한 성취를 이뤄냈다고 할 수 있습니다. 이 시기에 영국의 명예혁명, 미국의 독립혁명, 프랑스혁명까지 무려 세 개의 혁명이 일어났어요. 계몽주의 철학자들은 인간 본성에 대한 생각에 초점을 맞추기 시작

〈독립선언서〉(1819) ◆ 18세기 중엽, 북아메리카의 13개 식민지가 영국으로부터 독립해 미국을 건국한 미국 독립혁명이 일어난다. 혁명을 주도한 미국 건국의 아버지들은 유럽 계몽주의 철학자들의 저작에 큰 영향을 받았다.

〈민중을 이끄는 자유의 여신〉(1830) ◆ 18세기 후반, 프랑스의 절대왕정 체제에 반기를 든 민중이 프랑스혁명을 일으켰다. 장자크 루소, 볼테르 등 계몽 사상가들이 절대왕정 체제를 비판하면서 합리적인 사회제도에 대한 열망이 커졌고, 미국 독립혁명 또한 자유의식을 고취하는 데 영향을 주면서 혁명의 원동력이 되었다.

했고 교회와 왕정이 세워둔 기존의 진리에 비판적인 태도를 취했죠. 그러므로 사회정치적 분위기는 면밀히 검토할 대상이었습니다.

혁명에 동조하는 이들은 사회정치적 권위가 종교적 신화와 모호한 전통을 바탕으로 하고 있다고 생각했어요. 이들은 자유, 평등, 인권 관념을 널리 퍼뜨리며 적법한 정치체제가 필요하다고 강조했습니다. 철학자들은 정부를 비판하는 데 그치지 않고, 정부가 '마땅히' 취해야 할 모습에 대한 이론들을 세웠습니다. 우리는 이러한 정부론들에서 사람들이 종교의 자유나 상호 견제와 균형이 가능한 정부 체제에 대한 생각을 받아들이기 시작했다는 것을 알 수 있습니다. 이 시기에 가장 영향력 있는 정치철학자를 꼽으라면 존 로크와 토머스 홉스를 들 수 있겠죠.

정치와 사회를 바라보는 시선이 변하기 시작하자 윤리와 종교에 대한 시선도 달라졌습니다. 산업화와 도시화 그리고 종교를 명분 삼은 잔인한 전쟁을 겪으면서 사람들은(그리고 누구보다 철학자들은) 행복, 도덕, 종교 이면의 동기들에 의문을 품기 시작했어요. 이제 그들은 신과의 합일이나 종교적 가르침에 바탕을 둔 선행에서 행복을 찾는 대신, 인간 본성에 주목하고 이러한 질문을 던졌습니다. 무엇이 이 세상에서의 삶을 행복하게 할까요?

계몽주의 철학자들은 종교가 미신, 초자연주의, 광신을 스스로 지워내고 좀 더 합리적인 모양새를 지향하기를 바랐습니다. 가톨릭교회에 대한 분노는 점점 커져갔고 프로테스탄티즘은 상승세를 탔습니다. 종교에 대한 이 시대의 태도는 크게 네 갈래로 나뉘어요.

1. **무신론:** 드니 디드로는 인간이 자연의 질서를 발견하기 위해서
는 초자연적 존재를 바라볼 것이 아니라 인간 자신의 본성적 과
정을 들여다보아야 한다고 했습니다. 계몽주의 시대에 무신론
은 그 어느 나라보다 프랑스에서 팽배했어요.

2. **이신론:** 우주를 처음부터 계획대로 창조하고 다스리는 지고의
존재가 있다는 믿음입니다. 그런데 이 존재는 일단 창조된 세상
에 더 이상 관여하지 않아요. 이신론은 계몽주의와 가장 가깝고
당대에 가장 일반적인 종교 사상이었습니다. 이 사상은 기적이
나 특별계시 개념을 거부하고 자연의 빛이야말로 지고의 존재
에 대한 가장 진실한 증거라고 봤어요. 이신론은 또한 예수 그
리스도의 신성을 부정하고 예수를 탁월한 도덕적 스승과 같은
존재로 여깁니다. 이신론은 신이 세계의 질서를 창조했다는 믿
음을 통해 자연과학에서 새로운 발견을 할 수 있게 해주었어요.

3. **마음의 종교:** 이신론에서 믿는 신은 지나치게 합리주의적이고
인류의 끝없는 투쟁을 나 몰라라 하는 감이 있습니다(따라서 종
교 본래의 목적을 감당하지 못하죠). 철학자 장자크 루소와 섀프츠
베리 경은 인간의 감정에 바탕을 둔 종교를 지지했습니다. 여기
서 말하는 마음의 종교는 때때로 이신론과 같다고 여겨지지만
'인위적인 숭배 예식'이나 형이상학적인 기반에 연연하지 않는
'자연스러운' 종교입니다. 그 대신, 인간의 자연스러운 감정에
중점을 두지요.

4. **신앙주의:** 계몽주의 시대가 낳은 종교 관련 저작을 단 한 권만

꼽으라면 데이비드 흄의 『자연종교에 관한 대화』(1779)를 들 수 있을 거예요. 저자 사후에 출간된 이 책에서 (무신론자였던) 흄은 인간의 실존과 이성이 존재하기 때문에 세상이 지고의 존재에 의해 창조되고 설계되었을 것이라는 추정을 비판합니다. 신앙주의는 종교적 믿음이 지극히 '자연스러운' 것이기 때문에 아무리 합리적인 비판도 종교적 믿음을 제거할 수는 없다고 말해요. 기본적으로, 신앙주의에 따르면 종교적 믿음에 이유는 필요치 않아요. 단지 신앙이 필요할 뿐이죠. 신앙주의의 일부 형태는 종교적 믿음이 이성과 부딪치거나 갈등을 일으킬지라도 정당할 수 있다고 주장합니다.

계몽주의는 고대 그리스의 전통과 기존 사상을 거부하고 인간의 이성과 지식을 강조함으로써 사람들이 철학, 과학, 정치, 사회 전체를 바라보는 시선을, 나아가 서양 철학의 풍경을 완전히 바꿔놓았습니다.

실존주의

이 세계를 살아가는 인간에 주목하라

#자유의지　#개인　#부조리

실존주의는 사상의 유파라기보다는 19세기에서 20세기까지의 철학 전반을 꿰뚫은 하나의 트렌드입니다. 이 시기 이전의 철학적 사유는 점점 더 복잡하고 추상적으로 발달해왔어요. 철학자들은 진리와 본성을 다루는 데 전념한 나머지 인간 존재의 중요성을 나 몰라라 하기 시작했죠.

하지만 19세기 쇠렌 키르케고르 Søren Kierkegaard와 프리드리히 니체를 비롯해 인간 경험에 새롭게 관심을 기울이는 철학자들이 나타났습니다. 실존주의 철학자들이라고 해서 다 같은 움직임을 보인 것은 아니지만(이들을 한데 묶는 '실존주의'라는 단어 자체가 20세기에 와서야 나타난 말이니까요), 그들의 공통 주제 가운데 하나는 철학이 이 세계를 살아가는 인간의 실존적 경험에 주목

쇠렌 키르케고르 ✦ 덴마크의 철학자. 실존주의 철학의 선구자로, 신앙에 의한 자기구제를 통한 종교적 실존을 최고의 삶의 태도라 여겼다.

해야 한다는 것이었어요. 달리 말하자면, 실존주의는 삶의 의미와 자기 자신의 발견을 추구하는 철학이에요.

실존주의의 공통 주제

철학자에 따라 실존주의적 사유도 크게 달라지지만 그럼에도 공통되는 여러 주제가 있습니다. 실존주의의 핵심 관념 가운데 하나는 삶의 의미와 자기 자신의 발견은 오직 자유의지, 즉 개인의 책임과 선택으로만 다다를 수 있다는 것이에요.

개인

실존주의는 인간으로서 존재한다는 것이 무슨 의미인지를 다룹니다. 실존주의자들은 인간이 이 우주에 던져진 존재이므로 궁극적 실재는 의식이 아니라 이 세계에 살아 있다는 것이라고 생각했어요. 인간은 독립적으로 생각하고 행동할 수 있는 개인이므로 그가 현재 살아가는 삶으로써 정의되어야 한다는 거죠. 개인만의 고유한 의식을 통해 가치관과 목적이 정해진다는 겁니다.

선택

실존주의 철학자들은 모든 인간에게 자유의지가 있다고 믿습니다. 자유의지가 있기 때문에 삶에서 선택들을 내릴 수 있다는 거예요. 사회 구조와 가치관이 인간을 지배할 수는 없다고 봅니다. 개인의 선택은 한 사람 한 사람에게 고유한 것으로, 외부의 힘이나 사회가 아니라 개인의 전망과 신념, 경험에 기반하지요. 사람들은 그러한 선택을 바탕으로 자기가 누구이고 무엇인지 발견하기 시작합니다. 부와 명예, 쾌락 같은 욕망들은 의미가 없어요. 그러한 욕망들이 좋은 삶을 살게 해주지 않기 때문입니다.

개인의 책임이라는 개념은 실존주의의 핵심 구성요소입니다. 결정을 내리는 건 순전히 개인에게 달린 일이지만 그러한 결정에는 나름의 결과와 스트레스가 따르게 마련이죠. 그렇지만 개인이 자신의 본성과 맞서 싸우는 바로 그런 순간에 그는 최선의 상태에 있습니다. 본질적으로, 우리가 살면서 내리는 선택들이 우리의 본성을 결정해요. 그리고 이 세상에는 부자연스럽고 비합리적인 것들이 많이 있습니다.

불안

실존주의자들은 우리의 실존과 본성에 관한 진실이 삶의 의미에 새로운 깨달음을 주는 순간들을 특히 강조했습니다. 이러한 실존적 위기의 순간들은 불안, 고뇌, 황량한 기분을 불러일으켜요. 그러한 순간들은 우리 모두가 누리는 자유와 독립적 책임의 결과입니다.

인간은 이 세상에 난데없이 던져진 존재이기 때문에 우리의 실존에는 모종의 무의미가 있습니다. 우리의 자유는 우리가 미래를 확신할 수 없다는 뜻이고, 우리의 삶은 우리가 내리는 선택들로 만들어지지요. 우리는 우리를 둘러싼 우주를 이해한다

고 믿기 때문에 그 이해와 다른 이
야기를 접하면 실존적 위기를 겪습
니다. 그러한 위기는 우리 삶의 면
면을 다시 평가하지 않을 수 없게
끔 몰고 가요. 의미와 가치를 가질
수 있는 유일한 방법은 선택을 내
리고 책임을 지는 것뿐입니다.

진정성

진정성 있는 인간이 된다는 것은
자신의 자유의지와 참다운 조화를

〈절규〉(1893) ◆ 에드바르 뭉크와
같은 유럽 표현주의 화가들은 밝고
격렬한 색채와 거칠게 휘갈긴 자국
등으로 실존주의의 불안과 혼란을
포착했다.

이루는 것입니다. 실존주의에서 진정성이라는 개념은 자기 자
신과 화합에 다다르고 그에 따라 살아간다는 의미로 통해요. 누
군가는 자신의 배경이나 개인사가 의사결정 과정에 영향을 미
치지 못하게 하면서 자기 정체성과 화합해야 합니다. 자신의 가
치관에 맞는 선택을 해야만 하고 의사결정 과정에는 책임이 따
라야 하죠.

자신의 자유와 균형을 이루지 못하고 사는 사람은 진정성이
없습니다. 진정성 없는 경험을 하기 때문에 사람들은 결정론 같
은 관념을 받아들이거나, 선택에 의미가 없다고 믿거나, 자신이
내린 선택을 납득하기 위해 '해야만 하는' 행동을 하는 거죠.

부조리

부조리는 실존주의 하면 떠오르는 가장 유명한 개념 가운데 하나입니다. 실존주의에서 곧잘 나오는 주장이, 삶에는 이유가 없고 자연에는 설계가 없다는 거예요. 과학과 형이상학이 자연 세계를 이해할 수 있게 해준다지만, 정말로 설명해준다기보다는 상세하게 기술할 뿐이고 의미나 가치에 대한 통찰을 주지는 않지요. 실존주의는 우리가 인간으로서 이 사실을 받아들이고 세계를 이해하는 능력에 다다를 수는 없다는 걸 깨달아야 한다고 봐요. 세계는 우리가 부여하는 의미 외에 다른 의미란 없습니다.

게다가 개인의 선택은 이성에 기반을 둡니다. 그렇지만 인간이 의미를 정말로 온전히 이해할 수는 없으므로 추론은 부조리하고, 스스로 선택하면서 살아나가겠다는 결심도 마찬가지로 부조리하죠.

종교와 실존주의

그리스도교와 유대교 철학자들이 실존주의적인 주제들을 다루긴 했지만 실존주의는 전반적으로 무신론과 연결되어 있어요. 그렇다고 해서 무신론자가 반드시 실존주의자인 것은 아닙니다. 그보다는 실존주의적인 생각에 공감하는 이들이 무신론자인 경우가 많죠.

왜 그런 걸까요? 실존주의는 신이 있는지 없는지를 증명하려 하지 않아. 다만, 실존주의의 주요 관념과 주제는(가령, 완전한 자유라든가) 전지전능하며 모든 곳에 존재하고 모두에게 자비를 베푸는 존재 개념과 그냥 잘 맞지 않습니다. 더 높은 존재를 믿는 실존주의자들조차도 종교가 미덥지 않다는 데는 동의하죠.

실존주의는 인간들에게 자기 안에서부터 의미와 목적을 찾고 발견하라고 권하는데, 인간을 지배하는 외부의 힘을 믿는다면 그럴 수가 없을 테니까요.

Free will

자유의지

우리는 자유롭게 행동할 수 있는가?

#약한결정론 #결정론 #책임

자유의지를 논할 때 철학자들은 이 두 가지에 주목합니다.

1. 자유롭게 선택한다는 것은 무슨 뜻인가?
2. 그러한 결정의 도덕적 함의는 무엇인가?

그런데 이 두 가지 질문을 살펴보다 보면 더 많은 질문이 떠오릅니다. 철학자들은 이 질문들에 답하기 위해서 다양한 접근을 시도했어요.

양립론과 비양립론

양립론(혹은 약한 결정론)을 믿는 사람들은 인간에게 자유의지가 있지만 이 자유의지는 결정론과 동시에 성립할 수 있다고 생각합니다. 이 결정론은 인과적이에요. 그리고 철학은 어떤 것도 우연이 아니라고 보기 때문에 일어나는 모든 일은 그전에 일어났던 일의 결과이죠. 여러분에 대한 모든 것, 여러분이 하는 모든 일도 예외가 아니에요.

양립론에 따르면, 인간은 어떤 제약에서 벗어날 때 (자유의지를 가진) 행위 주체입니다. 결정론과 양립론 모두 개인의 인격과 성격이 개인이 어찌할 수 없는 방식으로(유전, 양육 등에 따라) 결정된다고 봐요. 하지만 양립론에서는 이 제약들의 존재가 개인이 자유의지를 갖지 못하게 하지는 않습니다. 양립론이 결정된 제약들을 제거하는 것은 아니기 때문이죠.

양립론에서 정의한 자유의지에 따르면, 인간은 자신의 기질에 따라 가능한 범위 안에서 자기가 어떻게 행동할지 자유롭게 선택할 수 있습니다

하지만 양립론 안에서 결정론이 제약으로 작용하지 않는다면 무엇이 제약일까요? 여기서 제약은 어떤 종류의 외적 강제입니다. 그러므로 자유의지는 행동의 자유로 정의돼요. 개인이 외부의 힘에서 벗어나 스스로 선택을 내릴 수 있는 한(설령 그 선택도 결정된 것이라 해도), 그는 자유의지가 있는 것입니다.

한편, 양립론을 믿지 않는 사람들도 있어요. 비양립론을 믿는 사람은 결정론 자체가 자유의지 개념과 동시에 성립할 수 없다고 주장합니다. 가령, 어떤 이의 선택이 모두 결정된 것이라면 어떻게 그에게 자유의지가 있다고 말할 수 있을까요?

비양립론은 자유의지가 존재한다든가 존재하지 않는다고 말하지 않습니다. 사실, 비양립론은 세 가지 유형으로 나눌 수 있어요.

1. **강한 결정론:** 자유의지의 존재를 아예 부정합니다.
2. **형이상학적 자유의지론:** 자유의지는 존재한다고 보고 양립론의 존재를 부정합니다.
3. **염세주의적 비양립론:** 자유의지와 양립론 가운데 어느 것도 참이 아니라고 봅니다.

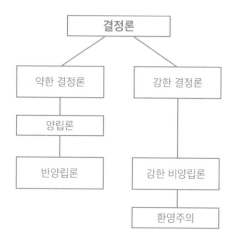

위의 표는 양립론과 비양립론의 몇 가지 갈래를 보여줍니다.

- **반양립론:** 결정론이 도덕적 책임과 양립할 수 있다고 봅니다.
- **강한 비양립론:** 도덕적 책임과 자유의지는 결정론과 절대로 양립할 수 없다고 봅니다.
- **환영주의:** 자유의지는 착각 혹은 환영에 불과하다고 봅니다.

결정론을 부정하는 비양립론자들은 (정신적·생물학적·물리적)

무작위 사건이 세계에서 일어난다는 것을 받아들입니다. 따라서 무작위성과 우연성은 존재해요. 이로써 (결정론에서의 예정된 미래와는 대립되는) 예측 불가능한 미래의 연쇄가 만들어지지요.

비양립론의 또 다른 형태인 형이상학적 자유의지론은 인과성의 네 갈래에서 비롯됩니다.

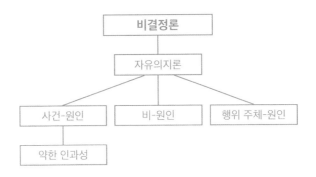

위 표는 다음과 같은 선택지를 보여주지요.

- **사건-원인 자유의지론:** 어떤 사건은 이전 사건으로 예측할 수 없으며 원인이 없다고 봅니다.
- **약한 인과성:** 사건의 대부분은 결정되지만 어떤 사건은 예측할 수 없다고 봅니다.
- **행위 주체-원인 자유의지론:** 과거의 사건이나 자연법칙으로 결정되지 않는 새로운 인과의 연쇄가 발생할 수 있다고 봅니다.
- **비-원인 자유의지론:** 결정을 내리는 데 원인이 필요하지는 않다고 생각합니다. 양립론을 믿는 사람들은 인간이 제약에서 벗어

나 있을 때는 자유로운 행위 주체일 수 있고(자유의지가 있고) 개인의 인격과 성격이 개인이 어찌할 수 없는 방식으로(유전, 양육 등에 따라) 결정된다고 생각하는 반면, 비양립론자들은 결정론이 자유의지를 통해 어떤 역할을 한다고 보지 않고 (정신적·생물학적·물리적) 무작위 사건과 우연이 세계에 일어나게 마련이라고 생각합니다.

책임

자유의지를 논할 때 반드시 따라 나오는 문제가 책임입니다. 특히, 그냥 책임과 도덕적 책임은 달라요. 책임은 과업이나 임무를 맡고 그에 따른 결과를 받아들이는 것이지요. 예를 들어, 직장에서 강연회를 마련하는 일을 맡는다면 그 강연회가 성공하든 실패하든 결과에 책임을 져야 할 것입니다. 이것이 일반적인 의미의 책임이에요. 한편, 도덕적 책임은 개인의 도덕률에 근거한 책임입니다. 강연회 날, 대규모 폭설과 폭풍이 일어나 연사 중 아무도 강연장에 도착하지 못했다면, 여러분은 강연회 결과에 책임이 있습니다. 그러나 강연회가 실패했다고 해서 여러분에게 도덕적 책임이 있을까요?

실제로 사람들은 자기가 한 행동에 책임을 '느끼는' 듯 보입니다. 하지만 왜 그럴까요? 사람의 행동이 사건들로 결정된다면, 다시 말해 행동이 사건의 결과이고 탄생 전부터 계획된 것이라면 사람이 왜 행동에 책임을 느끼는 것이냐고 자유의지론자들은 묻습니다. 마찬가지로, 행동이 완전히 무작위적이고 순전히 우연으로 정해진다면 사람이 왜 행동에 책임을 느끼는 것이냐고 결정론자들 역시 물을 거예요. 이 질문들은 자유의지에 반박하는 표준 논증을 만들어냅니다.

하지만 인간은 자기 행동에 책임을 느낍니다. 그러므로 어떤 사람이 자기 행동에 책임이 있다면 우리 안의 어떤 것이 책임을 불러왔다는 뜻이지요. 그러므로 '책임의 전제조건은 자유의지'이지 그 반대가 아닙니다. 게다가 '도덕적 책임의 전제조건은 책임'이지 그 반대가 아니에요. 책임을 갖기 위해 도덕적 책임이 필요하지는 않지만, 도덕적 책임을 갖기 위해서는 책임이 필요합니다.

자유의지의 요건

자유의지의 요건은 이상적으로 자유의지론과 결정론을 모두 만족시켜야 합니다. 자유가 생겨나기 위해 필요한 예측 불가능성을 허용하고, 도덕적 책임이 생겨나기 위해 필요한 인과성을 허용하기 때문입니다. 우리는 여기서 '자유'와 '의지'가 만나는 것을 봅니다.

무작위성 요건

무작위성 혹은 자유 요건은 비결정론이 참이고 우연은 존재한다고 말합니다. 행동은 예측 불가능한 것으로, 외부 사건에

의해 일어난다기보다는 오히려 우리로 인해 일어나죠. 자유의
지가 존재하려면 대안적 가능성들이 있어야 합니다. 또한 행동
이 일어난 후에 그것과는 다른 방식의 행동도 가능했을 것이라
는 생각이 있을 수 있어야 해요. 그러므로 무작위성 요건에 따
르면 사람들은 새로운 인과 연쇄를 만들어내고 거기서 새로운
정보도 생산됩니다.

결정론 요건

결정론 혹은 의지 요건은 적절한 결정론(통계적 예측을 가능하
게 하는 결정론)은 참일 수밖에 없고, 우연이 직접 일으키는 행동
은 없다고 봅니다. 게다가 사람의 의지 역시 적절하게 결정된
것이고, 행동은 개인의 의지에 따라 인과적으로 결정되어야만
하죠.

도덕적 책임 요건

도덕적 책임 요건은 무작위성 요건과 결정론 요건이 조합된
결과입니다. 인간에게는 다른 행동을 할 가능성이 있기 때문에
어떤 행동에 대해 도덕적으로 책임이 있습니다. 우리는 어떠한
행동을 하지 않을 수도 있었어요. 행동은 우리로 인해 일어나고
개인의 의지에 따라 인과적으로 결정되기 때문입니다. 자유의
지는 우리 모두에게 영향을 미치는 사안이에요. 우리는 어떤 결
정을 내릴 때 정말로 자유로운가요? 우리의 결정에서 비롯되는
결과는 무엇인가요?

Hard determinism

강한 결정론

우리에게 자유는 없다

#자유의지 #선택 #결정

강한 결정론은 모든 사건에는 원인이 있으므로 인간의 모든 행동은 결정된 것이고 자유의지에 따른 선택은 존재하지 않는다고 보는 철학 이론입니다. 원인 없이는 어떤 것도 일어나지 않는다는 강한 결정론자들의 주장은 언뜻 합리적으로 보이지만 어떤 사람도 자유롭게 행동하지 않는다는 그들의 결론은 철학계에 뜨거운 논쟁을 낳았어요.

자유의지와 결정론의 네 가지 원리

강한 결정론을 이해하기 위해서는 자유의지와 결정론에 대한 논의에 관계된 네 가지 원리를 먼저 살펴보아야 합니다.

1. **보편 인과의 원리**: 모든 사건에는 원인이 있습니다. 'X가 Y를 일으킨다'가 참이고 X, Y가 사건들이며 X는 Y에 선행한다고 해보죠. 그렇다면 X가 일어나면 그 결과로 Y가 일어날 것입니다.

〈운명의 세 여신〉(16세기) ◆ 그리스 신화 속 인간의 운명을 관장하는 세 여신. 그리스 신화의 숙명론적 세계관은 자유의지를 인정하지 않는다는 점에서 결정론과 비슷하지만, 결정론은 사건들의 인과관계에 따른다는 점에서 숙명론과 다르다.

2. **자유의지 테제:** 이 원리에 따르면 사람들은 때때로 자유롭게 행동합니다.

3. **회피 가능성과 자유의 원리:** 어떤 사람이 자유롭게 행동한다면 그는 실제로 한 행동이 아닌 다른 행동을 할 수 있었을 거예요. 그렇지만 누구도 실제로 한 행동 외의 다른 행동은 하지 않았죠. 따라서 아무도 자유롭게 행동하지 않습니다.

4. **보조 원리:** 이 원리는 모든 사건에 원인이 있다면 누구도 실제로 한 행동 외의 다른 행동을 할 수 없다고 주장합니다. 따라서 어떤 사람이 때때로 실제로 한 행동 외의 다른 행동을 할 수 있었다면 어떤 사건은 원인이 없다고 할 수 있습니다.

네 가지 원리 모두 직관적으로 개연성이 있고 각 원리에 신빙성을 더하는 예도 마련되어 있습니다. 하지만 궁극적으로 이 네 원리는 동시에 따로 성립할 수 없어요. 즉, 네 원리 모두 참일 수는 없다는 말이죠. 따라서 이후에는 어느 원리가 참이고 어느 원리가 거짓인지 따지는 철학적 논쟁이 벌어졌습니다.

강한 결정론은 보편 인과의 원리, 회피 가능성과 자유의 원리, 보조 원리를 채택하고 자유의지 테제를 거짓으로 규정함으로써 이 원리들의 양립 불가능성을 해결합니다.

- **전제 1:** 모든 사건은 원인이 있습니다(보편 인과의 원리).
- **전제 2:** 모든 사건에 원인이 있다면 누구도 실제로 한 행동 외의 다른 행동을 할 수 없습니다(보조 원리).
- **전제 3:** 누구도 실제로 한 행동 외의 다른 행동을 할 수 없다면

아무도 자유롭게 행동할 수 없습니다(회피 가능성과 자유의 원리).

- 그러므로 아무도 자유롭게 행동하지 않습니다(자유의지 이론의 부정).

전제 1은 결정론의 테제입니다. 모든 사건은 인과법칙에 속해 있습니다. 이 전제의 근거는 상식에 대한 호소예요. 사실, '원인 없는' 사건은 상상하기도 어렵기 때문이죠. 전제 2는 인과성을 정의합니다. 어떤 사건의 원인이 발생했다면 그 사건은 일어나야 하죠. 전제 3은 단순히 '자유롭다'는 것이 무슨 뜻인지 진술합니다. 어떤 행동이 반드시 일어나야 한다면 그 행동을 한 사람은 선택을 했다고 볼 수 없으므로 자유롭게 행동한 것이 아닙니다.

강한 결정론에 대한 반론

강한 결정론을 반박하는 논증도 여럿 있습니다.

선택에 근거한 논증

강한 결정론을 반박하는 논증 가운데 하나는 '선택에 근거한 논증'입니다.

- **전제 1:** 때때로 우리는 우리가 선택한 대로 행동합니다.
- **전제 2:** 때때로 우리가 우리 스스로 선택한 대로 행동한다면 우

리는 때때로 자유롭게 행동하는 것입니다.

- **전제 3**: 우리가 때때로 자유롭게 행동한다면 강한 결정론은 거짓입니다.
- 그러므로, 강한 결정론은 거짓입니다.

전제 1은 선택을 하나의 결정 혹은 심리적 사건으로 정의하고 단순 관찰을 근거로 제시합니다. 우리는 사람들이 선택을 하는 모습을 매일같이 보지요. 무슨 옷을 입을지, 무슨 음식을 먹을지, 몇 시에 일어날지 늘 선택하며 살아가지 않나요? 전제 2는 '자유롭게 행동하다'를 '우리가 선택한 행동을 하다'로 정의합니다. 어떤 사람이 뭔가를 하기로 선택했다면 그가 선택을 했다는 사실 자체가 그가 자유롭게 행동했음을 뜻하는 거죠. 전제 3은 강한 결정론을 부정합니다.

'선택에 근거한 논증'은 타당한 논증이기 때문에 강한 결정론에 대한 확고한 반론처럼 보입니다. 그렇지만 '자유롭게 행동하다'의 정의를 더 깊게 분석해 들어가면 논증이 불안정하다는 것을 알 수 있어요. '선택에 근거한 논증'은 사건들이 원인에 의해 일어난다는 점을 부정하지 않기 때문에 이 논증에 포함되는 모든 주장은 인과법칙에 속해 있습니다. 이 점을 염두에 두고 논증을 다시 살펴보면 전제 1에서 전제 2로의 엄청난 비약에 문제가 있다는 게 뚜렷하게 보여요.

사실 사람들은 삶의 여러 면에서 선택을 하며 살아가는 것처럼 보이지만 그렇다고 그들이 자유롭게 행동한다는 판단이 바로 따라 나오지는 않습니다. 선택도 원인이 있는 사건이에요.

따라서 어떤 사람이 어떤 식으로 행동하기로 선택했더라도 그 선택 자체가 행동의 유일한 원인, 첫째가는 원인은 아니죠. 오히려 그 행동을 일으킨 수많은 조건 가운데 하나인 최종 사건으로 봐야 하지 않을까요. 어떤 사람이 붉은색 셔츠를 입기로 했다면 이 선택 자체가 인과관계에 따라 결정된 것입니다. 선택의 원인들은 비록 '내면적이고 눈에 보이지 않으며' 때로는 자각조차 할 수 없지만 분명히 존재해요. 인간의 뇌는 정확히 반응해야 하는 방식대로 반응하게 되어 있지요. 그러니 뇌가 만들어내는 선택 역시 결정된 사건인 셈입니다. 철학자 파울 레에 따르면 붉은 셔츠를 입기로 선택한 사람은 "이력을 한없이 거슬러 올라가 추적할 수 있는 원인들" 때문에 그런 선택을 한 것입니다. 본인은 자기가 다른 선택을 할 수도 있었을 거라 생각하지만 그 선택 또한 어디까지나 조건 혹은 원인들의 다른(아마도 아주 살짝 다를 뿐일) 조합에 따른 일이에요. 따라서, 선택도 원인이 있는 사건이기 때문에 미리 결정된 것이고 반드시 일어나야 하는 것입니다. 선택도 일어나야 했던 일이라면 자유의지에 따른 행동은 아니죠.

충동 저항에 근거한 논증

강한 결정론에 맞서는 두 번째 논증은 '충동 저항에 근거한 논증'입니다.

- **전제 1:** 때때로 우리는 우리의 감정에 저항합니다.
- **전제 2:** 우리가 때때로 우리 감정에 저항한다면 우리는 때때로

자유롭게 행동하는 것입니다.

● **전제 3**: 우리가 때때로 자유롭게 행동한다면 강한 결정론은 거짓입니다.

● 그러므로, 강한 결정론은 거짓입니다.

전제 1은 단순한 관찰입니다. 사람에게는 누구를 죽이고 싶다거나 불륜을 저지르고 싶다거나 아무렇게나 운전을 하고 싶다는 욕망 혹은 감정이 있을 수 있어요. 그렇지만 사람들은 그런 행동을 저지르지 않게끔 자기 자신을 다잡을 수 있지요. 전제 2는 '자유롭게 행동하다'의 정의를 제시합니다. 어떤 사람이 자신의 감정에 넘어가지 않고 행동하기를 선택한다면 자유롭게 행동한 것입니다. 이 전제는 감정에 저항함으로써 인간이 끝없는 원인들의 이력을 피해서 궁극적으로 자유롭게 행동할 수 있다고 제안합니다. 전제 3은 강한 결정론의 부정입니다.

'충동 저항에 근거한 논증'은 '선택에 근거한 논증'과 마찬가지로 사건들이 원인에 따라 일어난다는 점을 부정하지 않기 때문에 유효하지만 불안정해요. 이 논증에 대한 강력한 반박은 전제 2를 부정하는 것입니다. 비록 우리가 때때로 우리 감정에 저항한다고 해도 그것이 우리가 자유롭게 행동한다는 의미가 되지는 않아요. 가령, 어떤 사람이 누군가를 죽여버리고 싶은 욕망에 저항할지라도, 살인에 원인이 있듯이 살인을 저지르지 않는 사태에도 원인은 있을 겁니다. 그러므로 살인을 저지르고 싶은 욕망에 저항한 사람은 다른 욕망 때문에 그랬을 수 있어요. 이를테면 처벌받고 싶지 않은 욕망, 상대의 팔자를 불쌍히 여기는 감정 등이 그러한 결과를 낳았을 테죠. 사람이 자신의 모든 충동에 저항할 수는 없습니다. 따라서 '충동 저항에 근거한 논증'이 제시하는 '자유의지'의 정의에 따르면 사람은 결코 자유롭게 행동하지 않아요. 게다가 저항도 인과법칙에 속해 있기는 마찬가지이지요. 감정에 대한 저항은 살인을 저지르지 않은 원인만이 아니에요. 이것도 사건이고, 다른 원인의 결과입니다. 어떤 사람이 살인 충동에 저항했다면 그렇게 저항하기로 미리 결정된 것이고, 다른 방식으로 행동할 수는 없을 거예요. 결과적으로 충동에 저항한다고 해서 인간이 인과법칙에서 해방되는 것은 아닙니다.

도덕적 책임에 근거한 논증

강한 결정론을 반박하는 또 다른 논증 하나는 '도덕적 책임에 근거한 논증'입니다.

- **전제 1:** 때때로 우리는 우리 행동에 도덕적 책임을 집니다.
- **전제 2:** 때때로 우리가 우리 행동에 도덕적 책임을 진다면 우리는 때때로 자유롭게 행동하는 것입니다.
- **전제 3:** 우리가 때때로 자유롭게 행동한다면 강한 결정론은 거짓입니다.
- 그러므로, 강한 결정론은 거짓입니다.

이 논증은 도덕적 책임을 이런 식으로 정의합니다. X가 A라는 행동을 해서 칭찬 혹은 비난을 받을 만하다면, X는 A에 도덕적으로 책임이 있습니다. 전제 1은 단순 관찰이지요. 이 전제는 어떤 사람이 살인을 저지른다면 그는 비난이나 처벌을 받아야 한다는 상식에 호소합니다. 반대로 어떤 사람이 타인의 목숨을 구했다면 그는 칭찬을 받는 것이 상식이지요. 전제 2는 '자유롭게 행동하다'를 정의합니다. 어떤 사람이 자기가 한 행동에 대해 칭찬 혹은 비난을 받을 만하다면 그 행동은 본인의 자유로운 선택에 따른 것이어야 합니다. 그 사람이 자유롭게 행동한 것이 아니라면 칭찬 혹은 비난을 받아서는 안 되겠죠.

앞의 두 논증과 마찬가지로 '도덕적 책임에 근거한 논증'은 타당하지만 불안정합니다. 이 논증은 어떤 행동이 칭찬 혹은 비난을 '받을 만하다면' 행동의 당사자가 유일한 원인이어야 한다고 전제해요. 달리 말하자면 강요에 따른 친절을 베풀었다면 칭찬을 받을 만하지 않고, 강요에 따른 폭력을 휘둘렀다면 그 또한 비난을 받을 만하지 않죠. 당사자의 의지가 사건의 유일한 원인은 아닙니다.

이 논증의 가장 큰 문제는 첫 번째 전제에 있어요. 행동을 보고 사람을 칭찬하거나 비난하는 것이 마땅한 상황이 있긴 하지만, 그것이 실제로 사람이 자기 행동에 도덕적으로 책임을 지는 경우는 아닙니다. 어떤 사람이 살인을 저질렀다면 그런 선택을 할 수밖에 없었기 때문입니다. 살인은 원인이 있는 사건, 반드시 일어났을 사건이에요. 그런데 살인이 반드시 일어났을 사건이라면 살인 때문에 칭찬이나 비난을 받아서는 안 되겠죠. 따라서 도덕적 책임에 근거한 논증을 확고하게 세우려면 원인이 없는 사건도 있다고 주장해야 할 텐데, 그러한 주장은 상식에 어굿납니다.

많은 철학자가 오늘날의 사법 체계의 의미를 강조함으로써 전제 1을 배제할 수 없음을 주장했어요. 그들은 만약 도덕적 책임의 존재를 부정한다면 처벌을 정당화할 수 없으며 감옥이나 유치장은 전부 사라져야 할 거라고 했죠. 하지만 강한 결정론자는 이 결론이 지나치게 성급하다고 봐요. 도덕적 책임이 존재하지 않는다고 해도 처벌을 정당화할 만한 다른 근거는 충분히 있습니다. 가령, 교도소는 안전을 예방하고 폭력을 억제하며 범죄자의 갱생을 도모하기 위해, 또한 피해자의 슬픔을 달래기 위해 존재할 가치가 있어요. 교도소가 폭력을 억제할 수 있다는 믿음이 교도소의 존재라는 결과의 원인인 것이죠. 살인을 저지르고 교도소에 가지 않도록 막는 조건들에 따라서, 그러한 벌을 받고 싶지 않은 마음은 하나의 사건일 수 있습니다.

강한 결정론은 그 어떤 것도 원인 없이는 일어나지 않고 어떤 행동도 인과법칙에서 자유롭지 않다고 주장해요. 이 이론에 이의를 제기하는 논증들은 많지만 강한 결정론이 틀렸음을 보여주기에는 결과적으로 부족합니다.

유머의 철학
웃음에 대한 진지한 고찰

#웃음 #유머 #부조화

유머에 주목한 철학자들은 유머의 기능, 유머가 인간관계를 나아지게 하거나 나빠지게 만드는 방식, 유머의 요건 등을 설명하고자 했습니다. 전통적으로는 유머를 얕잡아 보는 철학자가 많았어요. 플라톤은 웃음이 인간의 이성적 자제를 방해하는 감정이라고까지 말했죠. 그는 웃음이 사악하다고 했고, 희극을 즐기는 것은 일종의 경멸이라고 했어요. 플라톤의 이상국가에서 유머는 엄격한 통제하에 놓입니다. 수호자 계급은 웃음을 삼가야 해요. "희극을 만드는 자"가 시민들을 정신없이 웃게 만들어서도 안 됩니다.

유머와 웃음에 대한 플라톤의 입장은 그리스도교 사상가들이 물려받았고 이후 유럽 철학자들에게까지 이어졌습니다. 웃음은 성경에 곧잘 적대감의 표현으로 나타나고, 수도원에서는 웃음을 금기시했어요. 중세에 사유가 개혁되었어도 유머에 대한 시각은 그대로였습니다. 청교도는 웃음과 유머를 멸시했어요. 17세기에 청교도가 영국을 지배하자 희극은 아예 법으로 금지되기까지 합니다.

**〈데모크리토스, 웃는 철학자〉
(1630)** ✦ 플라톤과 동시대를
살았던 철학자 데모크리토스
는 유머와 웃음을 즐겨 '웃는
철학자'란 별명을 얻었다. 그는
엄숙한 강단 철학자들을 "바보
들만 삶에 대한 기쁨이 없다"
라고 비판했다.

유머 이론

　우리는 희극과 웃음에 대한 생각을 서양 철학의 주요 저작
들에서 찾아볼 수 있어요. 토머스 홉스는 『리바이어던』에서 인
간을 개인적이고 경쟁적인 존재로 규정하고, 우리가 웃음을 통
해 찡그린 얼굴로 우월성을 표현한다고 했어요. 마찬가지 맥락
에서 데카르트는 『정념론』에서 웃음을 경멸과 우스꽝스러움의
표현으로 여겼죠. 유머에 대한 몇 가지 주요한 생각을 정리하자
면 다음과 같습니다.

우월성 이론
　앞서 말했듯이 우월성 이론은 홉스와 데카르트의 저작에서

나왔습니다. 이 이론은 인간이 웃음으로 자신의 우월성을 드러낸다고 봐요. 이 우월성은 다른 사람들과 비교해서, 혹은 자신의 이전 상태와 비교해서 느끼는 것이지요.

18세기까지는 이러한 생각이 지배적이었지만 이후 프랜시스 허치슨Francis Hutcheson이 토머스 홉스의 생각을 비판하고 나섰습니다. 허치슨은 우월감이 웃음의 필요조건도 아니고 충분조건도 아니라고, 우월감

프랜시스 허치슨 ◆ 18세기 아일랜드의 철학자. 계몽주의의 선구자 중 하나로, 그의 저작은 애덤 스미스, 데이비드 흄에게 큰 영향을 미쳤다.

이 전혀 없는데도 웃음이 나는 경우는 얼마든지 있다고 지적해요. 가령, 우리는 무언가 특이한 비유적 표현을 접했을 때도 웃음을 터뜨릴 수 있지요.

또 다른 유머의 형태에서도 허치슨의 주장이 일리가 있음을 확인할 수 있습니다. 우리는 찰리 채플린이 아슬아슬한 곡예를 해내는 모습을 보고도 웃음을 터뜨리죠. 그렇게 웃을 때 우리 자신과 채플린을 비교하지도 않거니와, 설령 비교한다 해도 자기가 채플린보다 우월하다고 느끼지는 않습니다.

그리고 우리는 우리의 이전 상태를 떠올리지 않고도 우리 자신에 대해서 웃을 때가 있어요. 우월성 이론은 이러한 웃음을 설명하지 못하죠. 예를 들어, 어떤 사람이 안경을 계속 찾다가 자기가 이미 쓰고 있다는 것을 깨달았다면 그 상황은 충분히 웃을 만합니다. 그렇지만 이 웃음의 유형은 우월성 이론이 제시하

는 모델에 들어맞지 않습니다.

이완 이론

이완 이론이라고 알려진 새로운 이론이 18세기에 등장하면서 우월성 이론은 힘을 잃습니다. 이완 이론은 웃음이 신경계에 대해 마치 증기 보일러의 감압 밸브처럼 작용한다고 주장해요.

이완 이론은 1709년에 섀프츠베리 경의 『자유와 재치에 대한 에세이』에 처음 등장했습니다. 이 에세이는 유머를 재치에 대한 감각으로 처음 다루었다는 점에서 주목할 만해요.

이 시기에 과학자들은 뇌 신경이 감각기관이나 근육과 이어져 있다는 것을 발견했습니다, 그렇지만 그들은 신경이 (혈액이나 산소 비슷한) 액체나 기체를, 이른바 '동물적 정기animal spirits'를 전달한다고만 생각했어요. 섀프츠베리 경은 『자유와 재치에 대한 에세이』에서 그러한 동물적 정기가 신경계를 압박할 때 웃음이 정기를 적당히 내보내주는 역할을 한다고 주장합니다.

과학이 발전하고 신경계의 생물학적 구조가 좀 더 뚜렷이 밝혀지면서 이완 이론도 그에 보조를 맞추었어요. 철학자 허버트 스펜서Herbert Spencer는 감정이 신체 내에서 신경 에너지라는 물리적 형태를 띤다고 설명했습니다. 그는 이 신경

허버트 스펜서 ♦ 19세기 영국의 철학자. 사회학과 정치철학뿐만 아니라 진화론을 비롯한 생물학에도 큰 관심을 가졌다.

에너지가 근육의 움직임을 일으킨다고 주장했어요. 이를테면 분노로 일어난 신경 에너지는 (주먹을 꽉 쥔다든가 하는) 작은 움직임을 낳지만 분노가 커지면 (주먹을 세게 날린다든가 하는) 더 큰 움직임도 불러오지요. 신경 에너지가 늘어나다가 해소되는 것입니다.

스펜서에 따르면 웃음도 신경 에너지를 내보내는 역할을 합니다. 그렇지만 스펜서는 웃음이 일으키는 근육 운동은 더 큰 행동의 시작점이 아니라는 점에서 다른 감정들과 차이가 있다고 지적했어요. 웃음은 여느 감정과 달리 무언가를 하고자 하는 동기를 중심으로 돌아가지 않아요. 웃음과 이어진 신체 운동은 단순히 억눌린 신경 에너지를 내보낼 뿐이죠.

스펜서는 이어서 웃음이 내보내는 신경 에너지가 부적절한 감정의 에너지라고 주장하기까지 했어요. 예를 들어, 여러분이 어떤 이야기를 읽는데, 처음에는 화를 돋우더니 마지막에 가서는 농담으로 끝을 맺었습니다. 이때 처음에 느꼈던 분노는 다시 평가되어야 해요. 그리하여 더 이상 적절하지 않은 신경 에너지는 웃음으로 해소되어야만 하죠.

지그문트 프로이트 ◆ 독일의 심리학자. 무의식 연구의 선구자이자 정신분석학의 창시자이다. 니체, 마르크스와 함께 근대 철학의 한계를 극복하고, 현대 철학의 새로운 기틀을 세웠다.

이완 이론 중에서 가장 유명한 것은 아무래도 지그문트 프로이트의 이론일 거예요. 그는 심리 활동에서 생겨나는 신경 에너지가 웃음으로 해소되는 서로 다른 세 가지 상황을 '농담' '코믹' '유머'로 나누어 고찰했습니다. 프로이트에 따르면 농담이나 말장난에서 해소되는 불필요한 에너지는 감정을 억압하는 에너지예요. 어릿광대를 보고 웃는다든가 하는 코믹 상황의 경우, 불필요한 에너지는 사고 활동에 쏟는 에너지입니다(우리 자신의 몸짓을 매끄럽게 수행하는 데 필요한 에너지는 그리 많지 않기 때문에 남는 에너지가 생겨나는 반면, 광대의 어설픈 몸짓을 이해하려면 상당한 에너지가 필요하죠). 마지막으로, 유머 상황에서는 스펜서가 설명했던 것과 비슷한 방식으로 에너지가 배출됩니다(감정이 준비됐는데 쓰이지 못했으므로 웃음으로 해소되어야 합니다).

신경 에너지?

웃음과 근육 사이에 상관관계가 있는 것은 사실이지만 오늘날 어떤 철학자도 유머를 억눌린 신경 에너지가 배출되는 것이라고 설명하지 않습니다.

부조화 이론

우월성 이론에 반박하는 또 하나의 이론이 18세기에 탄생했습니다. 부조화 이론에 따르면 웃음은 부적절한 어떤 것, 다시 말해 우리의 기대나 심적 패턴에서 벗어나는 것을 지각할 때 일어납니다. 지금은 이 이론이 유머를 설명하는 대표 이론이에요.

쇠렌 키르케고르, 이마누엘 칸트, 아르투어 쇼펜하우어 같은 저명한 철학자와 심리학자가 (심지어 간접적으로는 아리스토텔레스도) 이 이론에 힘을 실어주었습니다.

유머의 철학에서 '조화되지 않는, 일치하지 않는incongruous'이라는 표현을 처음으로 사용한 철학자 제임스 비티James Beattie는 마음이 하나로 복잡하게 얽혀 있는 두 개 이상의 부조화 상황을 알아차릴 때 웃음이 터진다고 말했습니다. 칸트는 '부조화'라는 표현은 쓰지 않았지만 농담이 사람의 기대를 가지고 노는 것이라고 했지요. 그가 생각하기에 농담은 (가령, 펀치라인으로 마련된 장치는) 사유를 불러일으키고, 움직이고, 흐트러뜨립니다. 칸트는 관념의 추력推力이 신체 내부 기관의 물리적 추력을 빚어내고, 이것이 기분 좋은 신체적 자극이 된다고 생각했습니다.

쇼펜하우어의 부조화 이론은 칸트의 철학적 작업을 따라 유머의 원천이 우리가 어떤 것에 대해 갖는 추상적이고 합리적인 사고와 그것에 대한 감각 지각이라고 주장합니다. 쇼펜하우어는 유머가 어떤 것의 개념과 (원래는 같은 것이어야 할) 지각의 부조화를 갑작스레 깨달을 때 생겨나는 결과라고 말해요.

부조화 이론이 20세기에도 발전하면서 이 이론의 옛날 버전이 지닌 결함들이 발견되었어요. 유머가 생겨나기에는 부조화를 깨닫는 것만으로 충분하지 않습니다. 이론상, 부조화를 깨닫고 재미있어하는 것이 아니라 화를 내거나 혐오나 두려움을 느낄 수도 있으니까요. 그러므로 유머러스한 즐거움은 그저 부조화에 대한 반응이 아니라 부조화를 즐기는 것입니다.

마이클 클라크Michael Clark가 제안한 가장 최근의 부조화 이론은 일단 조화롭지 않은 어떤 것을 지각하고, 그것을 지각했다는 것을 재미있어하며, 그 부조화를 즐기는 것이 웃음이라고 봅니다. 부조화를 그 자체로 (혹은 적어도 그 일부를) 즐기는 것이지요. 이 이론은 모든 종류의 유머를 고려하기 때문에 이완 이론이나 우월성 이론보다 훨씬 더 유머를 잘 설명합니다.

Aesthetics

미학

아름다움과 취향의 문제

#취향 #아름다움 #예술

18세기에 처음으로 등장한 미학은 크게 아름다움에 대한 철학과 취향에 대한 철학으로 이루어져 있습니다. 예술철학은 실제로 미학의 한 부분이지만 미학은 그보다 훨씬 더 많은 것을 다루지요. 미학은 예술의 가치와 성격에 초점을 맞출 뿐 아니라 자연의 대상에 대한 (언어로 표현되는) 반응도 포함합니다. 대상은 아름답거나 추하다고 여겨지지요. 그런데 이런 용어는 모호하기 이를 데 없어요. 그래서 이런 질문이 나옵니다. 어떻게 우리는 어떤 것을 아름답거나 추하다고 여기게 될까요? 그렇게 생각하는 이유는 무엇일까요?

취향

18세기에 합리적 사고가 주목받기 시작하면서 그에 대한 반응으로 취향 개념도 뜨기 시작했습니다. 아름다움에 대한 합리론적 시각을 지닌 철학자들은 우리가 이성의 원칙과 개념을 사

용해 아름다움을 판단한다고 주장했지요. 그러나 경험론적 시
각을 취했던 영국 철학자들을 중심으로 취향에 대한 이론들이
나오기 시작했습니다.

즉각성 테제

즉각성 테제는 아름다움에 대한 판단이 감각 판단과 유사하
게 즉각적이고 직접적이며 다른 유형의 원칙들에 의해 일어나
지 않는다고 주장합니다. 이 테제에 따르면 우리는 추론을 통해
서 어떤 것이 아름답다고 판단하지 않아요. 우리는 곧바로 아름
다운 것을 '맛본다'고 합니다.

합리론자는 음식이 맛있다고 느끼는 것과 어떤 희곡이 훌륭
하다고 느끼는 것은 다르다면서 반론을 제기할 거예요. 그러나
취향 이론은 희곡이 더 복잡하고 더 많은 인지 작업을 필요로
하기 때문에 다양한 개념과 원칙을 적용하게 마련이라고 봐요.
따라서 희곡 같은 것의 아름다움을 판단하는 것은 즉각적이지
않고 취향의 사안이 아닙니다. 요컨대, 아름다움의 이론은 합리
론적 사유에 기반한 관념들과 달리 즉각적이지만, 희곡 같은 작
품의 아름다움은 인지 과정이 끼어들기 때문에 즉각적이지 않
으므로 취향으로 따질 수 없습니다. 흄에 따르면, 취향은 다섯
가지 외부 감각과 달라요. 취향은 오히려 내부 감각이고, 아름
다움의 지각은 이미 존재하는 작용에 달린 것이지요.

사심 없음

취향 이론이 발달하는 동안 철학자들에게는 에고이즘이 인

기를 끌었습니다. 여기서 말하는 에고이즘은 자기 이익에 도움이 되는 행위나 특징에서 쾌락을 얻는다는 뜻이에요. 그렇지만 취향 이론을 믿는 사람들은 아름다움에서 비롯되는 쾌락은 사실 사심이 없는 종류, 다시 말해 자기 이익과 무관한 것이라고 말했습니다. 사람들은 자기 이익을 염두에 두지 않고 아름답거나 아름답지 않다는 판단을 내리죠. 철학자들은 미덕의 결정도 비슷하게 작용한다고 생각했어요. 칸트는 미덕과 취향 둘 다 사심이 없다는 이 개념에 의문을 품었습니다. 지금까지도 널리 받아들여지는 칸트의 시각은, 취향은 사심이 없는 것이 맞지만 어떤 행위가 도덕적으로 선하다고 파악함으로써 비롯되는 쾌락은 그 판단이 선을 행하고자 하는 욕망을 나타내기 때문에 개인의 관심과 무관하지 않다는 것입니다.

미학

아름다움에 대한 즉각성 테제와 사심 없음 개념은 '예술적 형식주의'에 적용될 수 있어요. 예술적 형식주의란, 어떤 것을 예술로 만들고 그것이 좋은지 나쁜지 결정하는 속성이 형식적이라는 생각입니다 (듣거나 봄으로써만 이해될 수 있다는 뜻이에요).

에드먼드 버크 ◆ 18세기 영국의 철학자이자 영국 보수주의의 대표적인 정치 사상가. 오늘날에는 미학 이론가로서 더 높게 평가받는다.

미학적 경험은 태도, 감정, 반응 같은 마음의 특정 상태에 대한 연구로 설명될 수 있습니다. 1757년에 에드먼드 버크^{Edmund} ^{Burke}는 『숭고와 미의 근원을 찾아서』라는 유명한 논문을 발표해요. 이 논문은 미학의 역사에서 매우 중요한 저작 가운데 하나로, 미학적 경험을 설명하기 위해 '숭고'와 '미'라는 아주 중요한 두 개념을 끌어들였습니다.

철학 용어 정리

숭고: 어떤 것이 숭고하다는 판단은, 우리에게 속하지 않고 우리의 요구에 저항하며, 이 세계에서 연약하고 외로운 존재임을 느끼게 하는 자연에 대한 감정에서 나옵니다.

미: 어떤 것이 아름답다는 판단은, 사회적 감정(특히 낭만적 감정)과 사랑이나 욕망을 통해 위안을 얻고자 하는 희망에서 나옵니다.

〈바다 위의 어부들〉(1796) ✦ 달빛 아래의 거친 바다의 풍랑과 등불이 켜진 작은 배의 모습은 인간의 미약함과 자연의 숭고함을 보여준다.

예술철학

예술철학은 미학에서 핵심 역할을 합니다. 예술철학 안에는 예술은 무엇인가, 무엇을 판단해야 하는가, 예술의 가치는 무엇인가 같은 물음들을 포함해 다양한 요소들이 있어요.

예술이란 무엇인가

예술을 어떻게 정의하느냐는 예술철학에서 끊임없이 반복되는 물음이며, 그 의미는 끊임없이 진화하고 있습니다. 플라톤 시대부터 18세기까지는 예술의 정의에서 재현의 역할이 중심을 차지했어요. 그런데 18세기와 19세기에 낭만주의가 떠오르면서 예술은 재현에서 표현으로 옮겨갔죠. 그리고 20세기가 가까워지면서 추상과 형식의 감상으로 또 한번 이동했습니다. 20세기 말에는 추상조차 뒤처진 것이 되었고, 예술철학은 예술이 엄격하게 정의되어서는 안 된다고 주장하죠. 예술의 '탈정의'라고 하는 이 생각은 비트겐슈타인 사상을 바탕으로 연구를 했던 철학자 모리스 와이츠가 제안한 것입니다.

예술에 대한 판단

여러분은 연극 《햄릿》을 보면서 셰익스피어의 필력을 판단하나요? 아니면 배우의 연기를 판단하나요? 제작의 각 부분, 예를 들어 의상을 판단하나요? 서로 다른 것들은 서로 다른 기준들에 근거해 판단하나요? 이러한 질문은 음악, 회화, 데생 등 모든 종류의 예술에 던질 수 있습니다.

가치

예술의 가치는 내재적으로 파악할 수도 있고 외재적으로 파악할 수도 있습니다. 예술의 외재적 가치를 믿는 사람은 예술을 모두가 인정하는 도덕적 선을 표현하고 감정을 가르치는 방식으로 높이 평가합니다. 반면 예술의 내재적 가치를 믿는 사람은 예술을 그저 그 자체로 가치 있다고 할 거예요. 외재적 접근을 택했던 작가 레프 톨스토이에 따르면, 예술의 가치는 감정이입의 가치를 공유합니다. 한편, "예술을 위한 예술"을 믿었던 오스카 와일드 같은 인물은 내재적 접근법을 취했다고 할 수 있어요.

Philosophy of Culture

문화철학
정보를 전달하는 방식

'문화'를 논할 때, 철학자들은 유전 혹은 외성(유전에 영향을 미치는 외부 요인)이 아닌 방법을 통해 사람들 사이에서 정보가 전해지는 방식을 이야기합니다. 이러한 문화 관념에는 사람들이 서로 소통하기 위해 사용하는 상징과 행동의 체계가 포함되어 있어요.

문화 관념

문화가 늘 우리가 현재 알고 있는 것과 같은 의미를 지녔던 것은 아닙니다. 이 단어 자체는 키케로가 살았던 시대(기원전 106~기원전 43년)에도 있긴 했지만, 원래는 교육철학을 논할 때 인간이 거치게 되는 교육적 과정을 가리키는 뜻으로 쓰였어요. 그러므로 우리가 오늘날 알고 있는 문화의 정의는 비교적 새로운 개념입니다.

교육철학

교육철학은 문화의 일부를 다른 사람들에게 전할 때 적당한 도구가 무엇인지 이해하고자 합니다. 아이들은 태어날 때 문자를 모르고 지식도 없는 상태이지요. 아이들은 사회와 문화로부터 그것들의 일부가 되는 법을 배웁니다. 그러므로 교육은 지금도 문화적 과정의 가장 중요한 부분이에요

문화적 영향의 예

문화는 사람들이 다양한 것을 알고, 믿고, 다양한 취향을 가질 수 있게 합니다. 그러므로 문화가 과연 규범적 사실을 형성하거나 규범적 보편성을 은폐하는 작용을 할 수 있는지 의문이 따라오죠. 문화가 우리에게 크나큰 영향을 미치는 사례는 아주 많습니다.

언어

언어는 문화적입니다(또한 문화마다 다를 수 있지요). 따라서 언어가 사유에 미치는 효과는 문화적 효과라고 할 수 있습니다.

지각과 사유

(문화에 영향을 받는) 언어는 우리의 사유 과정에 매우 큰 영향을 미치고, 그렇기 때문에 우리의 지각에도 영향을 미칩니다. 문화는 (북미, 서유럽, 영어 사용권 오스트랄라시아의 경우처럼) 개

인주의에 기반을 둘 수도 있고, (중앙아시아, 동아시아, 남아시아, 남미, 지중해 지역처럼) 집단주의에 기반을 둘 수도 있습니다.

철학 용어 정리

집단주의: 개인이 자신을 집단의 일부로 생각하고 주로 집단에 대한 의무에서 비롯되는 동기를 갖는 것을 말해요..
개인주의: 개인이 자신을 집단의 일부로 생각하지 않고, 자기 자신의 필요와 선호에 따라 행동하는 것을 말합니다.

감정

감정은 문화의 근간일 뿐만 아니라 포유동물의 근간이기도 하지요(가령, 개는 기쁨, 슬픔, 두려움 등을 표현할 수 있습니다). 그러므로 감정은 개인의 대처를 돕는 방향으로 진화된 반응이며, 인간 본성의 일부임이 분명해요. 문화는 얼마나 다양한 감정이 생겨날 수 있는지에 영향을 미치고, 때로는 같은 행동이라도 문화권에 따라 완전히 다른 반응을 불러일으키곤 합니다. 또, 문화는 감정의 표현에도 영향을 미칩니다.

도덕성

도덕성은 분명히 문화에 의해 형성됩니다. 어느 한 문화의 도덕적 관점은 다른 문화의 도덕적 관점과 자못 다를 수 있어요. 그래서 문화상대주의라는 생각이 나타날 수 있었지요.

문화상대주의

윤리나 도덕 체계는 문화마다 다릅니다. 문화상대주의는 이러한 체계들이 모두 평등한 가치를 지니고, 어느 한 체계가 다른 체계보다 낫다고 할 수 없다고 봐요. 문화상대주의의 바탕은 선악의 참된 기준이 존재하지 않는다는 생각입니다. 그러므로 옳고 그름을 따지는 것 역시 각 사회의 믿음에 달려 있을 뿐이죠. 모든 윤리와 도덕에 대한 견해는 개인의 문화적 관점에 영향을 받습니다.

그런데 문화상대주의에는 내재적 모순이 있어요. 본질적인 옳고 그름은 없다는 생각을 받아들이면 판단이라는 것이 사실상 소용없어집니다. 문화상대주의는 이 모순을 해결하기 위해 '관용'을 만들어냈어요. 그렇지만 관용이 있다면 불관용도 있겠죠. 이는 관용 또한 어떤 종류의 궁극적 선을 전제해야만 의미가 있다는 말입니다. 그러므로 관용이 문화상대주의의 개념 자체를 거스를 수 있고, 논리의 한계는 문화상대주의를 불가능하게 합니다.

상대주의
다른 생각을 바라보는 방법

#기술적 #규범적 #중심개념

상대주의는 구체적이고 특정한 관점이라기보다는 두 가지 생각을 공유하는 매우 다양한 시각들을 총칭합니다. 사유, 평가, 경험, 현실이 다른 것과의 관계 속에 존재한다는 생각이 그 첫 번째이고, 어느 한 관점이 여느 관점들보다 특권을 지니지는 않는다는 생각이 두 번째입니다.

상대주의 관념은 철학 연구의 거의 모든 분야에서 찾아볼 수 있어요. 전형적으로 상대주의에 따른 논증은 그럴듯한 주장으로 시작해서 그럴듯하지 않은 결론으로 이어지지요. 다들 말하듯이 이러한 논증은 추상적 방식의 사고에서는 한결 그럴듯합니다(실제 상황에 적용하면 논리적 결함이 드러나거나 하찮아지죠). 이 때문에 상대주의를 옹호하는 철학자는 그리 많지 않아요.

그렇지만 상대주의가 전혀 쓸모없다는 말은 아닙니다. 사실, 철학사에서 중요하다는 인물 중에도 상대주의와 관련 있거나 상대주의자라고 비난받은 이들이 더러 있었습니다.

상대주의의 구조

일반적으로, 상대주의는 'Y는 X에 상대적이다'라고 생각하는 것입니다.

여기서 종속변수로 여겨지는 Y는 사유, 평가, 경험, 현실의 다른 속성으로 대체될 수 있고, 독립변수인 X는 Y의 가치 차이에 기여한다고 여겨지는 것으로 대체될 수 있습니다. '상대적이다'는 X와 Y 사이에서 일어나는 연결 유형을 나타내는 말입니다.

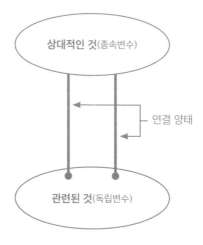

종속변수(Y)에는 지각, 현실, 진실, 실천, 중심 믿음, 중심 개념, 윤리학, 의미론이 포함됩니다.

독립변수(X)에는 종교, 언어, 역사적 시기, 문화, 인종, 젠더, 사회적 지위가 포함됩니다.

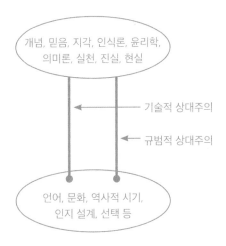

상대주의의 유형

기술적 상대주의

기술적 상대주의는 다양한 문화에는 다양한 도덕률(사유, 이성 등)이 있다는 믿음입니다. 두 집단의 원칙은 평가되지 않고, 한 집단이 어떻게 행동해야 하는지에 대해서는 아무런 암시가 없어요. 집단의 원칙은 단지 기술될 뿐이죠. 기술적 상대주의는 규범적 상대주의와 달리 인류학과 관련된 이론입니다.

규범적 상대주의

규범적 상대주의는 윤리학 이론입니다. 여기서는 사람들이 그들이 속한 사회나 문화의 도덕률을 따라야 한다고 봐요. 따라서 부도덕한 행동은 특정 사회나 문화의 도덕률에 반하는 행동입니다. 보편적 도덕 원칙 같은 것은 없어요. 규범적 상대주의에서 어느 한 사회의 도덕률은 다른 사회의 도덕률보다 더 좋지도 않고 더 나쁘지도 않습니다. 마지막으로, 규범적 상대주의에 따르면 다른 사회의 도덕률에 대한 관용이 있어야 합니다. 그러므로 다른 사회의 도덕적 믿음을 함부로 판단하거나 강요해서는 안 되죠.

정도의 문제

믿음, 개념 혹은 인식론적 기준을 갖는다는 것이 반드시 서로 시각이 다르다는 의미는 아닙니다. 상대주의에는 다른 관념보다 더 핵심적인 관념이 있어요.

어떤 특징이 집단의 믿음을 발달시키는 데에 중요한 역할을 한다면 그 특징은 중심 개념으로 여겨질 수 있습니다. 철학자들이 어떤 것을 중심 믿음으로 본다면 그 믿음은 집단이나 개인에게 너무나 결정적이어서 그 믿음을 버리면 다른 믿음들까지 버려질 거라는 뜻입니다. 예를 들어, 물리적 대상이 아무도 지각할 수 없는데도 여전히 존재한다는 생각은 중심 믿음이 될 수 있지만, 왕권은 신이 주는 것이라는 생각은 더 이상 지속되고 있는 믿음이 아니기 때문에 중심 믿음이 아닙니다. 중심 개념과 중심 믿음은 서로 연결되어 있고 상호 포함되는 경우가 많습니다. 그래서 중심성은 이분법적으로 딱 떨어지지 않는, 정도의 문제입니다.

상대주의는 (개인 혹은 집단의 인지 및 평가의 제한된 일부분에만 적용된다는 뜻에서) 지엽적일 수도 있고, 전반적일 수도 있습니다. 그러나 이 지엽성 또한 정도의 문제이지요.

상대주의를 뒷받침하는 논증들

상대주의는 별다른 논증 없이 당연하게 여겨지는 경우가 많아요. 그렇지만 상대주의를 뒷받침하기 위해 으레 동원되는 논증들이 있습니다.

지각은 이론에 근거를 둔다

지각 상대주의는 우리가 어떤 상황에 대해서 보고, 듣고, 느끼는 지각 또한 일부분 우리가 이미 가지고 있는 믿음, 기대, 개념에 의한 결과라고 주장합니다. 이 주장에 따르면, 지각은 모든 사람이 사물을 같은 방식으로 느끼는 생리학적 과정이 아니에요.

이론에 근거를 두는 개념들은 지각이 기술되는 방식을 설명할 수 있지만, 그것들 자체로 규범적 결론에 이르지는 못합니다. 하지만 관찰이 기대와 믿음에 분명히 영향을 받는 상황에서 지각의 과학적 개념을 엄격히 따른다는 것은 극도로 어렵거나 사실상 불가능해요.

이와 관련해서는 철학자 N. R. 핸슨N. R. Hanson의 가설적 상황이 특히 유명합니다. 가령 요하네스 케플러와 튀코 브라헤는 같은 시대를 살면서 같은 해가 뜨는 것을 봤지만 서로 완전히 다른 사태로 생각했어요(케플러는 태양계의 행성들이 태양을 중심으로 돈다고 믿었던 반면, 브라헤는 태양과 달과 다른 행성들이 지구를 중심으로 돈다고 믿었죠). 케플러가 태양은 가만히 있는데 지평선이 점점 내려간다고 생각할 때, 브라헤는 태양이 위로 솟아오른다고 생각한 것입니다.

대안적 틀 구조는 같은 표준으로 이해할 수 없다

개인의 믿음과 개념을 나타내는 문장과 단어는 그 사람의 문화적, 언어공동체적, 과학적 토대에 따라 어떻게 형성되는가로 결정됩니다. 그런데 이 토대들이 서로 완전히 딴판이라면(가령, 어느 집단의 과학적 토대가 다른 집단의 문화와 완전히 어긋난다면) 이 두 집단은 서로 소통할 수가 없어요. 한 집단의 문장과 단어가 다른 집단에게는 전혀 의미가 없기 때문이지요.

이 이론이 타당하다면 지각 상대주의도 타당하게 받아들여질 거예요. 두 집단의 서로 다른 토대가 서로 다른 지각을 낳기 때문입니다.

상대주의를 반박하는 논증

상대주의를 반박하는 논증은 많습니다. 반박의 대상이 기술적 상대주의인가 규범적 상대주의인가에 따라서 동원되는 논증도 다릅니다.

기술적 상대주의에 대한 반론
1 애초에 개념이나 믿음은 존재하지 않는다

애초에 개념이나 믿음이 없다면 집단들이 서로 다른 개념이나 믿음을 가질 일도 없겠죠. 이 논증은 미국의 철학자 윌러드 밴 오먼 콰인Willard van Orman Quine이 제시한 것입니다. 콰인은 사실들은 존재하지 않는다고 말해요. 만약 그렇다면 어떤 믿음이나 개념이 다른 개인 혹은 집단의 것과 비교해 더 나은지 묻는 규범적 질문 역시 아무 의미가 없을 테지요.

2 지각이 전적으로 이론에 근거를 두지는 않는다

기술적 지각 상대주의 이론은 지각이 부분적으로 이론에 근거를 둔다고 봅니다. 그렇지만 극단적 상대주의자들이 주장하는 것처럼 엄격하게 이론에 근거를 두지는 않아요. 오히려 이 이론은 규범적 상대주의의 여러 형태에 대한 지지를 보여주기 때문에 지각이 이론에 근거를 둔다는 생각을 약하게 만듭니다.

지각이 개념, 기대, 믿음에 어느 정도 영향을 받는지는 여전히 의견이 분분해요. 그렇지만 철학자들 대부분은 그러한 요소들이 결정적 역할을 한다는 데 동의하죠. 지동설이 폐기된 지금

브라헤의 태양계 모델

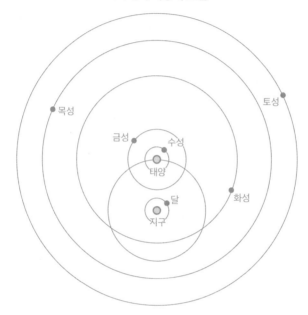

케플러의 태양계 모델

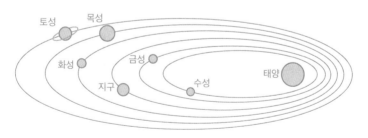

도 우리는 여전히 해가 뜬다거나 해가 진다고 말합니다. 케플러
의 획기적인 연구가 나오고 4세기가 지났는데도 말이죠! 심지
어 케플러와 브라헤의 시대에도 해돋이와 해넘이에 대한 과학
적 추론과 상관없이 그 두 사람이 똑같은 광경을 봤다는 것은

튀코 브라헤(왼쪽)와 요하네스 케플러(오른쪽) ✦ 브라헤는 16세기 덴마크의 천문학자다. 태양이 지구 둘레를 도는 동시에 다른 행성들이 태양 둘레를 돈다는, 지동설과 천동설을 결합한 독특한 태양계 모델을 제시했다. 반면 동시대 독일의 천문학자 요하네스 케플러는 지동설을 옹호하며, 태양이 우주를 움직이는 주요 원천이라고 보았다.

누구나 이해할 수 있습니다.

브라헤의 우주 모델과 케플러의 우주 모델을 비교해보세요. 비록 두 사람은 같은 광경을 관찰했지만 일어나는 현상을 이해하는 방식은 완전히 달랐습니다.

③ 인지 보편과 인지 설계

어느 집단에 속해 있느냐와 상관없이 어떤 문화적, 언어적, 인지적 보편이 존재함은 분명한데 그러한 보편이 존재한다는 것은 기술적 상대주의와 맞지 않습니다.

규범적 상대주의에 대한 반론

① 매개 문제

매개 문제의 가장 기본적인 전제는 믿음, 개념 혹은 인식론적 기준이 함정에 빠지게 된다는 것입니다. 그래서 사람들은 믿음이나 개념이 현실과 맞는지 그렇지 않은지를 보지 못하죠. 매개 문제의 가장 대중적 버전은 개념이 없으면 생각을 할 수 없고 단어가 없으면 말을 할 수 없다고 설명합니다. 그러므로 개념과 단어를 뛰어넘어 세계가 진실로 어떠한지를 파악한다는 것은 불가능해요.

② 외삽에서 비롯되는 불가지성

상대주의는 다른 집단과는 다른 어느 집단에 대한 결론을 이끌어내는 것을 곧잘 포함합니다. 그렇지만 약간 다른 개념과 믿음을 제대로 상상할 수 있다고 해서 크게 다른 개념과 믿음까지 상상할 수 있다는 뜻은 아니에요. 사실, 그러한 차이에서 외삽을 시도하려고 하면 부조리와 불가지성unintelligibility에 다다르고 맙니다.

③ 초월적 논증

이마누엘 칸트가 제시한 초월적 논증은 인간이 시공간 안에서 경험을 하기 위해서는 (그가 '범주'라고 불렀던) 대상, 속성, 인과 같은 개념들이 먼저 존재해야만 한다고 주장합니다. 그러므로 인간이 그러한 개념을 사용하고 그러한 믿음을 갖는 것은 정당하다고 봤습니다.

A 이론
시간은 위치들의 연속이다

#시간 #동시성 #특수상대성이론

시간의 본성에 대한 철학적 논쟁에서 A 이론은 과거성, 현재성, 미래성 같은 분리할 수 없는 본질적 속성이 존재한다고 보는 현대 철학자들의 시각입니다. 그들은 시간 속의 사건들이 이러한 A 속성들을 지니기 때문에 과거, 현재, 미래인 것이라고 주장해요. 이 이론의 기원은 존 M. E. 맥태거트 John M. E. McTaggart가 쓴 『시간의 비현실성』에서 찾아볼 수 있습니다. 이 책에서 둘은 'A 연속'과 'B 연속'이라는 개념으로 시간이라는 주제를 다뤄요.

A 연속

맥태거트는 A 연속이 '먼 과거에서 가까운 과거를 지나 현재에 이르고 다시 가까운 미래를 지나 먼 미래로 나아가는 위치들의 연속'이라고 말합니다.

그가 말하는 '위치들의 연속'은 시간 속에서의 위치들이에요. 이미 일어난 사건이면 과거에 위치하고 지금 일어나고 있는 사건이면 현재에 위치하며 아직 일어나지 않았다면 미래에 위치하지요. 과거, 현재 혹은 미래에 있다는 속성은 영구적이지 않은 일시적 속성이에요. 가령, 인간이 아직 달에 가지 못했을 때는 달 착륙이 미래의 사건이었지만, 달 착륙이 일어나는 동안은 현재의 사건이었고, 지금으로서는 과거의 사건이지요.

맥태거트가 말하는 A 연속은 시간의 흐름을 수립하고 각 사건은 그 흐름 속에서 미래였다가 현재였다가 과거가 됩니다. 그러나 그 셋이 한꺼번에 결합할 수는 없고 영원히 셋 중 하나로 남을 수도 없어요. 어떤 사건도 늘 현재이거나 늘 과거이거나 늘 미래는 아니죠. 맥태거트의 정의는 과거와 미래의 다양한 단계들과(예를 들어, 내년은 다음 주 화요일보다 더 먼 미래이지요) 그 다양한 단계들에 해당하는 다양한 속성들이 존재할 수 있는 여지를 마련합니다. 과거나 현재나 미래에 일어나는 사건들을 이야기할 때는 A 문장들, 즉 동사의 시제가 나타나 있는 문장들을 사용할 수 있어요. 미래의 사건은 미래 조동사를 쓸 수 있고, 현재 사건은 현재 진행형을 쓸 수 있으며 과거의 사건은 과거 시제를 써서 말할 수 있지요.

현재주의와 비환원주의

A 이론은 현재주의와 비환원주의를 결합합니다. 극단적 형태의 현재주의는 오직 현재만 실재하고 현재 존재하는 것 외에는 아무것도 존재하지 않는다고 주장하지요. 예를 들어, 공룡은

과거에 존재했지만 그들이 존재한다는 건 말이 안 돼요. 마찬가지로 앞으로 미국의 제100대 대통령은 존재하겠지만 현재 그가 존재한다고 말할 수는 없죠. 이러한 맥락에서 보면 과거 혹은 미래의 대상에 대해서 하는 말은 현재 이외에 존재하는 대상에 대한 논의가 아니라, 존재했거나 앞으로 존재할 다른 시간에 존재했었거나 앞으로 존재할 속성에 대한 논의입니다. 현재주의의 힘은 시제의 존재에 있어요. 그래서 시제의 존재는 A 이론의 중요한 요소입니다.

비환원주의, 즉 '시제의 진지한 고려'는 시제가 근본적으로 현실의 제거할 수 없는 근본적 특징에 해당한다고 봅니다. A 문장은 시제가 있는 문장입니다. 영원 명제 혹은 B 문장은 반대로 시제가 없는 문장입니다. 시제 없는 문장은 '전에, 후에, 동시에' 같은 부사를 쓰거나 특정 날짜를 나타냅니다. 비환원주의자들은 시제 있는 문장을 영원 명제로 환원할 경우 정보의 손실이 일어날 수밖에 없다고 주장해요.

예를 들어, "나는 배가 고프다고 생각해"는 날짜가 명시되면("나는 6월 15일 오후 3시에 배가 고프다고 생각해") 똑같은 의미를 보존할 수 없습니다. "나는 배가 고프다고 생각해"의 진정한 의미는 "나는 내가 이 말을 하는 시점에서 배가 고프다고 생각해"이지만 "나는 6월 15일 오후 3시에 배가 고프다고 생각해"의 의미는 그렇지 않지요. A 문장은 내가 발화한 그 시점에서만 참입니다. 시제 없는 문장이 참이라면 그것은 어느 시점에서든 참이에요. 여기서 시제가 있는 명제(A 문장)는 시제가 없고 시점이 명시된 문장으로 환원될 수 없는, 시간 제약을 받는 믿음을 나타낸다는 것을 알 수 있습니다.

A 이론과 특수상대성이론의 대결

영어에 시제가 있는 문장들이 깊이 침투해 있음에도 여러 철학자가 시간에 대한 A 이론은 특수상대성이론과 양립할 수 없기 때문에 타당하지 않다고 지적합니다. 아인슈타인의 특수상대성이론(1905)은 다음 두 공준으로 이루어져 있어요.

1. 광속은 관찰자의 속도에 상관없이 모든 관찰자에게 똑같다.
2. 광속은 모든 관성계에서 똑같다.

이 두 공준으로부터 동시성은 절대적이지 않고 관성계에 따라 상대화되어야 한다는 결론이 나옵니다. 모든 사건 쌍에 대하여, 어떤 사건이 처음에 일어났는지 혹은 두 사건이 동시에 일어났는지는 단 하나의 사태로 말할 수 없어요. 어느 사건이 다른 사건보다 먼저 일어났느냐는 어느 관성계를 기준으로 삼느냐에 따라 다릅니다. 이 기준에서는 사건 1이 사건 2와 동시에 일어날 수도 있어요. 하지만 다른 기준에서는 사건 1이 사건 2보다 먼저 일어날 수도 있죠. 그리고 제3의 기준에서는 사건 1이 사건 2보다 나중에 일어날 수도 있을 거예요.

따라서 어느 관찰자에게 동시에 일어났던 두 사건이 다른 관성계에서 이동하는 관찰자에게는 다른 시간에 일어날 수 있습니다. 이 관성계를 기준으로 현재 일어나는 사건이 다른 관성계를 기준으로 할 때는 과거나 미래의 사건일 수 있지요. 어느 관성계가 '실재하는' 기준이라고 할 수 없기 때문에 절대적이고 독립적인 과거, 현재, 미래의 구분은 있을 수 없습니다.

철도 제방의 예

아인슈타인이 설명한 철도 제방에서 일어난 사건은 동시성의 상대성을 잘 보여줍니다. 다음 그림에서처럼 열차가 일정한 속도(V)로 달린다고 칩시다. 열차에 탑승한 승객은 모든 사건을 열차를 기준으로 관찰할 거예요. 그런데 A 지점과 B 지점에 번개가 내리쳤습니다. A와 B 사이의 거리를 측정해 정확히 중간 지점인 M에 관찰자들이 서 있다고 해보죠. 관찰자는 90도 기울어진 두 개의 거울을 이용해 A 지점과 B 지점을 동시에 관찰할 수 있습니다. 제방에 서 있는 사람(M)은 양쪽에 떨어진 번갯불을 동시에 봅니다. 그런데 기차에 타 있는 승객(Mᵀ)은 A에 떨어지는 번갯불보다 B에 떨어진 번갯불을 먼저 보게 돼요. 이처럼 제방을 기준으로 동시적인 사건들은 열차를 기준으로 할 때 동시적이지 않습니다.

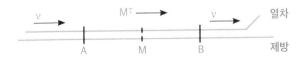

이 예시가 보여주듯이 절대적 동시성의 부재는 A 이론과 시제의 사용에 문제를 제기합니다. 특수상대성이론이 맞는다면 현재주의에 따른 존재는 기준계에 따라 달라지는 문제가 생깁니다. 똑같은 사건도 서로 다른 두 기준계에서는 존재하거나 존재하지 않을 수 있으니까요.

특수상대성이론과의 화해

일부 A 이론가들은 A 이론과 특수상대성이론 간의 화해를 시도했습니다. 이들은 특수상대성이론이 공식적으로 인정받긴 했지만 여전히 경험적 이론이고 형이상학적 주장을 평가하는 데는 적합하지 않다고 주장합니다. 이런 의미에서 현대 물리학은 절대적 동시성을 완전히 '제외시킬' 수 없어요. '관념적' 물리학은 이러한 현재의 '관찰 불가능한' 절대적 동시성을 발견할 수 있었습니다.

A 이론가들의 또 다른 주장은 절대적 동시성은 결코 물리학으로 발견할 수 없다는 거예요. 그렇지만 절대적 동시성을 발견할 수 없다는 사실이 그러한 동시성의 존재를 배제하지는 않습니다. A 이론가들이 제기하는 마지막 반박은 동시성의 상대성 자체가 단지 겉으로 드러나는 효과일 뿐이라는 거예요. 두 사건이 동시에 '관찰되는' 사태와 두 사건이 동시에 '일어나는' 사태는 별개라고 합니다.

과학철학

과학이란 무엇인가

#칼포퍼 #반증가능성 #오컴의면도날

철학자들은 과학철학을 논하면서 일반적으로 생물학, 화학, 천문학, 물리학, 지구과학 같은 자연과학에 초점을 맞추고 과학에서 이끌어낸 함의, 추정, 토대를 고찰합니다. 일반적으로 과학의 기준은 다음과 같아요.

1. 가설을 세웁니다. 이러한 가설들은 우발성(논리적으로 말해, 반드시 참이거나 거짓은 아님), 반증 가능성(거짓으로 밝혀질 수 있음), 시험 가능성(가설이 참이나 거짓으로 입증될 가능성이 있음)이라는 논리적 기준에 부합해야 합니다.
2. 경험적 증거가 뒷받침되어야 합니다.
3. 과학적 방법을 사용해야 합니다.

구획 문제

철학자 칼 포퍼[Karl Popper]에 따르면 구획 문제는 과학철학의 핵

칼 포퍼 ✦ 오스트리아 출신의 영국 철학자. 20세기 가장 영향력 있는 과학철학자 중 한 명이다.

심이에요. 단순하게 말하자면 구획 문제는 과학과 비과학을 어떻게 구분할 수 있는지에 대한 문제입니다 (이 문제는 사이비과학도 다뤄요). 오늘날까지 구획 문제에 대해서 일반적으로 인정되는 설명은 없습니다. 심지어 이 문제가 무의미하다든가 해결 불가능하다고 보는 사람들도 더러 있죠. 경험론과 논리학을 아우르는 논리실증주의자들은 과학이 관찰에 바탕을 두며, 관찰 불가능한 것은 비과학이고 의미가 없다고 주장합니다. 포퍼는 과학의 주요한 속성이 반증 가능성에 있다고 했어요.

철학 용어 정리

반증 가능성: 한 가설이 참으로 받아들여지기 위해서는, 또한 어떤 가설이 과학적 이론이나 가정으로 받아들여질 수 있으려면, 반증할 수 있어야 합니다.

달리 말하자면, 칼 포퍼는 모든 과학적 주장이 거짓일 가능성을 고찰할 수 있어야 한다고 본 것입니다. 반증의 노력에도 불구하고 그러한 증거가 발견되지 않는다면 그 주장은 참일 가능성이 매우 높다고 할 수 있습니다.

과학적 추론의 타당성

과학적 추론은 그 이론이 타당하다는 것을 보여주는 다양한 방법들에 근거를 둡니다.

귀납

과학자가 어떤 법칙을 보편적 참이라고 진술하기는 어려울 수 있습니다. 모든 실험이 똑같은 결과를 가리키더라도 미래의 실험까지 똑같은 결과를 가리킬 거라는 보장은 없어요. 이러한 이유로 과학자들은 귀납법을 사용합니다. 귀납적 추론에 따르면, 어떤 상황이 관찰된 모든 경우에 유효하다면 모든 경우에도 유효합니다.

경험적 검증

과학적 주장이 이론이나 모델을 뒷받침하기 위해서는 검증이 필요합니다. 그렇지만 과학적 이론이나 모델이 만들 수 있는 예측은 반드시 이미 관찰되었던 증거와 일치해야 해요(관찰은 결국 감각에서 비롯된 결과입니다). 관찰은 다른 사람들에게 동의를 얻어야 하고 반복될 수 있어야 합니다. 그리고 예측은 특정한 것이기 때문에 과학자는 관찰을 이용해 (예측을 함축하는) 이론이나 모델을 반증할 수 있습니다.

뒤엠 콰인 논제와 오컴의 면도날

뒤엠 콰인 논제는 이론이나 가설을 완전히 고립시켜 검증하기란 불가능하다고 봅니다. 어떤 가설을 경험적으로 검증하기 위해서는 다른 배경 가정을 포함해야 한다고 보죠. 만약 충분한 임시 가설이 포함된다면 모든 이론이 경험적 정보와 양립할 수 있다는 생각이 이 논제에서 도출되었습니다. 이러한 이유로 오컴의 면도날(서로 경쟁하는 설명들 가운데 가장 단순한 설명이 채택되어야 한다는 생각)이 과학에서 사용됩니다. 칼 포퍼는 뒤엠 콰인 논제에 동의를 표하고, 소박한 반증을 장려하기보다는 과학 이론은 반증 가능해야 한다는 이론을 장려하는 방향으로 나아갑니다. 다시 말해, 가설이 검증 가능한 예측을 만들 수 없다면 과학으로 여기지 않습니다.

이론 의존성

기본 관찰은 개인의 이론들을 바탕으로 다양한 방식으로 해석될 수 있습니다. 예를 들어, 지금은 지구가 태양 주위를 돈다는 것이 상식이지만 과거의 과학자들은 태양이 지구 주위를 돈다고 믿었죠. 그러므로 (인지와 지각을 포함하는) 관찰이 이론으로 해석될 때 그 관찰은 이론 의존적입니다. 철학자이자 물리학자였던 토머스 쿤Thomas Kuhn은 가설을 (관찰에 근거한) 이론의 영향에서 완전히 분리하기가 불가능하다고 지적합니다. 쿤은 (관찰에 기반한) 새로운 패러다임은 기존 패러다임보다 과학의 문제를 더 잘 설명할 수 있을 때 채택된다고 봤어요.

정합주의

정합주의는 이론과 진술이 정합적 체계의 일부일 때 정당화될 수 있다고 봅니다, 이 체계는 특정 과학자 혹은 과학공동체의 믿음에 해당할 수 있습니다.

사이비과학

사이비과학은 과학적 방법을 따르지 않는 이론과 교의입니다. 기본적으로 사이비과학은 과학적인 척하는 비과학이에요. 지적 설계(창조를 설계한 지적 존재가 있다는 주장), 동종요법(질병과 비슷한 증상을 일으키는 물질을 극소량 사용해 병을 치료하는 방법), 점성술은 다른 목적에 도움이 되기는 하지만 반증 가능성이 열려 있지 않고 일반적으로 받아들이는 과학의 방법과 충돌하기 때문에 진정한 의미에서 과학이라고 할 수 없습니다. 과학적 탐구에 사용되는 학문 분과들이 이런 유의 이론에 적용될 수는 없어요. 그렇지만 모든 비과학이 사이비과학인 것은 아닙니다. 종교와 형이상학은 비과학적 현상에 해당하지만 사이비과학은 아니죠.

언어철학
언어란 무엇인가

#언어적전환 #문장 #지향성

19세기 말 논리학 이론들이 발전하기 시작하고 정신에 대한 철학들이 기존 입장을 과감하게 바꾸면서 언어의 이해에 혁명이 일어났습니다. 이 사건을 '언어적 전환'이라고 해요. 철학자들은 언어의 의미, 언어의 사용, 언어의 인지, 언어와 현실이 서로 연결되는 방식에 초점을 맞추기 시작했습니다.

문장의 구성과 학습

언어철학은 문장을 구성하는 부분들로부터 어떻게 의미가 나오는지 이해하고자 했어요. 언어의 의미를 이해하기 위해서는 전체 문장과 의미 있는 부분들 사이의 관계를 먼저 살펴봐야 합니다. 합성성의 원리에 따르면, 문장은 구조(통사)와 단어들의 의미를 이해함으로써 이해될 수 있어요.

문장에서 의미가 생겨나는 방식을 이해하는 방법으로는 두 가지가 있습니다.

통사론 수형도의 예

(일종의) 의미론 수형도의 예

통사론 수형도는 문장을 구성하는 문법과 단어에 초점을 맞추지만, 의미론 수형도는 단어의 의미들과 그 의미들의 조합에 초점을 맞춥니다.

언어의 학습과 관련된 사유는 크게 세 가지 흐름이 있어요.

1. **본유주의**: 통사론적 이해가 어느 정도 선천적이고 정신의 특정 부분들에 바탕을 둔다는 개념.

2. **행동주의**: 언어의 상당 부분은 조건화에 의해 학습되는 것이라는 개념.

3. **가설 검증**: 아이들이 가정과 가설 검증을 통해서 통사론적 구조를 학습한다는 개념.

의미

'언어적 전환'은 언어가 세계를 표상하고 믿음을 이해하는 초점으로 조명되기 시작한 19세기 중반부터 뿌리를 내리기 시작했습니다. 이때부터 철학자들은 언어의 의미를 강조하기 시작했어요.

존 스튜어트 밀

밀은 경험론을 연구하면서 단어와 그것이 지시하는 대상 사이의 관계를 고찰했습니다. 단어가 의미를 지니기 위해서는 경험을 바탕으로 설명될 수 있어야 한다고 보았죠. 따라서 단어는 감각에서 만들어지는 인상을 의미합니다.

밀의 경험론적 시각에 동의하지 않는 사람들도 물론 있습니다. 그렇지만 내포가 아니라 외연이 의미의 기반이 되어야 한다는 밀의 믿음에는 많은 철학자가 동의했어요.

철학 용어 정리

외연: 단어의 정의가 그 단어가 가리키는 것의 문자 그대로의 의미를 나타내는 경우를 말합니다. 가령, '뱀'이라는 단어가 이 단어와 연관되는 실제 파충류를 가리키는 데 쓰인 경우이지요.

내포: 단어의 정의가 어떤 성질이나 속성을 제안하는 경우를 말합니다. 가령. '뱀'이라는 단어가 '사악함'을 의미하는 데 쓰인 경우입니다.

존 로크

존 로크에 따르면 단어는 외부 세계의 사물을 표상하지 않습니다. 단어는 오히려 사람들이 그 단어를 말할 때 마음속에 떠오르는 관념을 표상합니다. 이 관념이 사물을 표상하는 것으로 추정되지만 로크는 표상의 정확성이 단어의 의미에 영향을 주지 않는다고 생각했어요.

로크는 그 점을 염두에 두고 언어의 자연적 결점을 제거하기 시작했습니다. 그리고 사람들이 의미를 명확히 알지 못한 채 단어를 사용해서는 안 된다고 봤어요. 다른 사람들이 사용하는 단어들과 같은 의미인지 확인하기 위해 노력함으로써 사람들이 공통의 어휘를 가질 수 있어야 한다고 생각했죠. 또한 사람들은 단어를 일관되게 사용해야 합니다. 만약 단어의 의미가 불분명하다면 단어를 더 명확하게 정의해야 해요.

고틀로프 프레게

독일의 수학자이자 철학자 고틀로프 프레게Gottlob Frege는 논리학에 주력했습니다. 그렇지만 논리학 탐구가 진전되어감에 따라 작업을 계속 밀고 나가기 위해서는 먼저 언어를 이해할 필요가 있음을 깨달았어요. 이로써 프레게는 언어철학에서 가장 획기적인 연구를 내놓습니다.

프레게는 정체성, 이름, a=b 같은

고틀로프 프레게 ✦ 독일의 철학자. 근대 수리철학과 분석철학의 기틀을 마련했다.

표현을 진면적으로 다시 검토합니다. 가령, '마크 트웨인은 새 뮤얼 클레멘스다'라는 정보가 있습니다. 이처럼 a=b가 정보라 면 어째서 a=a는 사실상 새로운 정보를 제공하지 않는 사소한 진술이 될까요?

프레게는 문장의 의미와 관련되는 것은 그저 대상이 아니라 대상이 표상되는 방식이라고 봤습니다. 단어는 외부 세계의 사 물을 지칭하죠. 그렇지만 이름은 대상과의 연결 이상의 의미를 지닙니다. 프레게는 문장과 표현을 뜻^{sense}과 지시체^{reference}(혹은 의미)라는 두 부분으로 나누어 이해해요. 그가 생각했을 때 문 장의 뜻은 문장이 표현하는 객관적이고 보편적이며 추상적인 사유이자 지칭되는 대상의 '제시 방식^{mode of presentation}'입니다. 반 면, 문장의 지시체 혹은 의미는 문장이 언급하는 실제 세계 속 의 대상이에요. 지시체는 진릿값을 나타내고(참 혹은 거짓을 말 할 수 있고) 뜻에 따라 결정됩니다.

프레게는 이 이론을 삼각형으로 표현했어요.

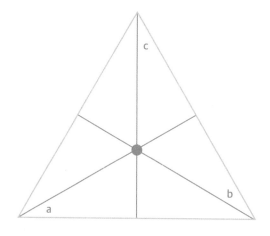

a 선과 b 선의 교차점은 b 선과 c 선의 교차점과 같습니다. 이 진술은 우리에게 서로 다른 두 제시 방식을 주기 때문에 정보를 담고 있죠. 그렇지만 a 선과 b 선의 교차점은 a 선과 b 선의 교차점과 같다고 하면 제시 방식이 하나뿐이기 때문에 정보로서 가치가 없어요.

프레게는 이름에는 세 부분이 있다고 말합니다(하지만 모든 경우에 반드시 세 부분이 다 있는 것은 아니에요).

1. **기호**: 사용된 단어(마크 트웨인)
2. **뜻**: 기호로 지시되는 것을 아는 방식(마크 트웨인에 대해 우리가 가진 심리적 함의들을 말합니다. 유머 작가, 『톰 소여의 모험』의 저자 등등)
3. **지시체**: 실제 지시된 대상(본명이 새뮤얼 클레멘스이고 『톰 소여의 모험』을 쓴 인물)

언어의 사용

지향성은 언어철학과 관련된 또 다른 중요한 주제입니다. 지향성은 실제 세계의 사물 혹은 대상을 향한 특정한 마음 상태로 정의됩니다. 지향성은 무엇을 하겠다든가 하지 않겠다든가 하는 의도가 아니라 오히려 우리의 사유가 무엇을 '대할' 수 있는 능력이에요. 이를테면 여러분은 롤러코스터에 '대한' 믿음을 가질 수 있죠. 하지만 롤러코스터 그 자체는 그 어떤 것도 '대하지'

않아요. 따라서 공포, 희망, 욕망 같은 정신적 상태는 지시되는 대상이 있어야만 하기 때문에 지향적일 수밖에 없습니다.

19세기의 독일 철학자 프란츠 브렌타노Frantz Brentano는 정신적 현상만이 지향성을 보인다고 주장했어요. 그리고 20세기의 철학자 존 설John Searle은 그 자체로 지향적이지 않은 사물에 대해 어떻게 마음과 언어가 지향성을 가질 수 있는가를 연구했습니다. 그는 화행론Speech Act Theory에서 인간 행동은 지향성을 갖는데, 언어가 인간 행동의 한 형태이자 그 자체로 하나의 행동이라고 봤어요. 따라서 뭔가를 말한다는 것은 어떤 행동을 수행한 것이고, 행동은 지향성을 띱니다.

많은 논의가 오가고 있는 인공지능에 대해서 존 설은 기계가 결코 사고 능력을 가질 수 없다고 주장했어요. 기계는 지향성이 없고, 인간처럼 조직된 정신만이 지향성을 수행할 수 있다고 봤습니다.

Phenomenology

현상학

의식의 모든 행위는 대상을 향한다

#에드문트후설　#에포케　#선험적환원

현상학은 의식과 개인적인 경험에 관한 연구로, 20세기 하이데거와 사르트르의 작업 덕분에 철학의 주요한 한 갈래가 되었습니다. 그렇지만 현상학의 창시자 에드문트 후설Edmund Husserl의 작업이 없었더라면 그 두 사람 가운데 어느 누구도 그러한 위업을 이뤄내지 못했을 거예요.

에드문트 후설 ✦ 독일의 철학자. 사르트르, 하이데거 등 현상학 및 실존주의 철학자들에 지대한 영향을 미쳤다.

현상학의 기원

모라비아 출신의 독일 철학자 에드문트 후설은 원래 수학자였고 수리철학에 관심을 두었습니다. 그는 원래 산술이 엄격한 경험론을 따른다고 믿었지만 고틀로프 프레게의 비판을 도움 삼아 어떤 산술적 진리는 경험론으로 설명될 수 없다는 결론에 이르렀어요. 후설의 저서 『논리 연구』는 진리가 개인의 심리(정신)에 달려 있나는 '심리주의'에 반대해 진리가 그런 식으로 환원되지 않는다고 주장하죠. 후설은 이러한 생각으로부터 현상학을 발전시켰습니다.

후설에 따르면 현상학의 핵심은 의식이 지향성을 갖는다는 것입니다. 이 말은 의식의 모든 행위가 대상을 향한다는 의미예요. 대상은 물질적일 수도 있고 (수학의 경우처럼) 관념적일 수도 있지요. 의식의 지향적 대상과 지향적 행동은 모두 의식을 통해 규정됩니다. 의식의 대상과 내용을 설명하기 위해 반드시 대상이 실제로 존재할 필요는 없어요(그래서 책에서의 한 장면을 설명하는 것과 마찬가지 방식으로 꿈에서 일어난 일을 설명할 수도 있는 것입니다).

후설의 초기 작업은 실재론적 접근(의식이 대상을 지각할 때는 의식의 대상과 대상 자체가 모두 존재한다는 믿음)을 토대로 하지만 후기 작업은 지향성과 에고에 관한 연구로 옮겨왔어요. 입장을 바꾸고 초월적 관념으로 방향을 바꾼 후설은 그가 시작한 작업을 완전히 다시 쓰기에 이르렀습니다.

후설은 1913년에 발표한 『순수현상학과 현상학적 철학의 이념들』에서 개인의 자연스러운 관점과 현상학적 관점을 구분합니다. 전자가 실제로 존재하는 것들만 의식하는 개인의 일상적 관점이라면, 후자는 개인이 외부 대상을 지나쳐 보고 대상의 의식을 이해하게 되는 관점입니다. 현상학적 관점에 이르기 위해서는 일련의 현상학적 환원을 통해 경험의 다양한 특징을 제거해야 해요.

후설은 여러 현상학적 환원을 생각해냈는데 그중 특히 주목할 만한 환원에는 에포케^{epoché}(판단 중지)와 선험적 환원이 있습니다.

에포케

후설은 사람들이 삶의 다양한 측면(언어, 문화, 중력, 신체 등)을 당연시하고 그런 측면이 사람들을 가둬놓는다고 주장했어요. 에포케는 더 이상 그러한 측면을 참으로 받아들이지 않기로 하는 현상학적 환원입니다. 개인은 더 이상 자기 자신을 이 세계에서 받아들이게 된 사물들의 일부로 보지 않음으로써 자기의식에 다다릅니다. 후설은 이 과정을 '괄호 치기'라고 불러요. 괄호 치기는 세계의 존재를 부정한다는 의미가 아니에요. 괄호 치기와 에포케의 온전한 목적은 모든 믿음을 삼가고 세계의 존재를 단언하지도 않고 부정하지도 않는 것입니다.

선험적 환원

에포케가 당연히 받아들였던 것을 더 이상 받아들이지 않음으로써 당연시했던 세계에서 풀려나기 위해 사용하는 방법이라면 선험적 환원은 받아들임을 있는 그대로, 다시 말해 받아들임 자체로 인정하는 과정입니다. 받아들임을 받아들임으로 보게 됨으로써 초월적 통찰에 다다를 수 있어요.

선험적 환원과 에포케는 현상학적 환원 과정을 이룹니다. 그래서 선험적 환원은 에포케와 별개로 작용할 수 없으며, 그 반대의 경우도 마찬가지입니다.

현상학적 탐구 방법

후설에 따르면 현상학적 탐구의 첫 단계는 (에포케와 선험적 환원을 통한) 현상학적 환원입니다. 개인이 의식하는 모든 것에 대한 판단 중지는 의식의 모든 양태(상상, 회상, 판단, 직관 등)를 포함해요.

그다음 단계는 형상적 환원[eidetic reduction]입니다. 의식을 갖는 것으로는 충분하지 않아요. 오히려, 의식의 다양한 행위들을 그것들의 본질, 즉 불변의 보편적 구조를 얻을 수 있는 지점까지 가게 만들어야 하죠. 그러기 위해서 사용할 수 있는 직관의 유형이 '본질직관[Wesensschau]'입니다. 본질직관을 하기 위해서는 다양한 변형들을 생각해내고 이들 가운데 어떤 부분이 변함없이 남는가를 주목해야 합니다. 그것이 모든 변형 속에서도 불변하는 본질입니다.

마지막 세 번째 단계는 초월적 환원이에요. 후설에게 현상학은 자신의 초월적 에고(완전하고 통일되며 경험적인 자기의식이 존재하기 위해 요구되는 자기)로 돌아가는 것이었어요. 후설은 초월적 에고에 이르려면 초월적 의식의 역전이 있어야만 하고, 이 의식 내에서 자기 설정으로 작용하는 시간 인식이 만들어진다고 주장했습니다.

후설은 초월적 환원을 명쾌하게 설명하는 데 남은 생을 바쳤지만 이 개념 자체는 뜨거운 논란을 불러일으켰습니다. 결과적으로 현상학 안에서도 초월적 환원을 믿는 무리와 이 개념을 거부하는 무리가 갈라지게 되었죠.

본질의 현상학

뮌헨을 중심으로 활동하던 테오도어 립스^{Theodor Lipps}(심리주의의 창시자)의 제자들은 후설의 작업을 따르기로 결심하면서 뮌헨을 떠나 괴팅겐에서 활동하던 후설의 제자들과 합류했습니다. 그렇지만 1913년에 후설이 『순수현상학과 현상학적 철학의 이념들』과 함께 초월적 환원 개념을 들고나오자 그들은 후설의 새로운 이론과 완전히 결별하고 새로운

테오도어 립스 ◆ 독일의 철학자. 미학에 관한 이론으로 유명하며, 심리학과 철학을 잇는 학제간 연구 분야인 심리주의를 창시했다.

유형의 현상학을 만들었어요. 그들이 만든 본질의 현상학은 후설 초기 저작의 실재론적 현상학을 토대로 삼았습니다.

Nominalism

유명론

보편과 추상을 모두 거부하다

#보편자 #추상적대상 #본체

철학에서 유명론은 두 가지 의미가 있습니다. 그중 좀 더 전통적인 정의는 중세에 등장했는데, 바로 보편자를 거부하는 것이었어요. 반면 근대의 유명론은 시간적이거나 공간적이지 않은 추상적 대상을 거부합니다. 따라서 유명론은 실재론(보편자가 존재한다는 믿음)의 반대이자 플라톤주의(추상적 대상이 존재한다는 믿음)의 반대입니다. 그렇지만 유명론의 두 유형 가운데 한쪽은 믿고 다른 쪽은 믿지 않는 것도 가능하죠.

보편자가 존재하지 않는다고 보든 추상적 대상이 존재하지 않는다고 보든 두 유형 모두 반실재론입니다. 유명론은 이러한 문제들을 다룰 때 두 가지 접근법을 취해요.

1. 유명론은 그러한 본체들이 존재한다는 것을 부정합니다.
2. 유명론은 그러한 본체들이 존재한다는 것은 받아들이되 그것들이 구체적이거나 특수하지 않다고 봅니다.

추상적 대상

추상적 대상이 무엇인지 딱 떨어지는 정의는 없지만, 일반적으로 '시공간에 존재하지 않고 인과적으로 자력이 없는' 대상이라고 할 수 있습니다(시공간에 존재하는 대상들만 인과관계에 참여하는 것으로 간주합니다). 그렇지만 이 정의에는 구멍이 있어요. 예를 들어, 언어와 게임은 추상적이지만 둘 다 시간적입니다(언어는 시대에 따라 바뀌고, 발전하고, 존재하게 될 수 있지요). 철학자들은 추상적 대상을 다른 식으로들 정의하기도 했지만, 유명론은 물리적 세계에 영향을 미치지 않는 시공간적 대상들에 대한 거부를 원동력으로 삼습니다.

보편자

유명론자들은 보편자와 특수자를 구분합니다. 유명론이 정의하는 바에 따르면, 보편자는 여러 본체로 예시될 수 있는(실제 사물을 통해 대표될 수 있는) 모든 것을 가리켜요. 만약 그렇게 예시될 수 없다면 그것은 특수자입니다. 보편자나 특수자는 본체를 예시할 수 있지만 여러 본체로 예시될 수 있는 것은 보편자뿐이에요. 예를 들어 붉은색을 띠는 대상들은 사례를 지닐 수 없지만 '붉음'이라는 보편자에 대해서는 붉은색을 띠는 그 무엇이든 예시가 될 수 있습니다. 실재론자들은 (붉음 같은) 속성, (황금, 물질 같은) 종류, (중간 같은) 관계가 보편자의 예일 수 있다고 주장하지만 보편자에 대한 유명론은 이 개념을 거부합니다.

보편자에 대한 유명론들

보편자에 대한 유명론을 따르는 사람들은 특수자들만 존재한다고 믿습니다. 관계나 속성의 존재를 설명하기 위한 전략으로는 두 가지가 철학 전반에서 받아들여지고 있습니다. 첫 번째는 그런 본체들의 존재를 거부하는 것, 두 번째는 그것들의 존재는 받아들이되 그것들이 보편자라고 보지는 않는 것입니다.

트롭 이론

관계나 속성의 존재는 받아들이되 보편자로 보지는 않는 입장들 가운데 가장 인기 있는 이론입니다. 이 이론은 속성이 '트롭trope'이라고 하는 특정한 본체라고 봐요. 철학자들은 개별적인 복숭아나 바나나가 그 자체로 특수자인 것처럼 트롭도 특수자로 여깁니다. 그러므로 바나나의 노란색은 보편자가 아니라 특정한 것 혹은 특수자입니다. 그 '노람yellowness'은 오직 그 바나나에만 적용되는 거예요. 그 바나나가 지닌 '노람'은 보편적 존재가 예시된 결과가 아니기 때문에 트롭이 되는 것입니다.

개념 유명론과 술어 유명론

보편자에 대한 유명론의 다른 두 유형이 개념 유명론(개념주의)과 술부 유명론입니다. 개념 유명론은 노람은 존재하지 않고 바나나 같은 개체는 단지 '노랑'이라는 개념과 일치하기 때문에 노란색일 뿐이라고 주장해요. 술어 유명론도 비슷하게 바나나가 노란 것은 '노랗다'는 술어가 적용된 결과라고 주장하죠. 그러므로 '노람'은 없습니다. 단지 노랗다는 술어의 적용만이 가능할 뿐이죠.

메레올로지컬 유명론과 계급 유명론

보편자에 대한 유명론의 또 다른 유형은 '노람'이라는 속성이 모든 노란 본체의 합이라고 보는 메레올로지컬 유명론입니다. 어떤 것이 노란색이라면 그 이유는 그것이 노란 것들의 합계에 속해 있기 때문이에요. 계급 유명론 역시 속성을 계급처럼 여길 수 있다고 봅니다. 따라서 모든 노란 것과 노란 것만 속하는 계급이 '노람'이라는 속성인 거예요.

유사성 유명론

유사성 유명론은 노란 것들은 노란색이기 때문에 서로 닮은 것이 아니라 오히려 서로 닮았기 때문에 노란색을 띠는 것이라고 주장합니다. 이 이론에 따르면 바나나는 다른 노란 것들을 닮았기 때문에 노랗습니다. 그러므로 명확한 유사성 조건은 특정 계급의 모든 구성원이 충족해야 해요.

추상적 대상에 대한 유명론들

추상적 대상에 대한 유명론들은 크게 명제에 대한 유명론과 가능한 세계에 대한 유명론으로 나뉩니다.

명제에 대한 유명론

명제에 대한 유명론에서 본체들은 구조화된 것과 구조화되지 않은 것으로 나뉩니다. 구조화되지 않은 명제들은 가능한 세계들의 집합이에요. 이 세계들 안에서 함수들은 참과 거짓이라는 값을 가집니다.

이 이론 가운데 하나는 사실은 구체적 대상들이 명제와 관련된 역할을 수행한다고 주장해요. 이러한 생각에 대한 이론은 문장이 명제의 기능을 떠맡는다고 봅니다. 철학자 윌러드 밴 오먼 콰인은 '영원한 문장(항상 진릿값이 변함없는 문장)'은 시간, 장소, 발화자 등에 좌우되지 않기 때문에 진리를 담는 데 더 좋다고 주장했어요. 그렇지만 영원한 문장 자체가 추상적 대상이기 때문에 유명론자들에게 이러한 주장은 문제가 됩니다.

의미론적 허구주의

명제에 대한 유명론의 또 다른 선택지는 명제의 존재와 이론적 역할을 지닌 모든 본체를 부정하는 거예요. 이 경우 참으로 보이는 명제들의 존재를 포함하는 문장들은 사실 거짓이어야 합니다. 어떤 문장이 명제가 없기 때문에 거짓일지라도 여전히 기술적descriptive 도움은 될 수 있어요. 이 기술적 도움이 말하고자

하는 바를 분명히 하고 세계의 구조를 부분적으로 나타내게 해
줍니다.

가능 세계에 대한 유명론

가능 세계론은 이 세계가 가능한 여러 세계 가운데 하나일 뿐
이라고 주장함으로써 다른 현실들을 고려하게 하는 철학적 관
념입니다. 이 이론에 대한 의견은 분분해요. 유명론자는 가능한
세계들이 없다고 보거나 가능한 세계들이 추상적 대상이 아니
라고 봅니다.

유명론의 입장 가운데 하나는 가능한 세계가 모두 존재하지
는 않으며 실제로 가능한 세계만 존재한다고 주장해요. 실제로
가능한 세계는 서로 연결된 시공간적 대상의 합으로 생각할 수
있고, 그것은 실제로 구체적 대상들의 합입니다.

가능한 세계를 검토하는 유명론의 또 다른 입장은 무엇이 원
소들(보편자와 특수자)의 조합으로서 가능한지 보는 것이에요.
이 이론에 따르면 속성이라는 보편자를 갖는 사태는 하나의 특
수자와 하나의 보편자가 합쳐진 것으로 이루어져 있습니다. 한
편, 관계라는 보편자를 갖는 사태는 하나의 보편자와 여러 특수
자가 합쳐진 것으로 이루어져 있죠. 보편자와 특수자들의 가능
한 조합은 매우 범위가 넓어요. 그 결과, 어떤 조합은 실현되는
반면 다른 조합은 그렇지 않죠.

윤리학

옳고 그름의 의미를 고민하다

흔히 도덕철학으로 알려진 윤리학은 인간의 행실을 옳거나 그르게 하는 것이 무엇인지 이해하고자 합니다. 하지만 윤리학은 도덕보다 범위가 넓어요. 도덕은 도덕률과 특정 행위의 실천을 다루지만 윤리학은 도덕적 행동과 이론뿐만 아니라 삶에 대한 철학까지 다루죠. 윤리학은 인간은 어떻게 행동해야 하는가, 사람들은 무엇을 옳다고 생각하는가, 개인은 자신의 도덕적 지식을 어떻게 사용하고 실천하는가 등의 물음과 '옳음'의 의미 자체를 고민합니다.

규범적 윤리학

규범적 윤리학은 인간의 행실을 지배하는 규칙(혹은 규범)의 집합을 만듦으로써 윤리적 행동을 이해하고자 합니다. 어째서 그렇게 되어야 하는가, 어떻게 가치를 부여해야 하는가, 어떤 행동이 옳고 어떤 행동이 그른가, 어떤 것이 선하고 어떤 것이 악한가에 주목하죠.

규범적 윤리학의 세 유형으로는 결과주의, 의무론, 덕 윤리가 있습니다.

결과주의

어떤 행위의 도덕성은 그 행위의 결과에 바탕을 둡니다. 좋은 결과가 있다면 그 행위는 도덕적으로 선한 것이고, 나쁜 결과가 있다면 그 행위는 도덕적으로 악한 거예요. 결과주의에서 철학자들은 무엇이 결과를 좋은 것으로 만드는지, 결과를 어떻게 판단하는지, 누가 판단을 해야 하는지, 누가 도덕적 행동에서 가장 많은 것을 얻는지 살핍니다. 결과주의의 예로는 쾌락주의, 공리주의, 이기주의가 있습니다.

의무론

의무론은 행위의 결과를 주목하는 대신 행위 자체가 어떻게 옳거나 그를 수 있는지를 살핍니다. 의무론을 믿는 사람들은 의사결정을 할 때 타인의 권리라든가 자신의 의무 같은 요인을 고려해요. 의무론의 유형으로는 존 로크와 토머스 홉스의 자연권 이론이 있고 신명론도 있습니다. 자연권 이론은 인간이 보편적이고 자연적인 권리를 갖는다고 주장하는 반면, 신명론은 신이 선하게 행동할 것을 명령하므로 그렇게 하는 것이 의무라고 봐요. 또, 이마누엘 칸트는 옳고 그름이 행위의 결과가 아니라 의도에 달려 있으며 인간이 반드시 의무에 따라서 행동해야 한다고 주장했습니다. 칸트의 정언명령에 따르면, 인간은 자기 행동의 동기를 보편법칙으로 고려된 것처럼 생각하고 그렇게 행동해야 합니다.

덕 윤리

덕 윤리에서 철학자들은 개인의 내재적 성격에 주목합니다. 덕 윤리는 덕을 추구해요. 덕은 인간이 인생을 잘 보내고 안녕한 상태에 이르게 하는 행실과 습관입니다. 또한 이 윤리는 덕목 사이의 갈등을 해결하기 위한 조언과 좋은 삶을 살기 위해 평생 덕을 실천해야 한다는 주장을 제시하죠. 덕 윤리의 예로는 아리스토텔레스가 제안한 '에우다이모니아eudaimonia'가 있어요. 여기서 행위는 행복으로 이어질 때 '옳은' 것으로 여겨지며, 덕의 일상적 실천을 통해 이를 이룰 수 있다고 봅니다. 한편, 행위자-기반 이론은 덕이 감탄할 만한 특징에 대한 상식적 직관에 바탕을 둔다고 봐요. 그러한 특징은 우리가 감탄하고 존경하는 사람들을 살펴봄으로써 알아볼 수 있지요. 마지막으로 배려의 윤리학은 미덕과 도덕이 양육이나 돌봄처럼 주로 여성들이 실천해왔던 덕에 기반을 두어야 한다고 주장합니다.

메타윤리학

메타윤리학은 윤리적 판단을 살피고 진술, 태도, 판단, 윤리적 속성을 이해하고자 합니다. 메타윤리학은 특정 선택의 선악 여부를 평가하는 것과 무관해요. 그보다는 윤리적 사안의 본성과 의미를 검토하죠. 메타윤리학에는 도덕 실재론과 도덕 반실재론이라는 두 가지 시각이 있습니다.

도덕 실재론

도덕 실재론은 도덕적 가치가 객관적으로 존재한다는 믿음이에요. 그러므로 이 관점에 따르면 평가적 진술은 실제로는 사실에 대한 주장이고, 이 주장이 참인지 거짓인지는 개인의 믿음이나 감정과 별개입니다. 이것은 타당한 명제가 도덕적 문장으로 전달될 수 있다는 인지주의자의 관점이지요. 도덕적 문장은 참일 수도 있고 거짓일 수도 있습니다. 도덕 실재론의 예는 다음과 같아요.

- 윤리 자연주의는 객관적이고 도덕적인 속성을 경험적으로 알 수 있다고 주장합니다(하지만 그러한 속성은 나중에 윤리와 무관한 속성으로 환원될 수도 있어요. 윤리적 속성은 자연적 속성으로 환원될 수 있습니다).
- 윤리 비자연주의는 윤리적 진술이 비윤리적 진술로 추론할 수 없는 명제를 나타낸다는 믿음입니다.

도덕 반실재론

도덕 반실재론에 따르면, 객관적으로 존재하는 도덕적 가치는 존재하지 않습니다. 도덕 반실재론에는 다음 세 가지 유형이 있어요.

- 윤리적 주관주의는 윤리적 진술이 실제로는 주관적 주장이라는 생각을 바탕에 깔고 있습니다.
- 비인지주의는 윤리적 진술이 실제로는 진정한 진술이 아니라는 생각입니다.
- 윤리적 진술은 잘못된 객관적 진술이라는 생각입니다. 이러한 생각은 아무도 도덕적 지식을 가질 수 없다는 도덕적 회의론과 윤리적 진술이 사실은 거짓이라는 도덕적 허무주의를 통해 표현됩니다.

기술적 윤리학

기술적 윤리학은 가치에 얽매이지 않고 실제 이루어진 선택을 관찰함으로써 윤리학을 고찰합니다. 이 윤리학은 사람들이 도덕에 대해서 가지는 믿음을 살핍니다. 그리고 행동이나 가치에 대한 이론이 실재한다고 암시하죠. 기술적 윤리학의 목적은 도덕 규범이 얼마나 이성적으로 납득할 만한지 따지거나 어떤 종류의 지침을 주는 것이 아닙니다. 그보다는 (다양한 사회, 혹은 과거와 현재의) 윤리 체계들을 비교하고 실제 행동을 설명할 수 있는 지침과 그 사람이 믿는다고 할 수 있는 윤리를 비교해요. 이러한 이유에서 기술적 윤리학은 인류학자, 역사학자, 심리학자가 주로 사용합니다.

응용 윤리학

응용 윤리학은 윤리학 이론을 실생활 상황에 적용하고자 하며 공공정책을 만들 때 자주 사용됩니다. 일반적으로 응용 심리학의 접근법은 매우 엄정하며 원칙에 근거해요. 그러한 접근법은 특수한 문제는 풀 수 있지만 보편적으로 적용할 수는 없으며 때로는 실행이 불가능합니다. 응용 윤리학은 인간의 권리란 무엇인가, 동물의 권리는 무엇인가, 낙태는 부도덕한 일인가 등의 문제를 탐구할 때 활용할 수 있어요. 응용 윤리학에는 의료 윤리, 법 윤리, (엔터테인먼트, 저널리즘, 마케팅에 관련된) 미디어 윤리 등 매우 다양한 유형이 있습니다.

종교철학

신은 왜 악을 없애지 않을까?

───────────────────

종교에 대한 철학적 연구는 기적, 기도, 신의 존재와 본성, 종교와 다른 가치 체계들과의 연계, 악의 문제 등을 다룹니다. 종교철학은 신학이 아니기 때문에 '신은 무엇인가?'라는 문제에 연연하지 않아요. 그보다는 종교적 전통에서 발견되는 개념과 주제를 살펴보는 편입니다.

종교적 언어

종교적 언어는 신비롭고 불분명하며 모호하게 보일 때가 많습니다. 20세기에 들어와 철학자들은 표준 종교 언어를 연구하고, 경험적이지 않은 주장은 무의미한 것으로 보아 거부하기 시작했어요. 이러한 사상의 유파가 바로 논리실증주의입니다.

논리실증주의자들에 따르면 경험적 추론을 포함하거나 수학이나 논리학으로 이끌어낸 주장들만 의미가 있습니다. 이 말인즉슨, 상당수의 종교적 진술들, 가령 "야훼는 자비로우신 하느

님이다"처럼 신과 관련된 진술들도 검증될 수 없기 때문에 무의미하다는 얘기이지요.

20세기 후반에는 여러 철학자가 논리실증주의의 주장에 문제가 있음을 지적하기 시작했습니다. 루트비히 비트겐슈타인의 언어 연구, 윌러드 밴 오먼 콰인의 자연주의 연구가 점점 인기를 끌었고 논리실증주의의 위세는 꺾였죠. 1970년대에 논리실증주의가 사실상 무너지면서 종교적 언어에 대한 새로운 이론과 해석이 나오게 됩니다.

종교적 언어에 대한 사상 유파는 크게 실재론과 반실재론으로 나뉘어요. 실재론자는 언어가 실제로 일어난 일에 상응한다고 믿는 반면, 반실재론자는 언어가 현실에 상응하지 않는다고 (종교적 언어는 오히려 인간의 행동과 경험을 지시한다고) 생각하죠.

악 문제

'악 문제'는 유신론에 대한 가장 중요한 반론이에요. 이 문제는 다양한 방식으로 설명될 수 있습니다.

논리적 악 문제

에피쿠로스가 맨 처음 지적한 논리적 악 문제는 아마도 신 존재에 대한 가장 강력한 반증일 거예요. 에피쿠로스에 따르면 네 가지 가능성이 있습니다.

1. 신이 악을 막을 의지가 있지만 그럴 수 없다면 신은 전능하지 않습니다.

2. 신이 악을 막을 능력이 있는데 그럴 뜻이 없다면 신은 선하지 않습니다.

3. 신이 악을 막을 능력도 있고 의지도 없다면 그는 전능하지 않고 선하지도 않으므로 신이 아닙니다.

4. 신이 악을 막을 수 있고 그럴 뜻도 있다면 악이 세상에 존재하는 이유는 무엇이며 신은 왜 악을 없애지 않을까요?

토마스 아퀴나스는 논리적 악 문제에 대해 악의 부재가 세상을 더 나은 곳으로 만들 수 있는지 확실하지 않기 때문이라고 답합니다. 악이 없다면 친절, 정의, 공정, 자기희생은 무의미해질지도 모르죠. 논리적 악 문제에 대한 또 다른 반증은 '미지의 목적 방어unknown purpose defense'로, 신은 결코 참으로 알 수 없기 때문에 인간은 신의 동기를 짐작하고자 하면서 한계에 부딪힐 수밖에 없다고 합니다.

경험적 악 문제

데이비드 흄이 만들어낸 경험적 악 문제는 종교적 신념 같은 데에 미리 노출되지 않은 채 이 세상에서 악을 경험하면 선하고 전능한 신은 존재하지 않는다는 생각과 무신론으로 이르게 된다고 주장합니다.

악에 의한 확률적 논거

악의 존재 자체가 신이 없다는 증거라는 논증입니다.

변신론

변신론은 신은 자비롭고 전지전능하다는 믿음과 악과 고통의 존재를 조화시키려는 철학의 한 갈래입니다. 변신론은 신이 악을 끝내버릴 수 있음에도 악이 존재한다는 것을 인정하고, 왜 신이 악을 끝내지 않았는지 이해하고자 합니다. 가장 잘 알려진 변신론 가운데 하나는 이 세계가 모든 가능한 세계 중 최선이라는 라이프니츠의 주장이에요. 그는 신은 완벽하고 이 세계는 바로 그 신의 창조물이기 때문에 가장 균형 잡힌 세계이자 가장 나은 세계라고 봤습니다.

신 존재 증명

신 존재 증명에는 크게 다음 세 가지가 있습니다.

존재론적 증명

존재론적 증명은 선험적이고 추상적인 추론을 사용해 신 개념과 신에 대해서 말할 수 있다는 사실이 바로 신이 반드시 존재한다는 걸 보여준다고 말합니다. 우리는 신에 대해서 말할 때

완벽한 존재에 대해서 말하는 것입니다. 어떤 것도 이 존재보다 위대하지 않죠. 우리에겐 존재하지 않는 신보다는 존재하는 신이 낫고 우리가 신을 완벽한 존재로 지칭하기 때문에 우리는 신이 존재함을 암시하고 있습니다.

존재론적 증명은 모든 완벽한 것의 존재를 보여주는 데 쓰일 수 있으므로 문제가 있어요. 칸트에 따르면 존재는 개념의 속성이지 대상의 속성이 아닙니다.

우주론적 증명

우주론적 증명에 따르면, 세계와 우주가 존재한다는 것은 어떤 존재에 의해 이것들이 존재하게 되었고 그 존재가 유지되었다는 의미입니다. 사건의 원인을 무한히 거슬러 올라갈 수는 없기 때문에 신이라는 '제1원동자'는 반드시 존재하죠. 우주론적 증명에는 두 가지 유형이 있습니다.

1. 양태적 증명: 우주는 존재하지 않았을 수도 있고 따라서 우주의 존재에 대해서 설명이 필요합니다.
2. 시간적 증명: 우주가 존재하기 시작한 시점이 반드시 있을 텐데 이 존재는 우주 외적인 그 무엇, 다시 말해 신에게서 비롯되었을 것입니다.

목적론적 증명

목적론적 증명은 지적 설계설이라고도 하는데, 세계와 우주에 질서가 존재하는 것으로 보고, 그러므로 세계는 생명 창조라

는 특정한 목적을 염두에 둔 존재에 의해 만들어졌음이 틀림없
다는 주장을 담고 있습니다.

기적

종교철학에서 무엇을 기적으로 여길 수 있는지는 꾸준한 논
쟁거리입니다. 철학자들은 자연스러운 원인으로 설명될 수 없
는 범상치 않은 사건을 기적이라고 합니다. 일부 철학자는 기적
이 신성이 개입한 결과로밖에 설명되지 않는다고 말하죠.

데이비드 흄은 기적을 "자연법칙에 어긋나는 일"이라고 하며
반대합니다. 흄은 기적을 뒷받침하는 유일한 증거는 증언뿐이
지만 자연법칙을 뒷받침하는 증거는 오랜 시간 사람들의 균일
한 경험을 통해 획득된다고 말해요. 그러므로 기적에 대한 증언
은 자연법칙을 뒷받침하는 것보다 더 엄정할 필요가 있죠. 그리
고 기적에는 충분한 증거가 없기 때문에 자연법칙에 어긋나는
일이 일어날 수 있다고 믿는 것은 합리적이지 않습니다.

그런데 기적이 자연법칙에 어긋나는 일이 아니라면서 데이
비드 흄의 생각에 반론을 제기한 이들도 있었습니다. 이 철학자
들은 자연법칙은 특정 상황에서 일어날 법한 일을 설명하고 있
고, 기적은 단지 일반적 과정의 예외일 뿐 자연법칙에 어긋나는
것은 아니라고 주장합니다. 종교철학자들은 확률에 대한 흄의
이해가 부적합하며 어떤 사건이 일어나는 빈도가 확률을 결정
하기에 충분한 조건은 아니라고 지적합니다.

동양 철학

인도 철학부터 한국의 무속신앙까지

#균형 #한중일 #유불도

동양 철학은 아시아의 여러 지역에서 나타난 철학들을 가리킵니다. 이 철학들은 매우 다양한데, 가령 중국 철학은 인도 철학과 자못 달라요.

일반적 의미에서 서양 철학의 목표가 '진리'를 찾아내고 검증하는 것이라면, 동양 철학의 목표는 '진리'를 받아들이고 균형을 찾는 것입니다. 서양 철학은 개인과 인권을 강조하는 반면, 동양 철학은 통일, 사회적 책임 그리고 (우주 전체와 분리될 수 없는) 만물의 상호관계에 주목해요. 그래서 동양 철학은 곧잘 그 지역의 종교 사상과 구별되지 않는 양상을 띠곤 하지요.

인도 철학

인도에서 생겨난 철학들은 산스크리트어로 '다르샤나darśana, 知見'라고 하는데, 이는 삶을 개선하는 수련들입니다. 여기에는 정통파 철학(힌두 철학)과 비정통파 철학이 있어요.

정통파

정통 힌두 철학은 힌두교의 고대 경전인 베다에서 철학의 원리들을 끌어냅니다.

① 상키야

정통파 철학 중에서도 가장 오래된 학파입니다. 이 철학 체계는 현실의 만물은 프라크리티(에너지, 물질, 창조적 주체)와 푸루샤(영혼, 정신, 자아)에서 나온다고 봐요. 따라서 상키야는 이원론에 바탕을 둔다고 할 수 있지요. 다만 서양의 심신이원론과 달리 상키야의 이원론은 영혼(순수정신이라는 쪼갤 수 없는 영원한 실재)과 물질을 토대로 삼습니다. 진정한 해방은 느림, 활동, 무거움 같은 물질의 기질과 영혼이 어떻게 다른지 이해할 때 일어난다고 합니다.

② 요가

요가는 상키야의 형이상학과 심리학을 이용해요. 그렇지만 여기에는 신성한 본체의 존재가 있습니다. 기원전 2세기에 쓰인 『요가 수트라』에 따르면, 요가의 목적은 정신을 차분하게 해 '카이발리아', 즉 초연 혹은 절대고독에 다다르는 것입니다.

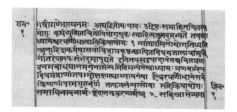

『**요가 수트라**』 ◆ 기원전 150년경 요가학파의 창시자인 파탄잘리가 쓴 경전으로, 요가를 통한 수행법을 담았다.

③ 니야야

니야야학파는 다른 인도 사상들에 커다란 영향을 미쳤습니다. 니야야 철학은 일종의 논리 체계에 바탕을 둬요. 이 철학의 추종자들은 타당한 지식이란 추론, 지각, 증언, 비교를 통해 얻는 것이라고 믿었지요. 이런 방법으로 지식을 얻음으로써 인간은 고통에서 해방됩니다. 니야야학파는 또한 어떤 지식이 타당하거나 타당하지 않은지 파악하는 기준을 세웠습니다.

④ 바이세시카

기원전 6세기에 수립된 바이세시카학파는 다원론과 원자론에 바탕을 둡니다. 이 학파에 따르면 물리적 우주 속의 만물은 유한한 수의 원자로 소급될 수 있고, 원자로 의식을 창조하는 것은 브라만(신과 우주 이면에 있는 궁극의 실재)입니다. 나중에 니야야학파와 바이세시카학파는 합쳐집니다. 그렇지만 바이세시카학파는 니야야학파와 달리 추론과 지각에 따른 지식만 타당하다고 봤습니다.

⑤ 푸르바 미맘사

푸르바 미맘사는 베다를 해석하는 데 바탕을 두며 경전에 대한 권위를 행사했습니다. 이 학파는 경전에 대한 절대적인 믿음을 중시하고 우주를 유지하기 위한 불의 제사를 실천해요. 이들은 다른 학파의 철학적, 논리적 가르침도 수용했지만 구원에 이르는 유일한 방법은 베다의 가르침에 걸맞게 사는 것이라고 믿었지요. 나중에 푸르바 미맘사는 영혼을 해방하기 위해서는 반드시 계몽 활동에 참여해야 한다고 주장을 바꿉니다.

⑥ 베단타

베단타학파는 『우파니샤드』로 알려진 베다에서 발견된 신비한 관조의 철학적 가르침에 집중합니다. 베단타는 명상, 영적 연결, 자제를 강조합니다.

비정통파

힌두교에 속하지 않는 네 개 학파는 베다의 권위를 받아들이지 않습니다.

① 샤르바카

유물론, 무신론, 회의론에 바탕을 두는 학파입니다. 샤르바카학파에 따르면 지각만이 지식의 타당한 출처가 될 수 있어요.

② 인도의 정치철학

인도의 정치철학은 『아르타샤스트라』가 등장한 기원전 4세기로 거슬러 올라갑니다. 이 책은 경제 정책과 군사 전략을 집대성한 것입니다. 20세기에는 또 다른 정치철학이 마하트마 간디로 인해 유명해졌어요. 이 철학은 예수, 레프 톨스토이, 존 러스킨, 데이비드 소로 그리고 힌두교 경전인 『바가바드 기타』에 크게 영향을 받았습니다. 간디는 '아힘사^{ahimsā}(비폭력, 불살생)'와 '사티아그라하^{satyagraha}(비폭력적이지만 단호한 진실의 추구)'를 바탕으로 하는 정치철학을 강조했습니다.

③ 불교

불교의 철학적 원리는 사성제(고성제, 집성제, 멸성제, 도성제)에서 출발해요. 불교는 고통을 끝내기 위해서는 팔정도를 따라야 한다고 말합니다. 불교 철학은 윤리학, 형이상학, 인식론, 현상학 그리고 신은 무관하다는 생각을 다룹니다.

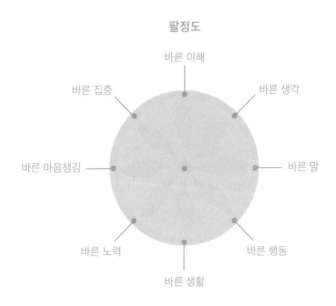

팔정도

④ 자이나교

자이나교의 가장 기본은 '아네칸타바다anekantavada', 즉 관점이 다르면 현실도 달리 지각하므로 완전히 참이기만 한 관점은 없다는 생각입니다. 자이나교 철학에서는 참된 지식을 알고 참된 답을 아는 사람들을 '케발리'라 부릅니다. 케발리가 아닌 이상, 누구나 해답의 일부밖에 알지 못해요. 자이나교는 생명의 평등함, 영적 독립, 비폭력 그리고 개인의 행동에는 즉각적 결과가 따른다는 사실을 강조합니다. 또, 영혼의 진정한 본성을 이해하는 데 결정적으로 중요한 것을 자제력으로 봤습니다.

중국 철학

중국의 4대 철학은 기원전 500년경에 나타났습니다(고대 그리스 철학이 등장한 시기와 거의 비슷하죠). 당시는 '제자백가' 시대라고 할 만큼 다양한 사상과 학파가 성행하던 때였어요. 가장 지배적인 사상은 유가, 도가, 묵가, 법가입니다. 중국은 여러 왕조를 거치는 동안 이러한 사상들과 불교 사상을 국가의 공식 기조에 통합했습니다.

유가
공자의 가르침을 바탕으로 한 유가 사상은 정치, 사회, 도덕을 아우르는 철학 체계로 거의 종교적 성격을 띱니다(그렇지만

음양의 상징

진짜 종교는 아니며 다른 종교인이 유가 사상을 따르는 것도 얼마든지 가능해요). 공자는 덕치, 유교의 황금률(내가 원하지 않는 바를 남에게 행하지 말라), 음양 개념(두 힘이 언제나 대치하면서 끝없는 변화와 모순을 만들어낸다는 생각), 양극단을 조화시키는 중용의 태도를 가르쳤어요. 유가 철학의 주요 관념은 인仁(타자를 대하는 인간다움), 정명正名(이름을 바로 세움), 충忠, 효孝, 예禮입니다.

도가

도가 사상은 철학으로 출발했지만 나중에는 종교화되었습니

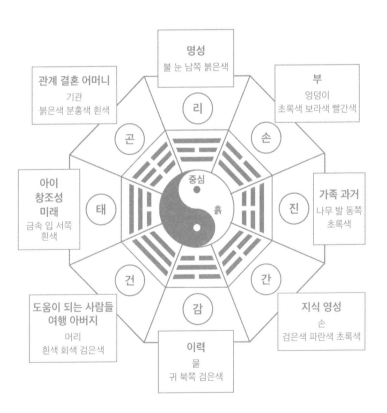

다. '도^道'는 '길' 혹은 '방법'을 뜻하는데, 형이상학적으로는 우주의 흐름이나 자연의 순리를 이끄는 힘을 나타냅니다. 도가 철학은 휴머니즘, 상대주의, 공^空, 자발성, 유연성, 무위^{無爲}에 초점을 맞춰요. 도가 사상도 유가 사상과 마찬가지로 음양의 조화를 강조하고 팔괘(상호 연결된 현실의 여덟 가지 원리), 풍수^{風水}(기가 조화롭고 균형 있게 흐르게 하는 색 배합과 사물 배치의 법칙 체계)를 중시합니다.

법가 사상

법가 사상은 사람들이 반드시 지켜야 할 엄격하고도 분명한 법이 있고 그 법을 어기면 엄중히 처벌해야 한다는 생각에 기반합니다. 또, 법철학을 바탕으로 하며, 지배층이 법^法과 술^術(전략, 기술, 방법, 국정 운영 등), 세^勢(권력, 카리스마, 적법성)를 바탕으로 통치해야 한다고 봅니다.

묵가 사상

묵가 사상은 보편적 사랑을 지지함으로써 서로를 이롭게 하고자 합니다. 묵가에 따르면 모든 사람은 갈등과 전쟁을 피하기 위해 서로 평등하게 사랑해야 합니다. 창시자인 묵자^{墨子}(기원전 470~기원전 390년)는 공자의 의례적 가르침에 반대하고, 사람들이 살아남기 위해서는 좀 더 실천적으로 농사, 요새화, 국정 운영에 참여해야 한다고 주장했어요.

불교

불교가 중국에 퍼지면서 도가 사상이나 유가 사상과 합쳐져 새로운 종파들이 탄생했습니다. 이 새로운 불교 종파들은 형이상학의 비중을 줄이고 윤리학에 초점을 맞추었습니다.

한국 철학

한국에서 생겨난 철학 사상들은 그 시대의 다른 철학 사상들에 매우 큰 영향을 받았습니다. 그중 가장 널리 퍼진 사상은 무속신앙, 유가 사상, 도가 사상, 불교라고 할 수 있어요.

무속신앙

한국의 무속신앙은 나중에 도교와 불교의 영향을 받긴 하지만 토착 신앙으로 수천 년 동안 꾸준히 발전해왔습니다. 무속신앙은 자연 세계에 이로운 영과 악한 영이 있고 특별한 힘을 지닌 존재(무당)만이 이 영들과 소통할 수 있다는 믿음입니다. 한국의 무당은 대부분 여성이 맡아요. 무당은 영들의 세계에 연결되어 인간의 문제를 해결할 수 있는 존재이지요.

불교

372년 중국을 통해 한국에 불교가 들어오자 한국인들은 중국식 불교에서 내적 모순을 느꼈고, 이를 해소하기 위해 무속신앙을 철학적 사상으로 끌어들였습니다.

〈**만신도**〉**(19세기)** ✦ 한국의 무속에서 섬기는 신들을 그린 그림. 불교·도교·무속뿐만 아니라 여러 다양한 신격을 포괄하고 있다.

유가 사상

유가 사상 역시 중국에서 한국으로 전해졌어요. 사실, 유교는 한국 사회에서 도덕과 법의 체계를 다지고 연장자와 젊은이의 관계를 규정할 만큼 크나큰 영향을 미쳤죠. 한국의 유교(신유교)는 특히 효, 충, 신, 인을 강조합니다.

도가 사상

도가 사상은 674년에 중국에서 한국으로 전해졌습니다. 한국에서 도교는 특히 고려 왕조(918~1392년) 중기에 성행했어요. 도교는 다른 철학이나 종교와 공존했고 불교에도 흡수되었습니다. 도교는 한국에서 그 자체로 하나의 종교로 기능하지는 않았지만 한국의 사상에 깊이 영향을 미쳤어요.

일본 철학

일본 철학은 일본의 토착 사상과 중국 철학, 서양 철학이 융합되어 있습니다. 일본에도 도가와 유가 사상이 있지만 신도 사상과 불교가 가장 영향력이 컸어요.

신도 사상

일본의 토착 종교이자 제2차 세계대전까지 국교였던 신도 사상은 그 자체로 하나의 철학이라고 할 수는 없으나 일본에서 생겨난 모든 사상에 큰 영향을 미쳤습니다. 신도 사상은 일종의 다신교적 애니미즘으로 세계를 보이지 않는 귀신(카미)과 힘들로 설명해요. 6세기에 중국과 한국을 통해 일본에 불교가 전해지자 불교의 많은 요소가 신도 사상에 흡수되었죠. 신도 사상에는 구속력을 지닌 교리 같은 것은 없지만 자연, 전통, 가족에 대한 깊은 사랑과 존중, 정결함 그리고 마쓰리 같은 축제들이 중

국가신도의 중심 교리를 표현한 판화(1878) ◆ 메이지유신 이후 천황제 이데올로기 강화를 위해 국교로 지정된 신도는 제2차 세계대전 이후 국가와 분리되어 다시 민간 종교가 되었다.

요하게 여겨집니다.

불교

불교는 550년경에 일본에 전해졌어요. 일본에서 불교는 새로운 철학적 관념을 도입하면서 새로운 종파들을 낳았습니다.

① 선불교

선불교는 한국을 통해 일본에 들어왔고, 한국은 중국에서 선불교를 들여왔습니다. 원래 중국의 선종은 인도 대승불교의 가르침을 바탕으로 합니다. 그러나 일본의 선불교는 12세기에 독자적인 사상을 수립했어요. 일본 선불교의 원리는 지각이 있는 모든 존재가 내재적 미덕과 지혜, 다시 말해 마음속에 숨겨진 불성佛性이 있다고 주장해요. 현재 일본의 선불교 종파는 크게 세 갈래가 있습니다.

1. **소토**: 가장 큰 종파
2. **린자이**: 다양한 하위종파를 포함하는 종파
3. **오바쿠**: 가장 작은 종파

② 정토교

아미타불의 가르침에 바탕을 두는 정토교는 일본과 중국에서 특히 인기가 있었습니다. 정토교에서는 아미타불과의 관계에 일생을 바치는 자는 계몽될 수 있고(가장 기본적인 수행은 마음을 다해 아미타불의 이름을 부르는 것입니다) 그렇게 해서 계몽된

자는 정토에서 왕생할 수 있다고 가르쳐요.

③ 니치렌 불교

니치렌 불교는 13세기의 일본 승려 니치렌의 가르침을 바탕
으로 합니다. 이 불교의 주요한 믿음 가운데 하나는 인간 안에
불성이 있기 때문에 현생에서 현재의 모습으로 깨달음에 이를
수 있다는 것입니다.

서양 철학의 영향

교토학파라고 알려진 20세기 일본의 철학 운동은 교토대학
을 중심으로 서양의 철학과 종교 사상을 동아시아 문화 전통으
로 받아들이는 것이었습니다. 특히 헤겔, 칸트, 하이데거, 니체,
그리스도교가 도덕과 종교에 대한 이해를 새롭게 수립하는 데
동원되었어요.

❸

철학사를 빛낸 난제들

〈철학의 과학적 도구와 속성〉(1835)

Platon's Cave

플라톤의 동굴
우리가 보는 것은 그림자일 뿐

플라톤은 그의 가장 유명한 대화편 『국가』에서 인간이 형상의 존재를 깨닫지 못한 상태에서도 지각은 할 수 있지만 참된 앎은 철학을 통해서만 얻을 수 있다는 것을 비유를 들어 설명합니다. 감각을 통해서 얻은 지식은 사실 지식이 아니라 의견에 불과한 것이죠.

그림자만 보는 동굴 속 죄수

동굴 비유는 플라톤이 쓴 소크라테스와 글라우콘(플라톤의 형)의 대화에서 나와요. 소크라테스는 글라우콘에게 환영이 현실처럼 지각되는 세상을 상상해보라고 합니다. 그리고 자신의 주장을 발전시키기 위해 직접 다음과 같은 예를 들지요.

어떤 동굴 감옥에 한 무리의 죄수가 태어날 때부터 지금까지 갇혀 있었습니다. 죄수들은 동굴 안에서도 자유롭게 움직일 수 없어요. 목과 다리가 사슬로 묶여 있기 때문에 이동을 한다거나 고개를 돌릴 수 없고, 줄곧 동굴의 벽만 보고 살아왔죠. 그런데 그들의 등 뒤, 동굴 입구 쪽에는 횃불이 타오르고 있습니다. 횃불과 죄수들 사이에는 낮은 담이 하나 있어요. 그 담 너머 있는 길에는 사람들이 오가며 머리 위에 이런저런 물건을 지고 나릅니다. 불빛이 그 물건들의 그림자를 죄수들의 눈길이 고정되어 있는 벽에 드리워요. 죄수들이 볼 수 있는 거라고는 그림자가 전부이지요. 죄수들이 들을 수 있는 것이라고는 동굴 벽에 부딪혀 울리는 메아리뿐입니다.

그렇다면 이 죄수들은 평생 실제 사물을 본 적이 없고 오로지 그림자만 보고 살았기 때문에 그림자를 실제 물건으로 착각할 거예요. 동굴 벽에 부딪혀 울리는 메아리도 그들은 그림자가 내는 소리라고 믿겠죠. 가령, 책의 그림자가 벽에 비쳤을 뿐인데 그들은 자기네가 책을 봤다고 믿어버립니다. 그들은 그것이 책의 그림자라고 말하지 않아요. 그들이 처한 현실에서는 그것이

그림자라는 것을 알 수가 없기 때문이지요. 그러다 어느 한 죄수가 그 세계의 특성을 깨닫고 앞으로 어떤 그림자가 나타날지 예측할 수 있게 되었다고 해보죠. 그러면 다른 죄수들은 그를 떠받들고 인정할 거예요.

자, 이제 죄수 하나가 풀려났다고 가정해볼까요? 그는 이제 진짜 책을 봐도 그게 책이라고 받아들일 수 없습니다. 그에게 책이란 동굴 벽에 비친 그림자이기 때문이지요. 그는 책의 그림자를 책의 실물보다 더 진짜처럼 생각합니다.

소크라테스는 이 죄수에게 횃불을 쳐다보게 하면 어떤 일이 일어날지 곰곰이 생각해보라고 말해요. 죄수는 아마도 너무 환한 불빛을 견디지 못하고 자기가 더 진짜처럼 여기는 그림자들에게로 돌아갈 거예요. 여기서 한 걸음 더 나아가, 이 죄수를 억지로 동굴 밖으로 내보낸다면 어떻게 될까요? 그는 화를 내고 괴로워할 테고 너무 눈이 부셔서 자기 눈앞의 현실을 볼 수 없을 거예요.

그렇지만 시간이 지나면 죄수도 차차 빛에 익숙해지고 동굴에서 현실이라고 생각했던 것이 실은 그렇지 않다는 것을 이해하게 됩니다. 그는 태양을 바라보고 태양의 움직임에 따라 계절과 해가 바뀐다는 것을, 그것이 이 세계에서 보이는 모든 것의 (심지어 어느 정도는 그와 그의 동료 죄수들이 동굴 안에서 봤던 모든 것의) 원인임을 깨닫게 될 거예요. 그 죄수는 이제 과거에 동굴에서 가졌던 자신의 지각이 현실이 아니었음을 알게 됐습니다. 동굴에 갇혀 지낸 지난날을 그리 좋게 기억하지 않게 되겠죠. 그래서 그는 동굴로 돌아가 다른 죄수들도 풀어주기로 결심합니다. 그는 동굴에 도로 들어가 다시 한번 그 어둠에 익숙해지려고 무던히 애씁니다. 다른 죄수들은 (동굴 속 어둠이 그들에겐 단 하나의 현실이므로) 그러한 행동에 충격을 받겠죠. 그들은 자유를 경험한 죄수를 칭찬하기는커녕 어리석다고 비웃고 그가 하는 말을 믿지 않을 거예요. 그가 그들을 풀어주려고 하면 오히려 그를 죽이려 들지도 모릅니다.

> ## 대중문화 속 동굴의 비유
>
> 이 비유가 여러분에게 왠지 익숙하다면 그 이유는 약간 바뀐 형태로 이전에 본 적이 있기 때문일 거예요. 예를 들어 1999년에 개봉한 블록버스터 영화 《매트릭스》는 이 비유를 느슨하게 빌려다 쓰고 있다고 할 수 있습니다. 키아누 리브스가 연기한 캐릭터 네오의 감탄사를 빌리자면 "와Whoa" 소리가 날 일이죠.

고개를 돌려 진리를 발견하라

플라톤은 형상 이론을 깨닫지 못한 사람들을 동굴 안에 매여 있는 죄수들에 비유합니다. 사람들은 눈앞에 보이는 것을 현실이라 착각하고 무지 속에서 살아가지요(그리고 다행히도 무지가 그들이 아는 모든 것입니다). 그러다가 진실의 일부가 떠오르기 시작하면 사람들은 충격을 받고 차라리 외면하고 싶어해요. 어떤 사람이 진실을 외면하지 않고 계속 추구한다면 그는 자신을 둘러싼 세상을 좀 더 이해하게 될 것입니다. 그는 두 번 다시 무지의 상태로 돌아가지 못할 거예요. 자유를 경험한 죄수는 현실처럼 지각되는 것을 벗어나 더 큰 진리를 추구하는 철학자를 상징합니다.

플라톤은 사람들이 언어를 사용하면서 눈에 보이는 물리적 대상들을 이름 짓는 게 아니라고 말합니다. 그보다는 오히려 눈에 보이지 않는 것들을 이름 짓는다고 하지요. 그 이름들은 오직 마음으로만 이해할 수 있는 것들과 연결됩니다. 죄수는 책의 그림자가 진짜 책이라고 믿고 살다가 마침내 다른 방향을 볼 수 있게 되고서야 진실을 깨닫죠. 이제 책이 들어갈 자리에 대신 좀 더 실체에 가까운 것, 이를테면 정의^{justice} 개념을 넣어 생각해보세요. 플라톤의 형상 이론은 사람들이 마침내 방향을 바꾸어 진리를 발견하게 하는 바로 그것입니다. 이 이론의 핵심은, 감각과 지각을 통해서 획득한 지식은 사실 지식이 아니라 의견에 불과하다, 그러니 인간은 오직 철학적 추론을 통해 지식을 추구할 수 있다는 것입니다.

테세우스의 배

그 배는 과연 그 배일까?

#동일자   #연속성   #정체성

'테세우스의 배'라는 고전적 역설을 이해하려면 일단 역설이 무엇인지 알아야 합니다.

> ### 철학 용어 정리
>
> **역설**paradox: 철학에서 역설은 참인 것처럼 보이는 전제에서 출발하는 진술입니다. 하지만 깊게 파고 들어가면 참인 듯 보이는 전제가 사실은 거짓이었음을 결론이 보여주지요.

테세우스의 배 역설이 처음으로 언급된 문헌은 『플루타르코스 영웅전』입니다. 저자 플루타르코스는 고대 그리스의 철학자이자 역사가로, 플라톤주의자였어요. 『플루타르코스 영웅전』에서 아테네를 건국한 왕 테세우스는 오랜 항해를 마치고 돌아옵니다. 항해가 길어지다 보니 배가 낡아서 판자가 썩거나 상할 때마다 튼튼한 새 판자로 교체를 해야 했죠. 그리하여 테세우스 일행이 고국으로 돌아왔을 때는 원래 배를 만들 때 사용했던 판자는 하나도 없었고 모조리 새것으로 바뀌어 있었습니다. 그렇다면 이런 질문을 던질 수 있겠죠. 테세우스 일행은 출발할 때와 똑같은 배를 타고 돌아왔다고 할 수 있을까요? 돌아올 때의 배는 출발할 때의 배와 완전히 다른 부품들로 이루어져 있는데도요? 만약 원래 배의 부품이 하나라도 남아 있다면 어떨까요? 혹은, 원래 배의 판자 조각 두 개가 남아 있다면요? 이러한 조건이 달리면 대답이 바뀔까요?

이 역설을 다른 각도에서 살펴봅시다.

테세우스가 항해를 떠날 때의 배를 A라고 해보죠. 그리고 테세우스가 항해를 마치고 돌아올 때의 배를 B라고 합시다. A=B인가요?

토머스 홉스의 심화 버전

17세기의 유명한 철학자 토머스 홉스는 이 역설을 한 단계 더 밀고 나갔습니다.

테세우스의 선원들이 낡은 판자를 새것으로 바꿀 때마다 누군가가 그 낡은 판자를 가져다 한데 모아서 새로운 배 한 척을 만들었다고 해보는 거예요. 그렇게 두 척의 배가 항구에 들어왔습니다. 한 척은 테세우스 일행이 타고 있는, 새 판자들로 바뀐 배입니다. 다른 한 척은 테세우스 일행이 내다 버린 판자들로 만든 배이지요. 이 둘 중에서 어느 쪽이 테세우스의 배인가요?

이 심화 버전에서 원래 배에서 내다 버린 판자들로 만든 배를

C라고 합시다.

일단 B≠C라는 것은 쉽게 알 수 있어요. 항구에 들어온 두 척의 배가 하나의 똑같은 배일 수는 없기 때문이죠.

그렇다면 테세우스의 배라고 규정할 수 있는 조건은 무엇인가요? 배를 구성하는 개별 부품들인가요? 아니면 배의 구조인가요? 혹은, 배의 역사인가요?

역설을 풀기 위한 두 가지 이론

메레올로지mereology, 즉 부분과 전체의 관계를 연구하는 관점에서의 동일자 이론은 어떤 것의 정체성이 그것을 구성하는 부분들의 정체성에 달려 있다고 봅니다. 이러한 MTIMereological Theory of Identity 이론은 정체성의 필요조건이 부분들의 동일성이라고 주장해요.

달리 말해, X의 모든 부분이 Y의 한 부분이고 역으로 Y의 모든 부분이 X의 한 부분이기도 하다면 X=Y인 것이죠.

예를 들자면, 사물 X가 어느 한 시기의 시작점(t1)에서 어떤 구성 요소들로 이루어져 있었는데, 그 시기가 끝날 때(t2)의 사물 Y가 똑같은 구성 요소들로 이루어져 있고 계속 그렇게 존재하는 경우입니다.

테세우스의 배 역설에 MTI 이론을 적용한다면 A=C입니다. 이것은 두 척의 배가 존재한다는 뜻이에요. 테세우스가 출발할 때 탔던 배는 낡아서 버린 판자들을 가져다 만든 배와 같고(즉,

이 둘은 하나이고), 테세우스가 타고 들어온 배는 새 부품들로 이루어진 다른 배인 것이죠.

그렇지만 이 결론에는 문제가 있습니다. 테세우스는 출발할 때 탔던 배와 돌아올 때 탔던 배가 다르기 때문에 중간에 배를 교체한 셈이 돼요. 하지만 그는 자신의 배를 떠났던 적이 없죠. 그는 A를 타고 출발해 B를 타고 돌아왔지만 다른 배로 옮겨 탄 적이 없으므로 (MTI 이론에 따르면 반드시 존재해야 할) 두 척의 배를 이용했다고 할 수 없습니다.

이 문제를 해결할 다른 방법이 있을 거예요. MTI 이론의 주장을 일단 치워놓고 A=B라고 생각해봅시다. 이 시나리오에도 배는 두 척만 있어요. 여기서는 출발할 때의 배 A와 돌아올 때의 배 B가 같고, 낡은 판자들을 모아서 만든 배는 다른 배이지요.

하지만 이 시나리오도 문제가 있기는 마찬가지입니다. A=B라면 B≠C이기 때문에 A≠C라는 결론이 나와요. 하지만 C의 모든 부품은 A의 부품이기도 하고 그 역도 성립되기 때문에 실질적으로 그렇게 말하기는 상당히 어렵습니다. 게다가 A와 B는 공통되는 구성요소가 하나도 없기 때문에 A와 B가 똑같다고 주장하기도 어렵죠.

테세우스의 역설에 적용할 수 있는 또 다른 이론은 STC, 즉 시공간적 연속성SpatioTemporal Continuity 이론입니다. 이 이론은 어떤 사물이 점차 변하면서도 모양과 형식을 유지하면 시공간 내에서 연속적 경로를 가질 수 있다고 봅니다. 이로써 오랜 시간에 걸쳐 배에 일어나는 점진적인 변화는 받아들일 수 있는 것이 되지요.

하지만 여기에서도 문제가 보입니다! 배의 모든 부품을 각기 다른 상자에 넣어 세계 곳곳으로 보낸다고 해봅시다. 그리고 시간이 지난 후에 그 상자들을 돌려받아서 모든 부품을 재조합한다면 어떨까요? 이것은 계수적으로 똑같은 배일 수 있지만 일관된 배의 형태로 시공간을 통과하지는 않았습니다(MTI 이론은 이 시나리오에 들어맞는 것처럼 보인다는 점도 기억해두면 좋겠죠?).

테세우스의 배가 던지는 질문

물론, 이 역설은 단순히 배에 관한 문제가 아닙니다. 테세우스의 배는 정체성의 문제, 즉 '무엇이 우리를 우리이게끔 하는가'라는 질문을 제기합니다. 우리를 구성하는 부분도 세월이 지나면 변하지만 우리는 우리 자신을 여전히 같은 사람으로 여기지요.

우리의 정체성은 우리 신체 구조 때문에 똑같이 유지되는 걸까요? 만약 그렇다면 팔 한쪽을 잃거나 머리칼을 박박 깎은 사람은 더 이상 그 사람이 아닐 거예요. 마음과 감정이 우리의 정체성을 보장할까요? 만약 그렇다면 기억을 잃거나 심경에 변화가 온 사람은 더 이상 그 사람이 아닐까요? 우리를 구성하는 부분들이 정체성의 근거인가요? 우리의 이력이 정체성의 근거인가요?

테세우스의 배 역설과 정체성 문제에 관한 이 역설의 함의는 지금도 여전히 논의되고 있습니다.

The Liar Paradox

거짓말쟁이 역설
언어에서 생겨나는 모순

#에우불리데스 #참 #진릿값

철학에서 지금까지 널리 논의되는 가장 유명한 역설 가운데 하나는 기원전 4세기 밀레토스의 에우불리데스[Eubulides]가 제시했습니다.

그가 내세운 역설은 다음과 같아요.

"한 사내가 자신이 거짓말을 하고 있다고 말한다. 그의 말은 참인가, 거짓인가?"

이 질문은 어떻게 대답을 하든 반드시 모순이 불거지기 때문에 문제가 있습니다.

이 사람이 참말을 하고 있다고 하면, 그는 거짓말을 하고 있다고 말하기 때문에 그의 말은 거짓이 되어야 합니다.

반대로, 이 사람이 거짓말을 하고 있다고 하면, 그가 거짓말을 하고 있다는 말도 거짓이어야 하기 때문에 참말을 하고 있다고 봐야 합니다.

그렇지만 하나의 진술이 참인 동시에 거짓일 수는 없지요.

거짓말쟁이 역설의 의미와 형태

이 역설의 문제는 에우불리데스가 제시한 거짓말쟁이 사내의 단순한 설정을 훨씬 벗어납니다. 거짓말쟁이 역설은 매우 현실적인 함의를 지녀요.

거짓말쟁이 역설의 의미를 이론화했던 철학자들은 예로부터 여럿 있었어요. 이 역설은 참과 거짓에 대한 일반적 믿음에서 모순이 빚어질 수 있을 뿐 아니라 참이라는 개념이 대단히 모호하다는 것을 보여줍니다. 게다가, 거짓말쟁이 역설은 언어의 약점을 보여주기도 하죠. 이 역설에서 끌어낸 문장은 문법적으로 안정적이고 의미론적 규칙에 부합하지만 진릿값이 없습니다. 어떤 사람들은 거짓말쟁이 역설을 세계는 불완전하고 전지적 존재는 없다는 증거로 내세우기도 하죠.

거짓말쟁이 역설을 이해하려면 이 역설이 취할 수 있는 다양한 형태부터 이해해야 합니다.

단순-허위 거짓말쟁이

거짓말쟁이 역설의 가장 단순한 형태로, 다음과 같습니다.

FLiar: "이 문장은 거짓이다."

FLiar가 참이라면 "이 문장은 거짓이다"가 참이므로 FLiar는 거짓이어야만 합니다. FLiar가 참이자 거짓이라면 모순이고 역설입니다.

단순-참이 아닌 거짓말쟁이

이 형태는 거짓이 아니라 '참이 아니다'라는 술어를 기반으로 역설을 구성합니다.

ULiar: "이 문장은 참이 아니다."

단순-허위 거짓말쟁이 형태와 마찬가지로, 만약 ULiar가 참이 아니라면 맞는 말을 한 것이니 참이 됩니다. 반대로 ULiar가 참이라면 참이 아니게 되지요. 심지어 ULiar가 참도 아니고 거짓도 아니더라도 어쨌든 ULiar의 진술 내용에는 정확히 부합하므로 ULiar는 참입니다. 따라서 또 다른 모순이 나타납니다.

거짓말쟁이의 순환

지금까지 우리는 자기를 참조하는 문장의 역설만 살펴봤습니다. 그렇지만 역설의 자기 참조적 성격을 제거하더라도 여전히 모순은 생겨나요. 거짓말쟁이의 순환은 다음과 같습니다.

- "다음 문장은 참이다."
- "앞 문장은 참이 아니다."

첫 번째 문장이 참이라면 두 번째 문장이 참이 되어야 하고, 두 번째 문장이 참이라면 첫 번째 문장은 거짓이어야 하므로 모순이 생깁니다. 그런데 첫 번째 문장이 거짓이라면 두 번째 문장도 참이 아니어야 하고 그렇게 되면 첫 번째 문장은 참이어야 하므로 역시 모순이 생기지요.

거짓말쟁이 역설의 해결 방법

거짓말쟁이 역설은 철학적 논의의 원천이 되어왔습니다. 철학자들은 이 역설을 '제거할 수 있는' 여러 방법을 제안했어요.

아서 프라이어의 방법

철학자 아서 프라이어^{Arthur Prior}는 거짓말쟁이 역설이 애초에 역설이 아니라고 봤습니다. 그가 보기에 모든 진술은 그 안에 진실에 대한 주장이 포함되어 있어요. 그러므로 "이 문장은 거짓이다"라는 문장은 사실상 "이 문장은 참이다. 그리고 이 문장은 거짓이다"라고 말하는 것과 같습니다. 이것은 단순한 모순이지요. 그리고 참이면서 거짓인 것은 있을 수 없기 때문에 이것은 거짓이어야만 합니다.

알프레트 타르스키의 방법

철학자 알프레트 타르스키^{Alfred Tarski}는 거짓말쟁이 역설이 '의미론적으로 닫힌' 언어에서만 생겨난다고 지적합니다. 의미론적으로 닫힌 언어란, 자신이나 다른 문장의 진실이나 거짓을 주장할 수 있는 문장이 있는 언어입니다. 그러한 모순을 피하기 위해서 타르스키는 언어의 위계가 있어야 하고, 참 혹은 거짓은 해당 문장보다 상위에 있는 언어로만 주장할 수 있다고 정리했어요. 위계를 만들어냄으로써 자기 참조의 모순을 회피한 것이지요. 상위에 있는 언어는 하위에 있는 언어를 지칭할 수 있지만 그 역은 불가능합니다.

솔 크립키의 방법

솔 크립키Saul Kripke는 우연적 사실에 의존하는 문장만이 역설을 낳는다고 분석합니다. 그는 문장의 진릿값이 세계에 대한 사실과 결부되어 있고 그 사실을 평가하는 것이 가능할 때 그 문장은 '근거가 있는grounded' 것이라고 말해요. 반면 문장의 진릿값이 그러한 사실과 결부되어 있지 않다면 그 문장은 '근거가 없고ungrounded', 근거가 없는 모든 문장은 진릿값을 갖지 않습니다. 거짓말쟁이 역설 같은 유형의 진술은 근거가 없는 문장이므로 진릿값을 따질 수 없습니다.

존 바와이즈와 존 에치멘디의 방법

존 바와이즈Jon Barwise와 존 에치멘디John Etchemendy는 거짓말쟁이 역설의 애매성을 지적합니다. 바와이즈와 에치멘디는 '부정negation'과 '부인denial'을 구분해요. 거짓말쟁이가 "이 문장은 참이 아니다"라고 말한다면 그는 자기 말을 부정한 것이죠. 하지만 "이 경우에는 이 문장이 참이 아니다"라고 말한다면 그는 자기 말을 부인한 것입니다. 바와이즈와 에치멘디에 따르면 자기를 부정하는 거짓말쟁이의 말은 모순을 일으키지 않고 거짓이라고 판단할 수 있어요. 반면, 자기를 부인하는 거짓말쟁이의 말은 모순을 일으키지 않고 참이라고 판단할 수 있습니다.

그레이엄 프리스트의 방법

철학자 그레이엄 프리스트Graham Priest는 양진주의dialetheism, 즉 참인 모순이 존재한다는 입장의 대표자입니다. 참인 모순이 존재한다는 것은 곧 참이면서 거짓인 진술도 있을 수 있다는 뜻이에요. 양진주의는 거짓말쟁이 역설이 이에 해당한다고 보기 때문에 널리 알려져 있고 받아들여지고 있는 '폭발explosion'의 원리를 거부해야만 합니다. 폭발 원리는 모순으로부터 모든 명제가 추론될 수 있다는 개념이에요. 본질이 아닌 사소한 것에 집착하는 트리비얼리즘trivialism을 받아들이지 않는 한, 모든 명제는 참입니다. 그렇지만 트리비얼리즘은 본능적으로 거짓이기 때문에 양진주의를 지지하는 사람들은 거의 항상 폭발 원리를 거부하게 마련이지요.

The Sorites Paradox

더미의 역설

머리카락이 몇 가닥 남으면 대머리일까?

더미의 역설은 밀레토스의 에우불리데스가 제시한 또 다른 유명한 역설입니다. 이 역설은 모호함 개념을 걸고넘어져요. 영어에서 '연쇄, 궤변'으로 통하는 단어 'sorites'는 그리스어 'soros(더미, 무더기)'에서 왔습니다. 더미의 역설은 다음과 같아요.

모래더미가 여러분 눈앞에 있습니다. 모래 한 알로는 더미를 이루지 못하죠. 가령, 100만 개의 알갱이가 하나의 더미를 이루고 있다고 해보죠.

1. 100만 개의 알갱이로 이루어진 더미에서 모래 한 알갱이를 빼도 더미는 여전히 더미일 것입니다.
2. 모래를 한 알 더 빼도 더미는 여전히 더미일 거예요.
3. 다시 모래를 한 알 더 빼도 더미는 여전히 더미일 겁니다.

결국 꽤나 많은 양의 모래를 치워야만 더 이상 모래더미로 볼수 없는 상태가 될 텐데, 그 경계는 과연 어디일까요? 500개의 알갱이까지는 더미로 볼 수 있고 499개부터는 더 이상 더미가 아닌 걸까요?

더미의 역설은 에우불리데스가 제시한 대머리 역설과도 맞닿아 있습니다. 대머리 역설은 다음과 같아요.

1. 머리가 한 가닥만 있는 남자는 대머리라고 할 수 있습니다.
2. 머리가 한 가닥 있는 남자가 대머리라면 머리가 두 가닥 있는 남자도 대머리이겠죠.
3. 머리가 두 가닥 있는 남자가 대머리라면 머리가 세 가닥 있는 남자도 대머리일 것입니다.

이런 식으로 나아가다 보면 머리가 100만 가닥 있는 남자도 대머리라고 할 수 있을 거예요.

물론, 머리가 100만 가닥 있는 남자를 대머리라고 할 사람은 아무도 없겠지만 논리적으로만 따진다면 그렇다는 얘기이지요. 그렇다면 대머리인 상태에서 대머리가 아닌 상태로 넘어가는 기점은 무엇일까요?

철학자 고틀로프 프레게와 버트런드 러셀은 이상적 언어는 정밀함을 갖춰야 하는 반면, 자연 언어에는 결함, 모호함이 있다고 봤습니다. 이러한 모호함을 제거함으로써 궤변에 가까운 말, 다시 말해 더미의 역설을 풀어낼 수 있습니다.

훗날, 미국의 철학자 윌러드 밴 오먼 콰인은 자연 언어에서 모호함을 완전히 없앨 수 있다고 주장합니다. 그러면 사람들이 말하는 방식에 영향을 미치겠지만, 콰인이 말하는 이른바 "기분 좋은 단순성sweet simplicity"에는 그만한 가치가 있을 거예요.

역설에 도전하는 네 가지 방법

철학자들이 더미의 역설을 풀어내기 위해 쓴 방식은 크게 네 가지가 있습니다.

1. 더미의 역설에 논리가 적용 가능하다는 것을 부정합니다.
2. 이 역설에 포함된 전제를 일부 부정합니다.
3. 더미의 역설의 타당성을 부정합니다.
4. 더미의 역설을 건전한 논증으로 받아들입니다.

이제 각각의 해결책을 살펴볼까요?

논리가 적용 가능하다는 것을 부정하기

흠, 이것이 최선의 해결책으로 보이지는 않네요. 논리가 영향력을 갖기 위해서는 언어의 이상적 형태뿐만 아니라 자연 언어에도 적용될 수 있어야 하니까요. 그러므로 궤변을 낳는 말을 회피할 수는 없으며 다른 방법으로 처리해야 합니다.

전제를 일부 부정하기

오늘날 가장 일반적으로 널리 쓰이는 해결책입니다. 이 해결책에서는 논리가 자연 언어에 적용될 수 있어요. 그렇지만 더미의 역설이 근거하는 전제들과 관련해 몇 가지 짚고 넘어갈 사항이 있습니다.

① 인식 이론

이 이론에서 하나의 조건은 거짓이고, 어떤 더미의 역설에도 술어가 더 이상 적용되지 않는(그 대신 부정이 적용되는) 특정한 구분점이 있습니다. 대머리 역설을 다시 한번 예로 들어 살펴봅시다.

1. 머리가 한 가닥만 있는 남자는 대머리라고 할 수 있습니다.
2. 머리가 한 가닥 있는 남자가 대머리라면 머리가 두 가닥 있는 남자도 대머리이겠죠.
3. 머리가 두 가닥 있는 남자가 대머리라면 머리가 세 가닥 있는 남자도 대머리일 것입니다.

그러므로, 머리가 100만 가닥 있는 남자도 대머리라고 할 수 있지요.

이제 첫 번째 전제를 제외하고 나머지 전제 가운데 하나를 거부해봅시다. 예를 들어, 머리 130가닥을 구분점이라고 해볼까요? 다시 말해, 머리가 129가닥 있는 사람은 대머리라고 할 수 있지만 130가닥 있는 사람은 대머리라고 할 수 없습니다.

인식 이론에 문제가 있다는 지적은 당연히 꽤 있었습니다. 전제 가운데 하나를 거짓으로 본다지만 그게 어느 전제일까요? 게다가 이 정보를 어떻게 알아낼 수 있나요? 우리는 '대머리'라는 말을 쓰지만 이 단어는 우리가 그것을 쓰는 방식으로 인해 의미를 갖습니다. 하지만 우리가 기준을 알 수 없는 상태에서 어떻게 기준을 결정하기 위해 단어를 사용한단 걸까요?

② 진릿값 틈새 이론

진릿값 틈새 이론은 특정한 구분점이 없기 때문에 우리는 구분점을 알 수 없다고 말합니다. 우리는 대머리라고 해도 분명히 참인 사람들이 있는 반면, 대머리라고 하면 거짓인 사람들도 있다는 것을 직관으로 알죠. 그렇지만 둘 중 어느 쪽도 아닌 중간 집단이 있습니다. 이 사람들을 대머리라고 하는 것은 참도 아니고 거짓도 아니에요. 이들에 대해서는 '대머리'라는 단어가 정의되지 않았습니다.

진릿값 틈새 이론에 따르면, 문장이 참이 아니고 정의되지 않았기 때문에 모든 전제가 참은 아니에요. 그렇지만 진릿값 틈새 이론도 문제들에 부딪힙니다.

여러분은 "비가 오고 있거나 비가 오고 있지 않다"라는 문장을 보고 논리적으로 참이라고 판단하겠죠. 그렇지만 진릿값 틈새 이론에서는 비가 오는 것과 오지 않는 것의 중간 상태가 있다면 '비가 오고 있다'와 '비가 오고 있지 않다'가 모두 정의되지 않으므로 어느 쪽도 참이라고 할 수 없습니다.

③ 과대평가주의

과대평가주의는 진릿값 틈새 이론에서 언급된 중간 집단의 문제를 해결하고자 합니다. 대머리 역설을 계속 예로 들어보자면 머리숱이 적은 사람들에 대해서 그들이 대머리라고 말하는 것은 ('대머리'임에 대한 규칙대로라면) 참이 아닐 거예요. 그렇지만 그들이 대머리라고 말하는 것이 거짓도 아닐 테죠. 따라서 이 결정은 우리에게 달려 있습니다.

과대평가주의에서 대머리와 대머리 아님의 경계선을 긋는다는 것은 '대머리'라는 용어를 '첨예화'한다는 것입니다. 경계선 시나리오에 대한 단순 문장들은 진릿값이 없을 수도 있지만 그 문장들의 복합체는 사실상 진릿값을 가질 거예요. 과대평가주의는 표준 논리가 (진릿값 틈새가 존재할지라도) 유지될 여지를 만듭니다. 이 첨예화에 대해서 과대평가주의는 다음과 같이 말해요.

- 문장은 모든 첨예화에 대해 참일 경우에만 참입니다.
- 문장은 모든 첨예화에 대해 거짓일 경우에만 거짓입니다.
- 문장은 어떤 첨예화에 대해서는 참이고 다른 첨예화에 대해서는 거짓일 때만 정의되지 않은 것입니다.

과대평가주의에 따르면, 더미의 역설에서 일부 전제는 어떤 첨예화에 대해서는 참이고 다른 첨예화에 대해서는 거짓입니다. 따라서 이 역설에는 정의되지 않은 부분이 있고, 그 때문에 추론이 타당한데도 거짓인 결론이 나올 수 있어요.

그렇지만 과대평가주의도 이론으로서 문제가 있습니다. 이 이론에 따르면 "비가 오고 있거나 비가 오고 있지 않다"는 두 사건 가운데 어느 것도 참이 아닐 때조차 항상 참입니다. 대머리 역설로 돌아가보자면, 이 이론은 "머리카락이 일정 개수 이상이면 대머리가 아니지만 여기서 한 가닥이라도 모자라면 대머리다"가 참이라고 주장하면서도 "머리가 130가닥 있으면 대머리가 아니지만 여기서 한 가닥이라도 모자라면 대머리다"라는 진술은 거짓이라고 할 수 있을 거예요. 여기에는 분명한 모순이 있습니다.

더미의 역설의 타당성 부정하기

더미의 역설을 해결하려는 세 번째 시도는 모든 전제를 받아들이되 결론을 부정하는 깃입니다. 그 대신, 결론을 어느 정도까지만 참으로 여기지요. 따라서 각 진술은 그 부분들의 참의 정도에 따라 결정되어야 합니다.

더미의 역설을 건전한 논증으로 받아들이기

마지막 선택지는 이 역설을 건전한 논증으로 받아들이는 거예요. 이 역설을 받아들인다면 긍정적 버전과 부정적 버전을 모두 포용해야 할 것입니다. 아무도 대머리가 아니지만 모두가 대머리인 거지요. 더미를 만드는 개체의 수는 정해져 있지 않고 어떤 개수로도 더미를 이룰 수는 없습니다. 그렇지만 여기에는 뚜렷한 모순이 있기 때문에 더미의 역설을 있는 그대로 받아들이는 해결책은 고전적 추론 방법을 따르고, '대머리'나 '더미' 같은 용어가 어떤 것에도 적용되지 않게 한다든가 하는 식으로 제한을 둘 필요가 있습니다.

트롤리 문제
철학계의 불꽃 튀는 토론거리

#선택 #도덕 #결과

다음과 같은 상황을 생각해봅시다.

브레이크가 고장 난 트롤리가 가파른 언덕의 내리막 선로를 따라 돌진하고 있습니다. 운전사는 이 열차를 멈출 방법이 없어요. 여러분은 언덕 아래쪽에서 이 상황을 지켜보고 있죠. 그런데 언덕 아래쪽 선로에서 작업 중인 일꾼이 다섯이나 있습니다. 이대로라면 트롤리가 그들을 치고 말 거예요. 뭐라도 하지 않으면 다섯 명이 죽습니다.

그런데 여러분 바로 옆에 선로를 바꿀 수 있는 기기가 있어요. 이 손잡이를 내리면 트롤리의 방향을 바꿀 수 있죠. 그렇지만 다른 선로 쪽에도 사람이 한 명 있습니다. 여러분이 선로를 바꾸면 저쪽에서 일하고 있는 다섯 명은 살겠지만, 이쪽 선로에

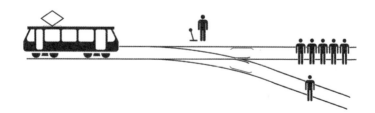

있는 한 명은 죽겠죠. 여러분은 어떻게 하실 건가요?

이제 또 다른 시나리오를 상상해보죠.

여러분은 어느 다리 위에 서서 브레이크가 고장 난 채로 질주하는 트롤리를 바라보고 있습니다. 그 선로 끝에는 다섯 명의 일꾼이 있죠. 이번에는 선로를 바꿀 수 있는 기기 같은 건 없어요. 그런데 그 트롤리는 여러분이 서 있는 다리 밑을 지나갑니다. 그 순간 여러분이 다리에서 뭔가 무거운 것을 떨어뜨린다면 트롤리를 멈춰 세울 수 있을 거예요. 그런데 여러분 바로 옆에 몹시 뚱뚱하고 거대한 남자가 서 있습니다. 그 남자를 다리에서 밀어 선로로 떨어뜨린다면 트롤리를 멈춰 세울 수 있겠지만 그는 틀림없이 죽겠죠. 여러분은 어떻게 하실 건가요?

오늘날까지도 다양한 토론을 불러일으키고 있는 트롤리 문제는 1967년 영국의 철학자 필리파 풋이 처음 제안했고 이후 미국의 철학자 주디스 자비스 톰슨에 의해 확장되었습니다.

필리파 풋(왼쪽)과 주디스 자비스 톰슨(오른쪽) ◆ 풋은 영국의 철학자로, 아리스토텔레스 윤리학의 영향을 받아 현대의 덕 윤리학에 중요한 공헌을 했다. 톰슨은 미국의 철학자로, 윤리학과 형이상학을 연구했다.

결과주의

트롤리 문제는 결과주의에 대한 완벽한 비판이에요. 결과주의란 어떤 행동이 전반적으로 가장 선한 결과를 낳을 때 도덕적으로 옳다고 보는 철학적 관점입니다. 결과주의에는 두 가지 기본 원칙이 있어요.

1. 행동은 기본적으로 결과에만 근거해 옳고 그름을 말할 수 있습니다.
2. 더 선한 결과를 낳을수록 더 선하고 더 옳은 행동입니다.

결과주의가 인생을 살아가는 방식이나(최대한 선한 결과를 얻는 방향으로 살아야 합니다) 도덕적 딜레마 상황에(어쨌든 최선의 결과를 불러올 수 있는 행동을 해야 합니다) 하나의 지침은 될 수 있지만 마땅한 비판의 몫을 피할 수는 없습니다.

결과주의는 미래의 결과를 예측하기란 어렵다는 점을 보여줍니다. 결과의 도덕성을 어떻게 평가할까요? 개인이 일어날 거라 예측했던 결과를 바탕으로 평가해야 할까요, 아니면 실제로 일어난 결과를 바탕으로 평가해야 할까요? 이는 도덕적으로 '선한' 결과를 어떻게 측정하고 비교하느냐와 관련된 문제이기도 합니다. 결과주의의 한 종류인 쾌락주의에서는 '선'이 쾌락으로 측정되고, 역시 결과주의의 한 종류라고 할 수 있는 공리주의에서는 선이 안녕감과 복지로 측정됩니다.

트롤리 문제를 통해 우리는 결과주의가 어떻게 결함을 드러내는지 볼 수 있습니다. 첫 번째 시나리오에서 어떤 공리주의는 선로를 바꾸는 것이 도덕적으로 더 나은 선택이라고 주장하겠지만, 또 다른 형태의 공리주의는 이미 도덕적으로 잘못된 일이 일어난 상황이기 때문에 선로를 바꿈으로써 그 일에 참여하는 것 역시 도덕적으로 문제가 있다고 할 것입니다. 여러분이 선로를 바꾸지 않으면 인명 피해에 책임이 없지만 선로를 바꾸면 부분적으로 책임이 생기죠.

첫 번째 시나리오에서 선로를 바꾸길 택한 사람들도 두 번째 시나리오에서 뚱뚱한 남자를 다리 위에서 밀어버리는 선택은 하지 않는 경향이 있습니다. 두 상황 모두 한 명이 죽고 다섯 명의 목숨을 구하는 결과는 같지만, 단순히 선로를 바꾸는 기기의 손잡이를 내리는 것과 사람을 다리에서 밀어버리는 것 사이에는 도덕적 차이가 있지요.

이중효과 원리

트롤리 문제는 이중효과 원리에 바탕을 둡니다. 토마스 아퀴나스가 처음 도입한 이 원리는 어떤 행동의 결과 중 일부분이 도덕적으로 좋지 않을지라도 그 행동은 도덕적으로 허용될 수 있다는 개념이에요. 트롤리 문제에서 선로를 바꾸면 한 사람이 죽는다는 사실을 미리 알 수 있었던 것처럼 행동의 좋지 않은 결과는 예상된 것이죠.

다른 사람에게 해를 입히는 것은 비도덕적인 일입니다. 행동의 결과 가운데 하나가 다른 사람에게 해를 입히리라 예상되는데도 선로를 바꾼 사람은 도덕적으로 잘못을 저지른 것일까요?

이중효과 원리에 따르면 개인은 다음 네 가지 조건 아래서 도덕적으로 해로운 결과가 예상될지라도 과감하게 행동으로 옮기는 것이 도덕적일 수 있습니다.

1. 선한 결과를 의도해야만 합니다. 선한 결과가 악한 결과에 대한 구실이 되어서는 안 되고, 따라서 악한 결과가 일어나게 하려는 의도가 있어서는 안 됩니다.

2. 행동 자체는 도덕적으로 선하거나 중립적이어야 하며 절대로 도덕적으로 그른 것이어서는 안 됩니다. 행동을 선한 결과나 악한 결과와 따로 떼어놓고 봤을 때 행동 자체가 악한 것이어서는 안 됩니다.

3. 선한 결과가 악한 결과에서 비롯되는 것이 아니라 행동의 직접적인 결과여야 합니다. 행동이 도덕적으로 악한 결과를 먼저 일으킨다면 선한 결과는 일어날 수 없습니다.

4. 악한 결과가 선한 결과보다 커서는 안 됩니다. 의도가 선할지라도 악한 결과가 선한 결과를 넘어선다면 이 조건에 어긋난 것입니다.

실생활에서 볼 수 있는 이중효과 원리의 예시가 바로 정당방위에서 비롯된 살인입니다. 어떤 사람이 자기를 방어하려다가 가해자를 죽였다면 이 경우는 예상되는 악한 결과보다 선한 결과가 크기 때문에 도덕적으로 용인될 만하죠.

결과주의자는 이중효과 원리를 거부합니다. 결과주의에 따르면 의도는 의미가 없고 행동의 결과만 중요하기 때문이죠.

지금까지도 트롤리 딜레마가 던지는 도덕성 문제는 철학계에서 불꽃 튀는 토론거리입니다.

들판의 소
우리가 아는 것은 정말로 아는 것일까?

#지식   JTB이론   #게티어문제

다음과 같은 상황을 한번 상상해볼까요?

어느 농부가 자신이 무척 소중히 여기는 소가 농장에서 너무 먼 데까지 가버려서 걱정을 하고 있었습니다. 마침 우유 배달원이 농장에 도착하자 농부는 그에게 자기 걱정을 털어놓았죠. 우유 배달원은 자기가 근처 들판에서 그 소를 봤으니 걱정할 필요 없다고 말했어요. 농부가 자기 눈으로 확인하려고 들판 쪽을 바라보니 과연 흰색과 검은색 얼룩의 거대한 무언가가 눈에 들어왔어요. 농부는 그걸 보고 마음을 놓았고 자기 소의 위치를 알았습니다.

나중에 우유 배달원이 소가 과연 거기에 있는지 확인하려고 직접 들판으로 갔습니다. 그는 소를 발견하긴 했지만 놀랍게도 그 소는 숲의 나무들에 완전히 가려져 있었어요. 그런데 바로 그 들판에 흰색과 검은색 얼룩의 큰 종이가 나무에 걸려 있었죠. 그걸 보고 우유 배달원은 농부가 저 종이를 자기 소로 착각했구나 싶었습니다.

그렇다면 이제 이런 질문을 던질 수 있을 거예요. 농부가 들판에 자기 소가 있는 것을 알았다고 했을 때, 그 말은 옳은 말이었을까요?

게티어 문제와 JTB 이론

들판의 소 이야기는 '게티어 문제'의 전형적인 예시입니다. 에드먼드 게티어 Edmund Gettier가 1963년에 제기한 이 문제는 지식을 정당화된 참인 믿음으로 정의한 철학의 전통적 접근을 다시 생각하게 합니다. 게티어는 개인이 끝내 참으로 밝혀지는 믿음과 그에 대한 증거를 가지고 있음에도 지식을 가졌다고 볼 수 없는 (실제이거나 가능한) 상황들에 근거해 일련의 문제들을 만들었습니다.

에드먼드 게티어 ◆ 미국의 철학자. 그가 「정당한 믿음은 지식인가?」라는 짧은 논문에서 제시한 게티어 문제는 현대 철학에 광범위한 논의를 불러일으켰다.

플라톤은 어떤 것에 대한 지식을 가지려면 세 가지 조건이 충족되어야 한다고 했어요. 이 세 가지 조건을 JTB 이론이라 부릅니다. JTB 이론에 따르면, 지식은 정당화된Justified 참인True 믿음Belief입니다. 따라서 어떤 사람이 무엇을 참이라고 믿었는데 그것이 검증을 거쳐 참으로 가려졌다면 그는 그것을 안다고 할 수 있습니다. 지식의 세 가지 조건은 다음과 같아요.

1. 믿음: 일단 참이라고 믿지 않으면 그것이 참이라는 것을 알 수

가 없습니다.

2. **진리:** 어떤 사람이 뭔가를 안다면 그것은 반드시 참이어야 합니다. 만약 어떤 믿음이 거짓이라면 동시에 참일 수가 없고, 따라서 지식일 수도 없습니다.

3. **정당화:** 어떤 것이 참이라고 믿는 것으로는 부족합니다. 충분한 검증을 거친 정당화가 반드시 필요합니다.

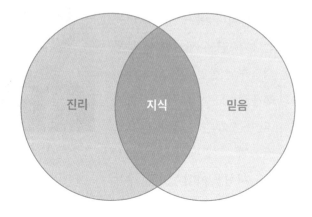

에드먼드 게티어는 이러한 문제들을 통해 JTB 이론이 꼭 들어맞지는 않는다는 것을 보여주었습니다. 게티어 문제들은 세부적인 부분은 조금씩 다를지언정 비슷한 두 가지 특성을 지닌다는 점은 모두 같습니다.

1. 정당화 과정은 있지만 믿음이 결국 거짓으로 밝혀질 가능성이 존재하므로 정당화도 틀릴 수 있습니다.

2. 모든 문제에 요행이 개입합니다. 게티어 문제에서 믿음은 늘 정

당화됩니다. 그렇지만 그 정당화는 순전히 요행에 따른 것일 수 있습니다.

게티어 문제를 해결하라

JTB 이론을 보완하고자 했던 이론은 크게 네 가지가 있습니다. 이 이론들에서 지식은 기존의 세 가지 조건(삼각형)에서 하나의 조건을 추가해 정의합니다(사각형).

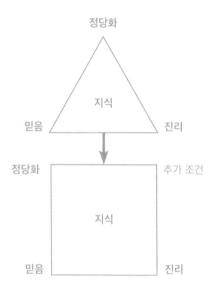

1. 거짓인 믿음이 있어서는 안 된다는 조건: 이 이론은 전제가 되는 믿음이 거짓이어서는 안 된다는 조건을 답니다. 예를 들어

시계가 오전 10시에 멈췄는데 그 사실을 모른 채 열두 시간 후, 저녁 10시에 시계를 보고 10시임을 알았다고 해보죠. 요행으로 시간은 맞혔지만 시계가 잘 가고 있다는 믿음은 틀린 것이죠.

2. **인과관계의 조건**: 지식과 믿음 사이에 인과관계가 있어야 합니다. 다음과 같은 상황을 생각해볼까요? 톰은 프랭크가 침실에 있을 거라고 생각했습니다. 그러고 침실에 프랭크가 서 있는 모습을 봤죠. 톰은 자기 생각이 맞았다고 여겼습니다. 하지만 톰이 본 사람은 프랭크가 아니었어요. 프랭크의 쌍둥이 형제 샘이 침실에 서 있었고 프랭크는 톰의 침대 밑에 숨어 있었던 거죠. 프랭크가 침실에 있었던 것은 맞지만 톰이 그것을 알았다고 할 수는 없습니다. 인과관계의 조건에 따르면 '샘을 보았다'와 '프랭크가 침실에 있었다' 사이에 인과관계가 없으므로 톰은 프랭크가 침실에 있었다는 결론을 내릴 수 없어야 합니다.

3. **결정적 증거 조건**: 믿음의 증거는 믿음 자체가 거짓일 경우 존재할 수 없어야 합니다. 어떤 사람이 자기 눈앞에 탁자가 있다고 믿습니다. 그러나 실제로 그의 눈앞에 있는 것이 탁자가 아니라면 증거는 존재하지 않는 것이죠.

4. **취소 가능성 조건**: 이 이론은 확실한 반증이 없는 한 어떤 믿음을 지식으로 여깁니다. 인과관계 조건의 예시에서 톰은 자기 믿음을 무너뜨리는 증거를 알지 못했기 때문에 프랭크가 침실에 있다고 말할 수 있었던 것입니다.

이 네 가지 이론은 JTB 이론을 보완하려고 했지만 저마다 나름의 문제를 드러냈어요. 바로 그렇기 때문에 에드먼드 게티어의 작업이 그토록 큰 영향력을 미칠 수 있었던 것이죠. 그의 작업은 이러한 물음을 불러일으킵니다. 우리는 언젠가 정말로 지식을 이해할 수 있을까요?

죄수의 딜레마

어떤 선택이 옳은가

#합리성 #도덕성 #공유지의비극

죄수의 딜레마는 사람들의 행동 방식을 설명하는 가장 유명한 예시 가운데 하나입니다. 사실 죄수의 딜레마는 수학의 한 분야인 게임이론의 한 부분으로, 게임이론은 전략을 필요로 하는 상황에서 나올 수 있는 다양한 결과를 검토하는 이론이지요. 그런데 죄수의 딜레마는 단순한 수학적 개념을 넘어섭니다. 이 딜레마는 도덕, 심리학, 철학에서 중요한 문제들을 이끌어낼 뿐 아니라 실제 삶 속에서도 관찰할 수 있어요.

죄수의 딜레마는 어떻게 만들어졌을까

1950년에 미국의 랜드 연구소는 수학자 메릴 플러드와 멜빈 드레셔를 고용해 게임이론 연구가 글로벌 핵전략에 어떻게 적용될 수 있는지 알아보고자 했습니다. 이 두 연구자가 만들어놓은 퍼즐을 프린스턴대학교의 앨버트 W. 터커 교수가 대중이 충분히 이해할 수 있도록 수정했고, 그것이 지금 우리가 익히 알고 있는 죄수의 딜레마입니다.

죄수의 딜레마

죄수 A와 B가 재판을 앞두고 구금되었습니다. 경찰은 충분한 증거를 확보하지 못했기 때문에 A와 B를 분리해 한 사람씩 따로 심문하기로 했어요. 경찰은 A와 B에게 각각 같은 제안을 해요. 한 명이 자백을 하고 다른 한 명이 끝내 자백을 하지 않으면 자백한 쪽은 석방되고 자백하지 않은 쪽만 형을 살게 됩니다. 하지만 만약 A와 B가 모두 자백을 하면 (자백의 효과가 없으므로) 둘 다 어느 정도 형을 살게 됩니다. 만약 A와 B가 모두 자백을 하지 않으면 (유죄를 입증하기 어렵기 때문에) 둘 다 짧게 형을 살고 나올 수 있습니다.

정리해보면, 다음 표와 같아요.

		자백 A	침묵 A
자백	B	6 / 6	10 / 0
침묵	B	0 / 10	2 / 2

이 표에 따르면 A와 B가 모두 자백을 할 경우 똑같이 각각 6년 형을 받습니다. 둘 중 하나만 자백을 하면 자백한 사람은 풀려나고 침묵을 지킨 사람은 10년 형을 살게 되죠. 만약 A와 B가 모두 자백을 하지 않는다면 각자 2년 형을 살고 나와야 합니다. 이 상황을 다른 식으로 살펴볼까요?

	C	D
C	R, R	S, T
D	T, S	P, P

C는 다른 참가자와의 협조를 지향하는 참가자이고 D는 변절하는 참가자를 뜻합니다. R은 참가자들이 서로 협조할 경우 받게 되는 보상을, P는 참가자들이 모두 변절할 때 받게 되는 처벌을 가리키죠. T는 참가자가 홀로 변절하고 싶은 유혹을, S는 자기만 협조했을 때 뒤집어쓰는 덤터기를 가리킵니다.

집단의 합리성 대 개인의 합리성

여기서 딜레마는 다음과 같아요. A와 B는 자백을 하는 편이 이롭습니다. 하지만 둘 다 자백을 해버리면 둘 다 침묵을 지키느니만 못한 결과가 되어버리죠.

죄수의 딜레마는 집단의 합리성과 개인의 합리성 사이에서 빚어질 수 있는 갈등을 보여주는 완벽한 예시입니다. 집단을 이루는 사람들이 합리적으로 행동해도 그 결과는 비합리적으로 행동할 때보다 좋지 않을 수가 있어요. 죄수의 딜레마에서 모든 참가자는 합리적일 뿐 아니라 다른 참가자도 합리적이라는 사실을 알고 있습니다. 합리적 선택은 변절이에요. 그렇지만 둘 다 자기를 보호하고 자기 이익을 위해 행동한다면 결과는 그러지 않는 것만도 못하겠지요.

다중 이동

이제 게임에 선택지를 추가해봅시다. 게임 참가자는 변절(D), 협조(C), 기권(N) 중 하나를 택할 수 있어요. 변절은 더 이상 유리한 선택이 아닙니다. 다른 참가자가 기권을 택한다면 협조를 택하는 편이 더 나을 거예요.

	C	D	N
C	R, R	S, T	T, S
D	T, S	P, P	R, S
N	S, T	S, R	S, S

다수의 참가자와 공유지의 비극

죄수의 딜레마 구조가 더 큰 집단, 심지어 사회에서 나타날수도 있습니다. 여기서 우리는 도덕성이 어떻게 작용하는지 볼수 있어요. 다수가 참가하는 죄수의 딜레마 상황은 '공유지의비극'이라는 예로 잘 알려져 있죠.

한 지역에 사는 목축업자들이 (목초지로 그리 적합하지 않은)사유지가 아니라 공유지에서 소를 키우고 싶어합니다. 하지만그 공유지도 어느 임계점을 넘어가면 목초지로 쓸 수 없을 거예요. 모든 목축업자가 (자기 이익을 우선시해) 공유지에서 얻을 수있는 최대한의 이익을 뽑아내는 합리적 행동을 할 것이고, 그러면 땅은 금세 말라붙어 결국 모두에게 부정적인 결과가 일어나겠죠. 죄수의 딜레마에서처럼 개인의 합리적 전략이 집단에게비합리적 결과로 돌아오는 꼴입니다.

죄수의 딜레마와 공유지의 비극은 도덕성에 관해 우리에게무엇을 말해줄까요? 기본적으로 이 예시들은 자기만의 이익과만족을 추구하는 행동 방식이 긴 시간을 놓고 봤을 때는 자멸을불러올 수 있음을 보여줍니다.

현실에서 나타나는 죄수의 딜레마

우리 실생활에서 볼 수 있는 죄수의 딜레마 상황은 최근에 특히 문제가 되는 오늘날의 어업입니다. 현재 이 분야에서 활동하는 업체들은 경쟁적으로 너무 빨리 물고기를 잡아들이고 있어요. 그러한 활동이 지금 당장은 이익이 되겠지만 계속 가다가는 물고기들이 산란을 하기도 전에 다 잡아버려서 정말로 씨가 마르고 말 거예요. 이미 해양 수산자원은 적잖이 바닥난 상태이므로 어업 분야는 어려움을 겪고 있습니다.

장기적으로 어업이 살아남기 위해서는 산업의 참가자들이 서로 협조해 (자기만 생각하는) 당장 이익을 좇기보다 더 멀리 바라보며 중장기적으로 이익을 도모해야 할 것입니다.

쌍둥이 지구

"의미는 우리 머리 안에 있지 않아!"

#힐러리퍼트넘 #의미 #언어

다음과 같은 시나리오를 한번 생각해봅시다.

쌍둥이 지구라는 상상의 행성이 있습니다. 그 행성은 아주 세세한 부분까지 지구와 똑같을 뿐만 아니라 그곳에 사는 사람들까지도 지구인들과 완전히 일치하죠. 하지만 지구와 쌍둥이 지구 사이에는 딱 하나 차이가 있어요. 지구에는 물이 있지만 쌍둥이 지구에는 그 대신 XYZ라는 물질이 있습니다. 이 이야기의 목적을 위해 시대 배경은 1750년경의 지구, 다시 말해 물의 화학적 구성인 H_2O가 발견되기 전으로 잡을게요. 쌍둥이 지구에는 비, 호수, 대양에도 물 대신 XYZ가 있습니다. 게다가 XYZ는 관찰 가능한 속성이 물과 비슷한데 미세한 구조만 달라요. 지구 주민들과 똑같은 쌍둥이 지구의 주민들은 자기네 행성을 지구라고 부르고, 그들 나름의 '영어'를 쓰고, XYZ를 '물water'이라고 부릅니다.

그렇다면 지구에 사는 오스카라는 인물과 그와 똑같은 쌍둥이 지구의 주민 오스카가 '물'이라는 단어를 쓸 때, 그들은 이 단어를 같은 의미로 쓰는 걸까요?

쌍둥이 지구 사고실험의 창시자인 철학자 힐러리 퍼트넘Hilary Putnam에 따르면, 오스카와 쌍둥이 오스카는 '물'이라는 단어를 똑같은 의미로 쓰는 것이 아닙니다. 오스카가 말하는 물은 H$_2$O이지만 쌍둥이 오스카가 말하는 물은 XYZ이기 때문이지요. 퍼트넘은 이 사고실험을 통해 뇌에서 일어나는 정신적 과정은 어느 용어가 무엇을 지칭하는지를 결정하는 데 충분하지 않으며, 그 용어가 획득한

힐러리 퍼트넘 ✦ 현대 미국의 철학자이자 수학자. 분석철학에서 크게 활약했으며, 심리철학·언어철학·과학철학 분야에도 영향을 미쳤다.

의미로 이어지는 인과관계를 이해해야 한다고 결론짓습니다.

퍼트넘의 쌍둥이 지구 사고실험은 '의미론적 외재주의'로 알려진 그의 언어철학 사상의 가장 유명한 예시입니다.

의미론적 외재주의

힐러리 퍼트넘은 통사 구조, 즉 단어의 배열이 어떻게 의미를 띠게 되는지(의미론)를 이해하고자 했습니다. 의미론적 외재주의에서 단어의 의미는 (부분적으로든 전적으로든) 발화자에게 외적인 요인들로 결정됩니다. 다른 이론들은 의미를 습득하는 과정이 내적이라고(우리 뇌에서 일어난다고) 믿는 반면, 퍼트넘의 의미론적 외재주의는 그러한 과정이 우리 밖에서 일어난다고 보는 거죠. 퍼트넘의 유명한 발언으로 달리 말해보자면, "의미

는 우리 머리 안에 있지 않습니다!"

퍼트넘에 따르면 언어 안에서 용어의 의미는 구성 요소들의 특정 배열로 이루어집니다.

1. 용어가 지칭하는 대상(쌍둥이 지구 사고실험의 경우, H_2O라는 화학적 구성을 지닌 실체).

2. '전형들stereotypes'이라 불리는, 용어와 일반적으로 연결되는 단어들(가령, 물과 자주 연결되는 '무색' '무취' '수분' 같은 단어들).

3. 대상을 범주화하는 의미론적 지표('액체' 같은 단어).

4. 통사적 지표(예를 들자면 불가산명사, 즉 독립된 개체들로 여겨지지 않는 것을 가리키는 명사).

퍼트넘은 의미론적 외재주의를 바탕으로 자신의 지시체 인과 이론을 설명합니다. 그는 단어가 인과의 연쇄에 따라 지시 대상을 갖게 된다고 주장하죠. 예를 들어, 이집트의 피라미드를 한 번도 본 적 없는 사람도 여전히 피라미드를 지칭할 수 있습니다. 그 이유는 사람들이 피라미드가 무엇을 의미하는지 알기 때문이지요.

어떻게 이런 일이 가능할까요? 그 단어가 사람들과의 상호작용의 결과로 습득되었기 때문입니다. 그 사람들 역시 다른 사람들과 상호작용을 통해 지식을 얻었고, 다른 사람들 역시 또 다른 사람들과의 상호작용을 통해 지식을 얻었을 테죠. 이 패턴이 연속되어 결과적으로 이 문제를 직접 경험한 사람에게까지 다다릅니다. 이러한 인과의 연쇄 덕분에 우리는 직접 경험하지 않은 것에 대해서도 논의할 수 있는 것이죠.

좁은 심적 내용

힐러리 퍼트넘의 쌍둥이 지구 사고실험은 '넓은 내용'으로 알려진 더 큰 토론 주제의 한 부분입니다. '넓은 내용'은 '좁은 심적 내용'과 정반대되는 관점이에요. 좁은 심적 내용은 심적 내용이 내적 혹은 내재적이라는 생각을 이면에 깔고 있으며, 퍼트넘의 의미론적 외재주의와는 달리 환경에 전적으로 좌우되지 않습니다. 좁은 심적 내용은 오히려 특수한 것에 내재적인 속성이에요. 예를 들어 동전의 내재적 속성은 동그랗다는 것이죠. 동전이 다른 사람의 주머니에 들어 있다는 것은 외재적 속성입니다. 어떤 대상에 대한 믿음의 좁은 내용은 그 개별 대상의 모든 사본도 공유해야만 합니다.

좁은 심적 내용이 참이라고 믿는 사람들은 심적 내용과 행동이 우리 믿음으로부터 비롯된 인과의 결과라고 주장합니다. 달리 말하자면, 우리는 우리의 믿음과 욕망 때문에 우리가 하는 대로 행동해요. 다른 사람들은 우리가 자신의 사유에 내향적으로 접근한다고 생각합니다. 다시 말해, 우리는 똑같은 내용이 우리의 두 가지 생각에 포함되어 있는지 그 여부를 파악할 수 있어야 하죠. 이 주장에 따르면 두 명의 오스카는 H_2O와 XYZ의 화학적 구성을 의식하지 못하기 때문에 자신의 생각이 H_2O에 관련된 것인지 XYZ에 관련된 것인지 알 수가 없어요. 일단 그들은 물과 비슷한 다른 실체가 존재한다는 사실조차 모르기 때문이죠.

철학자들은 이것을 이해하기 위해 '느린 전환' 개념을 만들었습니다. 지구의 오스카가 쌍둥이 지구로 간다면 어떻게 될까요? 그는 처음에는 물에 대해 생각하듯 그 실체에 대해 생각할 거예요. 그렇지만 XYZ과 상호작용을 하는 시간이 점점 길어지다 보면 H_2O에 대한 생각에서 차츰 벗어나 XYZ에 대한 생각으로 넘어가겠죠. 시간이 갈수록 물에 대한 그의 생각은 다른 넓은 내용을 갖게 됩니다(오스카는 자신의 생각이 여전히 내용이 같은 것처럼 느끼기에 이 변화를 의식하지 못해요). 내향적으로 접근해 그 내용이 다르다는 것을 알기 위해서는 넓은 내용이 아니라 좁은 심적 내용이 필요합니다.

좁은 심적 내용은 철학자들 사이에서도 논란이 많아요. 넓은 심적 내용을 지지하고 좁은 심적 내용을 거부하는 철학자들이 많지요. 퍼트넘의 쌍둥이 지구 사고실험은 넓은 심적 내용이 더 적절한 이유를 보여주는 가장 유명한 예시입니다. 두 오스카는 완벽하게 똑같은 내재적 속성을 지니지만 그들은 서로 다른 실체를 지칭해요. 그러므로 내재적 속성만으로는 오스카가 무엇을 지칭하는지 결정하기에 충분하지 않죠. 그래서 이 생각은 퍼트넘의 유명한 발언으로 다시 이어집니다. "'의미'는 우리 머리 안에 있지 않습니다!"

한 걸음 더 나아가기 위한 철학 추천 도서

#개념
『철학 라이더를 위한 개념어 사전』(조광제, 생각정원, 2012)
『현대 한국어로 철학하기』(신우승·김은정·이승택, 메멘토, 2022)
『철학, 개념』(박준영, 교유서가, 2023)

#역사
『세계 철학사』(한스 요아힘 슈퇴리히, 박민수 옮김, 자음과모음, 2008)
『서양철학사』(군나르 시르베크·닐스 길리에, 윤형식 옮김, 이학사, 2016)
『틸리 서양철학사』(프랭크 틸리, 김기찬 옮김, 현대지성, 2020)

1부 철학의 풍경을 바꾼 거인들

#소크라테스이전철학자들
『생각의 시대』(김용규, 김영사, 2020)
『소크라테스 이전 철학자들의 단편 선집』(김재홍 외 7명 옮김, 아카넷, 2005)

#소크라테스
『소크라테스 스타일』(김용규, 김영사, 2021)
『소크라테스 회상록』(크세노폰, 천병희 옮김, 도서출판 숲, 2018)
『소크라테스의 변명·크리톤·파이돈·향연』(플라톤, 박문재 옮김, 현대지성, 2019)

#플라톤
『플라톤』(남경희, 아카넷, 2013)
『파이드로스』(플라톤, 조대호 옮김, 문예출판사, 2008)
『플라톤 국가』(플라톤, 박문재 옮김, 현대지성, 2023)

#아리스토텔레스
『아리스토텔레스』(조대호, 아르테, 2019)

『모두를 위한 아리스토텔레스』(모티머 애들러, 별보배 옮김, 마인드큐브, 2022)
『아리스토텔레스의 형이상학』(아리스토텔레스, 김진성 옮김, 서광사, 2022)
『니코마코스 윤리학』(아리스토텔레스, 박문재 옮김, 현대지성, 2022)

#토마스아퀴나스
『중세와 토마스 아퀴나스』(박주영, 살림, 2004)
『아우구스티누스&아퀴나스: 신앙과 이성 사이에서』(신재식, 김영사, 2008)
『토마스 아퀴나스의 신학대전 읽기』(양명수, 세창출판사, 2014)

#프랜시스베이컨
『학문의 진보』(프랜시스 베이컨, 이종흡 옮김, 아카넷, 2002)
『신기관』(프랜시스 베이컨, 진석용 옮김, 한길사, 2016)

#토머스홉스
『홉스 & 로크: 국가를 계약하라』(문지영, 김영사, 2007)
『홉스』(리처드 턱, 조무원 옮김, 교유서가, 2020)
『홉스』(엘로이시어스 마티니치, 진석용 옮김, 교양인, 2020)

#르네데카르트
『뉴턴 & 데카르트: 거인의 어깨에 올라선 거인』(박민아, 김영사, 2006)
『데카르트 & 버클리: 세상에 믿을 놈 하나 없다』(최훈, 김영사, 2006)
『데카르트, 이성과 의심의 계보』(빅토르 델보스, 이근세 옮김, 은행나무, 2017)

#바뤼흐스피노자
『고요한 폭풍, 스피노자』(손기태, 글항아리, 2016)
『욕망하는 힘, 스피노자 인문학』(심강현, 을유문화사, 2016)
『스피노자 윤리학 수업』(진태원, 그린비, 2022)

#존로크
『존 로크 통치론』(공진성, 쌤앤파커스, 2018)
『통치론』(존 로크, 강정인·문지영 옮김, 까치, 1996)
『인간지성론』(존 로크, 추영현 옮김, 동서문화사, 2011)

#고트프리트빌헬름라이프니츠
『라이프니츠 읽기』(서정욱, 세창출판사, 2015)
『스피노자 vs 라이프니츠』(서정욱, 세창출판사, 2021)
『모나드론 외』(고트프리트 빌헬름 라이프니츠, 배선복 옮김, 책세상, 2019)

#볼테르
『인간 볼테르』(니컬러스 크롱크, 김민철 옮김, 후마니타스, 2020)
『캉디드 혹은 낙관주의』(볼테르, 이봉지 옮김, 열린책들, 2009)
『철학편지』(볼테르, 이봉지 옮김, 문학동네, 2019)

#데이비드흄
『데이비드 흄』(이준호, 살림, 2005)
『데이비드 흄』(줄리언 바지니, 오수원 옮김, 아르테, 2020)

#장자크루소
『루소, 교육을 말하다』(고봉만·황성원, 살림, 2016)
『인간 불평등 기원론』(장자크 루소, 주경복 옮김, 책세상, 2018)
『사회계약론』(장자크 루소, 옮김, 책세상, 2018)

#이마누엘칸트
『순수이성비판, 이성을 법정에 세우다』(진은영, 그린비, 2004)
『칸트 철학에로의 초대』(한자경, 서광사, 2006)
『왜 칸트인가』(김상환, 21세기북스, 2019)

#게오르크빌헬름프리드리히헤겔
『헤겔 & 마르크스: 역사를 움직이는 힘』(손철성, 김영사, 2008)
『헤겔』(피터 싱어, 노승영 옮김, 교유서가, 2019)
『헤겔의 세계』(위르겐 카우베, 김태희·김태한 옮김, 필로소픽, 2023)

#아르투어쇼펜하우어
『쇼펜하우어』(뤼디거 자프란스키, 정상원 옮김, 이화북스, 2020)
『사는 게 고통일 때, 쇼펜하우어』(박찬국, 21세기북스, 2021)

#칼마르크스
『칼 마르크스 - 그의 생애와 시대』(이사야 벌린, 안규남 옮김, 미다스북스, 2012)
『자본론 공부』(김수행, 돌베개, 2014)
『마르크스의 자본론 읽기』(최형익, 세창출판사, 2019)

#프리드리히니체
『니체 극장』(고명섭, 김영사, 2012)
『니체』(이진우, 아르테, 2018)

#버트런드러셀
『버트런드 러셀』(박병철, 살림, 2013)
『촘스키, 러셀을 말하다』(김한조·노엄 촘스키, 장영준 옮김, 시대의창, 2011)

#루트비히비트겐슈타인
『비트겐슈타인 철학으로의 초대』(박병철, 필로소픽, 2014)
『비트겐슈타인 평전』(레이 몽크, 남기창 옮김, 필로소픽, 2019)

#마르틴하이데거
『들길의 사상가, 하이데거』(박찬국, 그린비, 2013)
『하이데거 극장』(고명섭, 김영사, 2022)

#장폴사르트르
『장 폴 사르트르』(변광배, 살림, 2004)
『내 삶의 주인이 된다는 것』(변광배, 동녘, 2023)
『실존주의는 휴머니즘이다』(장폴 사르트르, 박정태 옮김, 이학사, 2008)

2부 세상을 이해하는 위대한 생각들

#실재론
『철학의 문제들』(버트런드 러셀, 박영태 옮김, 이학사, 2000)

#형이상학
『형이상학』(김화성, 민음인, 2009)
『일반 형이상학 입문』(유대칠, 부크크, 2021)

#경험론대합리론
『영국경험론』(프레드릭 코플스턴, 이재영 옮김, 서광사, 1991)
『합리론』(프레드릭 코플스턴, 김성호 옮김, 서광사, 1998)

#인식론
『인식론』(황설중, 민음인, 2009)
『플라톤에서 비트겐슈타인까지』(조중걸, 지혜정원, 2019)

#쾌락주의
『에피쿠로스의 네 가지 처방』(존 셀라스, 신소희 옮김, 복복서가, 2022)
『에피쿠로스 쾌락』(에피쿠로스, 박문재 옮김, 현대지성, 2022)

#공리주의
『공리주의 입문』(카타르지나 드 라자리-라덱·피터 싱어, 류지한 옮김, 울력, 2019)
『도덕과 입법의 원칙에 대한 서론』(제러미 벤담, 강준호 옮김, 아카넷, 2013)
『공리주의』(존 스튜어트 밀, 이종인 옮김, 현대지성, 2020)

#계몽주의
『관용의 역사』(김응종, 푸른역사, 2014)
『계몽의 시대』(서동은, 소소의책, 2022)

#실존주의
『실존주의자로 사는 법』(게리 콕스, 지여울 옮김, 황소걸음, 2012)

『실존주의』(메리 워낙, 곽강제·이명숙 옮김, 서광사, 2016)
『실존주의자들에게 인생의 즐거움을 묻다』(이하준, 책읽는수요일, 2018)

#자유의지 #강한결정론
『자유의 기술』(파스칼 메르시어, 문항심 옮김, 은행나무, 2016)
『철학 논쟁』(대니얼 C. 데닛·그레그 카루소, 윤종은 옮김, 책세상, 2022)

#유머의철학
『웃음의 철학』(만프레트 가이어, 이재성 옮김, 글항아리, 2018)

#미학
『교양인을 위한 분석미학의 이해』(오종환, 세창출판사, 2020)
『미학』(벤체 나너이, 박준영 옮김, 교유서가, 2023)

#문화철학
『철학으로 보는 문화』(신응철, 살림, 2004)
『문화철학이란 무엇인가』(랄프 콘너스만, 이상엽 옮김, 북코리아, 2006)

#상대주의
『상대주의의 두 얼굴』(노양진, 서광사, 2007)
『문화상대주의의 역사』(엘빈 해치, 박동천 옮김, 모티브북, 2017)

#A이론
『시간여행, 과학이 묻고 철학이 답하다』(김필영, 들녘, 2018)
『시간은 존재하는가?』(에티엔 클렘, 이수지 옮김, 민음인, 2021)

#과학철학
『장하석의 과학, 철학을 만나다』(장하석, 지식플러스, 2015)
『과학철학』(사미르 오카샤, 김미선 옮김, 교유서가, 2017)

#언어철학
『쉽게 읽는 언어철학』(박병철, 서광사, 2009)

『언어철학』(콜린 맥긴, 박채연·이승택 옮김, 도서출판b, 2019)

#현상학
『후설 & 하이데거: 현상학, 철학의 위기를 돌파하라』(박승억, 김영사, 2007)
『현상학이란 무엇인가』(피에르 테브나즈, 김동규 옮김, 그린비, 2011)
『후설의 현상학』(단 자하비, 박지영 옮김, 한길사, 2017)

#유명론
『철학과 굴뚝청소부』(이진경, 그린비, 2005)
『형이상학 강의』(마이클 루, 박제철 옮김, 아카넷, 2010)

#윤리학
『서양 윤리학사』(로버트 L. 애링턴, 김성호 옮김, 서광사, 2003)
『윤리학』(편상범, 민음인, 2009)

#종교철학
『종교 철학』(이진남, 민음인, 2009)
『종교와 철학 사이』(장형철 외 4명, 늘봄, 2013)

#동양철학
『왜 동양철학인가』(한형조, 문학동네, 2009)
『동양철학 에세이 1, 2권』(김교빈·이현구, 이부록 그림, 동녘, 2014)
『한국철학 에세이』(김교빈, 이부록 그림, 동녘, 2008)

3부 철학사를 빛낸 난제들

#기짓말쟁이역설
『거짓말쟁이 역설에 관한 탐구』(송하석, 아카넷, 2019)
『곽재식의 역설 사전』(곽재식, 북트리거, 2023)

#트롤리문제
『누구를 구할 것인가?』(토머스 캐스카트, 노승영 옮김, 문학동네, 2014)
『정의란 무엇인가』(마이클 샌델, 김명철 옮김, 와이즈베리, 2014)

#들판의소
『현대 인식론』(김기현, 민음사, 2003)

#쌍둥이지구
『언어철학』(콜린 맥긴, 박채연·이승택 옮김, 도서출판b, 2019)

#죄수의딜레마
『죄수의 딜레마』(윌리엄 파운드스톤, 박우석 옮김, 양문, 2004)
『살아 있는 것은 모두 게임을 한다』(모시 호프먼·에레즈 요엘라, 김태훈 옮김, 김영사, 2023)

도판 출처

퍼블릭 도메인은 따로 표기하지 않았습니다.

336쪽 플라톤의 동굴
ⓒ4edges/Wikimedia Commons(CC BY-SA 4.0)

358쪽 트롤리 문제
ⓒMcGeddon/Wikimedia Commons(CC BY-SA 4.0)

359쪽 오른쪽 주디스 자비스 톰슨
ⓒMIT Philosophy

363쪽 에드먼드 게티어
ⓒMcGeddon/Wikimedia Commons(CC BY-SA 4.0)

인생 처음 시리즈 001

인생 처음
철학 수업

1판 1쇄 발행 2023년 9월 25일
2판 1쇄 발행 2024년 6월 13일

지은이 폴 클라인먼
옮긴이 이세진
발행인 박명곤 **CEO** 박지성 **CFO** 김영은
기획편집1팀 채대광, 김준원, 이승미, 이상지
기획편집2팀 박일귀, 이은빈, 강민형, 이지은, 박고은
디자인팀 구경표, 구혜민, 임지선
마케팅팀 임우열, 김은지, 전상미, 이호, 최고은

펴낸곳 (주)현대지성
출판등록 제406-2014-000124호
전화 070-7791-2136 **팩스** 0303-3444-2136
주소 서울시 강서구 마곡중앙6로 40, 장흥빌딩 10층
홈페이지 www.hdjisung.com **이메일** support@hdjisung.com
제작처 영신사

ⓒ 현대지성 2024

※ 이 책은 저작권법에 따라 보호받는 저작물이므로 무단 전재와 복제를 금합니다.
※ 잘못 만들어진 책은 구입하신 서점에서 교환해드립니다.

"Curious and Creative people make Inspiring Contents"
현대지성은 여러분의 의견 하나하나를 소중히 받고 있습니다.
원고 투고, 오탈자 제보, 제휴 제안은 support@hdjisung.com으로 보내 주세요.

현대지성 홈페이지

이 책을 만든 사람들

기획 박일귀 **편집** 강민형 **디자인** 구경표